강평국, 근대 제주를 짊어지다

강평국,
근대 제주를 짊어지다

지은이 한금순
펴낸이 강정희
펴낸곳 도서출판 각 Ltd.

초판 인쇄 2024년 5월 3일
초판 발행 2024년 5월 13일

도서출판 각 Ltd.
주소 (63168) 제주특별자치도 제주시 관덕로6길 17 2층
전화 064·725·4410
팩스 064·759·4410
등록번호 제651-2016-000013호

ISBN 979-11-93870-13-6 93910

값 20,000원

* 이 책의 출판비 일부는 제주특별자치도 제주학연구센터의 지원을 받았습니다.
* 이 책 내용의 전부 또는 일부를 재사용하려면 반드시 지은이와 출판사 양측의 동의를 받아야 합니다.
* 잘못 만들어진 책은 구입하신 곳에서 교환해드립니다.

제주학연구센터 제주학총서 74

강평국
근대 제주를 짊어지다

한금순

여는 글

일제강점기 항일운동을 연구하다 강평국을 만났다.
그리고
강평국과 함께 했던 오랜 시간을 정리하는 순간
하나의 문장이 떠올랐다.

"시대를 짊어지다."

강평국의 행적을 좇아
거슬러 올라가 본 백여 년 전의
강평국의 삶은 불안하고 고단했다.
근대의 새로운 세상은
날마다 낯선 변화로 널뛰고 있었고
그 변화는 가슴 설렘보다 두려움과 불안감으로 다가왔다.
새로운 세상에 대한 희망은 시대의 분노와 뒤섞여 어슴푸레할 뿐이었다.
그 불안하고 들뜬 시대에
신념을 밀고 나아가게 했던 굳은 심지는
돌아보면 얼마나 무거운 짐이었던가.

이제 강평국의 짐을 풀어 그 무게를 함께 나누고자 함은
온 생을 불태워
희망의 파란 불꽃으로 살았던

강평국에 대한 강렬한 존경으로 인한 것이다.
그럼에도 불구하고
이 책은 강평국에 대한 우상화를 경계하며
기록을 근거로 건조하게 쓰려 애썼다.
그 건조함의 행간 속에 강평국이라는 한 인간이 숨어 있다.
내 마음은 그 행간에 감추었다.

오늘 우리가 할 수 있는 일은
기억하는 것이다.
기억은 강평국의 짐을 함께 나누게 한다.
기억은 행동이다.
기억하는 행동은 시대의 짐을 짊어졌던 이들에 대한 경외이며 찬탄이다.

목차

여는 글

제1장. 강평국, 근대 제주를 짊어진 삶

Ⅰ. 강평국의 수학 | 13
    1. 신성여학교 | 15
    2. 경성여자고등보통학교 본과 | 15
    3. 경성여자고등보통학교 사범과 | 19
    4. 동경여자의학전문학교 | 26
Ⅱ. 강평국의 사회 활동 | 32
    1. 강평국의 독립 운동 | 32
    2. 강평국의 교육 운동 | 33
    3. 강평국의 여성 운동 | 35
    4. 강평국의 재일본 노동 운동 | 36

제2장. 독립운동가 강평국, 민족의 자존을 외치다

제1절. 강평국의 3.1운동 참여 | 39
Ⅰ. 박희도의 비밀서클 활동 참여 | 40
Ⅱ. 강평국의 3.1운동 참여 | 52
    1. 3월 1일 만세운동 참여 주도 | 52
    2. 서울 시내 만세 행진 참여 | 57

Ⅲ. 강평국의 제2차 만세시위운동 참여와 수감 | 66
　　1. 제2차 만세시위운동 | 66
　　2. 강평국의 제2차 만세시위운동 참여와 수감 | 71

제2절. 강평국의 여성 비밀결사 백청단 활동 가능성 검토 | 80
Ⅰ. 여성 비밀결사 백청단 | 81
　　1. 백청단의 활동 | 81
　　2. 백청단 사건 수사 | 91
Ⅱ. 1930년대 초반 학생운동 | 104
Ⅲ. 강평국의 백청단 활동 가능성 검토 | 106
　　1. 제주도의 신여성 | 107
　　2. 강평국의 인맥 | 108
　　부록: 강평국의 3.1운동 관련 재판 자료 | 112

제3장. 제주도 최초 공립학교 여교사 강평국, 교육으로 조국의 번영을 선도하다

Ⅰ. 제주도 최초 공립학교 여교사 강평국 | 143
Ⅱ. 사립 교육기관에서 교육 활동 | 150
　　1. 여수원 교육 활동 | 150
　　2. 사립 명신학교 교사 활동 | 154

제4장. 여성운동가 강평국, 여성의 사회적 역할을 실천하다

Ⅰ. 강평국의 글 〈여자해방의 잡감〉 | 172
Ⅱ. 유흥가 여성 구출 활동 | 203
Ⅲ. 제주여자청년회를 통한 강평국의 여성운동 | 209
    1. 1920년대 한국 여성운동의 특징 | 211
    2. 제주여자청년회의 성격 | 213
    3. 제주여자청년회의 활동 | 221
    4. 제주여자청년회 활동 주요 인물 | 244
Ⅳ. 근우회 동경지회 활동 | 245

제5장. 노동운동가 강평국, 경제적 자립으로 독립된 여성을 희망하다

Ⅰ. 강평국의 청년 단체 활동 | 276
    1. 동경 조선여자청년동맹 활동 | 276
    2. 동경 조선인단체협의회 활동 | 281
    3. 총독정치반대동맹기성회 활동 | 287
Ⅱ. 강평국의 노동 단체 활동 | 288
    1. 동경 조선노동조합 동부지부 활동 | 289
    2. 재일본 조선노동총동맹 활동 | 295
    3. 근우회 동경지회 노동 운동 활동 | 297

참고문헌 | 301

제1장.
강평국, 근대 제주를 짊어진 삶

제1장. 강평국, 근대 제주를 짊어진 삶

강평국(姜平國)은 근대시대 제주인이다. 제주도에서 태어나 조국의 독립, 여성 교육, 여성의 사회적 역할, 여성 노동 분야에서 온 생애를 바쳐 활동한 제주의 신여성이다. 강평국은 독립운동가, 교육자, 여성운동가, 노동운동가 등으로 이름 지을 수 있는데, 강평국의 이와 같은 다양한 행적은 민족운동이라는 시대적 책임을 바탕에 두고 각각의 분야에서 여성을, 나아가 민족을 선도하려 애쓴 활동의 범주에 포함된다. 강평국은 새로운 세상을 맞이하여 각 분야의 전문 지식을 흡수하고 그 분야를 선도하고자 하는 역할을 스스로 짊어졌다. 강평국의 행적은 근대 지식인의 표상을 오롯이 보여준다. 제주 여성 강평국은 그야말로 온 생애를 다하여 근대 제주를 짊어진 채 살았다.

강평국은 1900년 6월 19일 제주읍 일도리 1390번지에서[1] 아버지 강두훈(姜斗勳), 어머니 홍소사(洪召史)[2]의 딸로 태어났고, 1933년 8월 12일 33세에 병으로 사망하였다.[3]

---

1) 강평국의 경성여자고등보통학교 생활기록부가 있다. 생년월일, 본적과 현주소지, 입학 시기, 입학전 경력, 숙소, 신분, 보증인, 신체검사(키, 체중, 시력 등 건강 상태) 등의 내용이 기록되어 있다.
생활기록부의 내용을 요약하면, 강평국은 1900년 6월 19일생이다. 한자 성명으로 강평국(姜平國)이 기록되어 있다. 본적은 전라남도 제주도 제주면 일도리 1390번지이고, 현주소지로 제주도 대정면 보성리와 성내 칠성통 1390을 나란히 기록하고 있다. 숙소는 기숙사이다. 호주는 강세독으로 손위 남자형제(兄)이다.(경기여자고등학교).
다른 기록과 비교했을 때 대정면 보성리 주소지가 별도로 파악되는 자료이다.
2) 홍소사(1859~1941) : 강평국의 어머니 성명은 홍소사(洪召史) 혹은 홍소생(洪召生)이다. 강세독의 제적부에 두 이름이 기재되어 있다. 어머니는 1859년 8월 5일생이고 1941년 3월 28일 오전 7시 제주시 일도리 1355번지에서 사망하였다. 강세독은 오빠이다.(〈강세독 제적부〉).

강평국 추도비 전경

강평국 추도비

3) 〈강세독 제적부〉. 황사평 천주교 묘지에 강평국기념비가 있다.

Ⅰ. 강평국의 수학

강평국은 제주도에서 초등교육 과정을 신성여학교에서 마쳤다. 경성으로 올라가 경성여자고등보통학교 본과와 사범과를 졸업하였고, 일본 동경여자의학전문학교에서 수학하였다.

1. 신성여학교

강평국은 1909년 10월 제주 신성여학교에 입학하여 1914년 3월 28일 제1회로 졸업하였다.[4] 신성여학교는 1909년 10월 천주교회에서 설립한 초등과정 학교이다. 제1회 졸업생은 6명, 2회 6명, 3회 16명의 졸업생을 배출하고 폐교되었다.[5] 1회 졸업생인 고수선, 최정숙이 강평국과 함께 경성여자고등보통학교에 진학하였다.

2. 경성여자고등보통학교 본과

강평국은 1915년 4월[6] 7일 경성여자고등보통학교 본과에 입학하였다.[7]

---

4) 〈최정숙 졸업증서〉 참조.
   "졸업증서
   위는 본교에서 소정의 보통 과정을 졸업하였기에 이를 증(證)함
   대정 3년 3월 28일
   제주사립신성여학교장"
5) "1916년 천주교회의 제주 본당이 주임 신부가 없는 공소지역이 되면서 신부가 운영하던 학교는 운영 주체가 없어지면서 폐교되었다."(박태환, 「제주의 근대교육운동과 신성여학교 연구」, 제주대학교교육대학원 석사학위청구논문, 2019, 81쪽).

3년 수학하고 1918년 3월 25일[8] 졸업하였다.

경성여자고등보통학교는 우리나라 최초의 관립 중등여학교이다. 1908년 4월 〈고등여학교령〉에 의해 관립 한성고등여학교로 설립되었고, 1911년 〈조선교육령〉에 의해 관립 경성여자고등보통학교로 개편되었다.[9]

조선총독부령 〈고등보통학교규칙〉의 학교 설치와 폐지 및 교과목, 교수 시수 등 학교 운영에 관한 규칙을 통해 강평국이 배운 교과를 파악할 수 있다.

> 제7조 ①고등보통학교의 교과목은 수신 · 국어 · 조선어 및 한문 · 역사 · 지리 · 수학 · 이과 · 실업 및 법제경제 · 습자 · 도화 · 수공 · 창가 · 체조 · 영어로 한다. 다만, 사범과 입학 지망자에게는 교육을 추가한다.
> ②실업은 농업 · 상업 중 하나를 부과하고 영어는 수의과로 한다.[10]

언어(일본어, 조선어, 한문), 수학, 사회(수신, 역사, 지리, 법제경제), 과

---

6) 일제강점기 입학 시기는 〈고등보통학교규칙〉(조선총독부령 제111호)에 의해 4월이었다. 학기는 3학기로 1학기는 4월 1일부터 8월 31일까지, 2학기는 9월 1일부터 12월 31일까지, 3학기는 1월 1일부터 3월 31일까지였다.
7) 〈경성여자고등보통학교 강평국 졸업증명서〉 참조.
8) 강평국의 생활기록부에 졸업 일자가 기록되어 있으나 일자 판독이 어렵다. 그러나 일제강점기 〈고등보통학교 규칙〉(조선총독부령) 제4장 제32조에 의하면 학년은 4월 1일에 시작하여 3월 31일에 종료한다. 제33조에 의하면 학년말 휴업이 3월 26일부터로 규정되어 있고, 또한 친구 최은희의 회고에 의하면 서대문감옥에서 풀려난 후 3월 25일인가 26일에 졸업장을 받았다는 등의 기록 등을 통해 졸업일자가 25일일 것으로 판단할 수 있다.
9) 현재 경기여자고등학교가 전통을 잇고 있다.
10) 〈고등보통학교규칙〉(조선총독부령 제111호, 1911. 10. 20. 제정, 1911. 11. 1. 시행), 국가법령정보센터.

학(이과), 예체능(미술, 수공, 음악, 체조), 실업(농업, 상업 택일) 등 오늘날의 교과목 체계와 거의 유사하게 편성하고 있으며, 영어를 선택하여 공부할 수 있었다.

〈고등보통학교규칙〉에서 교과목의 요지를 정해놓고 있다. 현재 낯선 교과목만 살펴보면, 습자 교과는 문자를 잘 쓰게 하는 교육으로, 행서, 가나, 초서를 가르치도록 하고 있다. 일본어 등의 문자 교육 관련 과목이라 할 수 있다. 수공은 물품을 제작하는 기능을 교육하는 과목으로 나무, 대나무, 금속 세공을 교육하도록 하였다. 법제경제 교과는 현행법규 및 경제를 농업 상업과 관련하여 교육하도록 규정하고 있다. 사범과 학생은 교육 과목을 추가로 학습하도록 규정하고 있다.

당대 경성여자고등보통학교 운영 상황을 『조선총독부 관보』를 통해서 살펴볼 수 있다. 학생 모집 내용을 통해 학교 운영에 대해 살펴보겠다.[11]

(1) 경성여자고등보통학교는 입학생을 2월에 모집하였다. 본과, 사범과, 기예과, 부속보통학교 학생을 모집하였다.
(2) 본과는 여자에게 고등보통교육을 목적으로 하고, 수업 연한은 3년이었다.
(3) 입학자격은 본과는 12세 이상의 4년의 보통학교를 졸업한 자였다.
(4) 입학시험은 학과시험, 구두시험, 체격검사로 이루어졌다. 학과시험은 입학지원자 수가 모집 인원을 초과할 때와 입학지원자의 학력 정도가 분명하지 않은 사람에 한해 실시하며, 구두시험과 체격검사는 모두에게 시행하였다.

---

11) 관보에 처음 실린 1916년 경성여자고등보통학교 모집요강 중 본과 관련 내용이다.(『조선총독부 관보』, 제1047호, 1916. 2. 2.).

(5) 본과의 수업료는 월 50전이었다.
(6) 학자(學資)를 관으로부터 공급(官給)받을 수 있다. 학자금은 '기숙비, 피복비, 문구비, 치료비 및 수학여행비'로 하며, 본과 3학년이면서 사범과 입학을 희망하는 자 중 특으로 지정된 자는 관급 받을 수 있었다. 관급을 받은 본과 3학년 학생은 사범과에 입학할 의무를 부과했다.
(7) 보증인(부모 혹은 20세 이상의 호주인 자)이 있어야 했다. 보증인(또는 대리보증인)은 경성부내에 거주하는 자여야 했다.
(8) 기숙사비는 1개월에 6원이었다.

〈표 1〉 관립 학교 학생 입학 상황표

1915년 4월 관립학교 학생 입학 상황은 다음과 같다. 조선인 교육 학교명 : 경성여자고등보통학교				
구분		학년		
		1학년	2학년	3학년
모집정원		45	10	0
입학지원자		58	5	3
입학자 출신별	보통학교를 거친 자	43	2	3
	보통학교를 거치지 않은 자	8	3	0
	계	51	5	3
입학자 연령	최다 연령 년월	21.6	15.5	17.5
	최소 연령 년월	12.0	13.11	16.10
	계	13.5	14.7	17
입학자 부모신분별	귀족	0	0	0
	양반	27	5	2
	상민	24	0	1
백분위		87.93	100	100
출처: 조선총독부 관보				

1915년 경성여자고등보통학교 입학 상황이 『조선총독부 관보』에 실려 있다.[12] 이를 통해 강평국의 입학 당시 본과 입학 상황을 살필 수 있다.

강평국이 입학한 1915년 본과 1학년 모집 정원은 45명이고 입학지원자가 58명이다. 모집 요강에 의하면 "입학지원자 수가 모집 인원을 초과할 때는 학과시험을 실시"하도록 되어 있었으므로 강평국도 학과시험을 치렀을 것으로 볼 수 있다.

강평국과 함께 입학한 자는 51명으로 모집정원보다 6명이 더 입학하였다. 모집 정원보다 많은 입학생 수는 다른 학년에서도 파악되는데 3학년은 모집 정원이 0명인데도 3명이 입학하고 있고, 또한 같은 해 사범과의 경우도 모집 정원 40명에 42명이 지원했고 42명 모두를 선발하는 모습이 파악된다.[13] 모집 정원을 넘긴 입학생 수는 그 이유를 정확히 파악하지는 못하였으나 선발 고사를 통해 더 입학시키는 경우가 있었던 것으로 보인다.

1학년 입학자 최저 연령은 12세였다. 입학자 최고 연령은 21.6세였고 평균적으로 13.5세이다. 강평국은 15세에 입학하였으니 절반 이상의 학생이 강평국보다 어린 학생들이었다고 볼 수 있다.

강평국은 본과 졸업 후 사범과에 진학하였다. "본과 3학년이면서 사범과 입학을 희망하는 자 중 특으로 지정된 자는 관급 받을 수 있다"는 규정에 의해 강평국은 본과 3학년부터 '기숙비, 피복비, 문구비, 치료비 및 수학여행비'를 받아 공부하였을 가능성이 있다. 강평국은 기숙사에서 생활하였는데 적어도 3학년에는 기숙사비 월 6원도 납부하지 않을 수 있었을 것이다.

---

12) 『조선총독부 관보』 제882호(1915. 7. 12.).

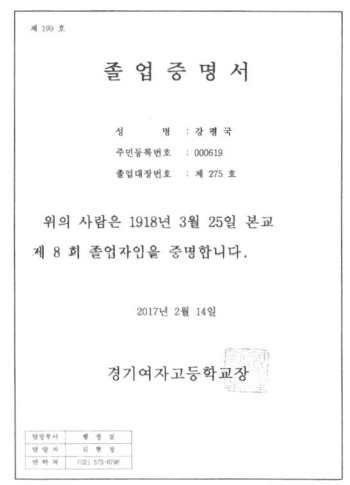 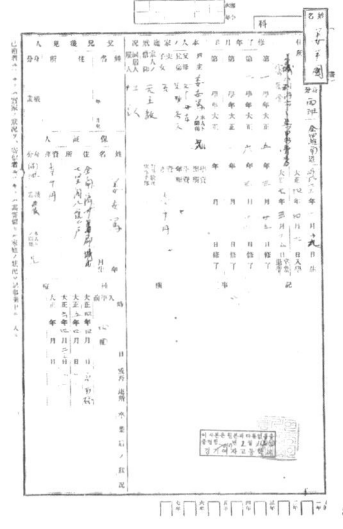

강평국 경성여자고등보통학교 졸업증명서(출처: 경기여자고등학교)

강평국 경성여자고등보통학교 생활기록부(본과)(출처: 경기여자고등학교)

3. 경성여자고등보통학교 사범과

강평국은 경성여자고등보통학교 본과를 졸업하고, 1918년 4월 1일 사범과에 입학하였다.

일제강점기 1921년까지 보통학교 교원의 양성은 〈조선교육령〉(1911년)에 의해 고등보통학교에 사범과 또는 교원속성과를 설치하여 교원을 양성하였다. 우리나라 여자 교원 양성기관은 고등보통학교의 사범과로부터 시작되었다.[13]

---

13) 고등보통학교의 사범과 외에 일제강점기 교원 양성을 위한 개별 학교로 설립된 학교

경성여자고등보통학교는 1914년 사범과를 설치하였다. 〈고등보통학교 규칙〉에 사범과의 교과목과 운영에 관한 내용이 규정되어 있다.

> 제8조 사범과의 교과목은 수신·교육·국어·조선어 및 한문·산술·이과·실업·습자·도화·수공·음악·체조로 한다.
> 제11조 사범과에서는 전조에 규정한 것 외에 교수상 다음 각호의 사항에 주의하여야 한다.
> 1. 교수는 교원인 자에게 필요한 성격·위의를 갖추게 하는 것에 힘써야 한다.
> 2. 교수는 교원인 자에게 적절히 보통학교 교육의 본지 및 교칙에 따르게 하는 것을 취지로 한다.[14]

사범과는 교육 과목을 두어 교육학과 심리학, 논리학 등을 교수하고, 각 교과의 요지와 교수법을 배울 수 있도록 하고 있으며, 교육 관련 법령 및 학교 관리법과 학교 위생 등을 교육하였다.

> 제26조 ①교육은 교육에 관한 지식의 일부를 얻게 하고 특히 보통교육의

로는 경성사범학교가 있다. 경성사범학교는 1921년 개설되었던 조선총독부 사범학교를 1922년 사범학교 규정을 개정하여 관립 경성사범학교로 개편하였다. 5년제 보통과와 1년 과정의 연습과로 개교하였다. 여자 교원의 양성은 관립 경성사범학교에 1925년 여자연습과를 두어 양성하기 시작하였다. 1931년 초등교원 연수과정인 1년 과정의 여자강습과가 설치되었다. 경성사범학교 여자연습과를 이관받아 1935년 관립 경성여자사범학교가 신설되었고, 경성사범학교와 경성여자사범학교는 해방 이후 1946년 서울대학교 사범대학으로 통합 개편되었다.
14) 〈고등보통학교규칙〉(조선총독부령 제111호, 1911. 10. 20. 제정, 1911. 11. 1.시행), 국가법령정보센터.

취지를 알게 하는 것을 요지로 한다.

②교육은 교육학·심리학·논리학의 대요를 가르쳐야 한다.

제27조 ①사범과의 수신·국어·조선어 및 한문·산술·이과·실업·습자·도화·수공·체조는 제12조 내지 제14조·제17조 내지 제22조 및 제24조에 규정한 각 교과목의 요지 외에 보통학교의 동 교과목 교수의 방법을 회득하게 하는 것에 힘써야 한다.

②교육은 교수법·교육법령·학교관리법 및 학교위생을 가르치고 교육실습을 하게 한다.

③음악은 음악에 관한 지식·기능을 얻게 하고 보통학교의 창가 교수의 방법을 획득하게 하는 것을 요지로 한다.

④음악은 단음창가·복음창가 및 악기사용법을 교수하고 교수법을 가르쳐야 한다.[15]

그 외에 노래와 악기사용법을 가르칠 수 있도록 학습할 것을 규정하고 있으며, 교육실습은 10주간이었다.[16]

강평국이 다니던 사범과의 운영 상황은 1918년 『조선총독부 관보』의 모집 요강[17]을 통해 다음과 같이 정리할 수 있다.

---

15) 〈고등보통학교규칙〉(조선총독부령 제111호, 1911. 10. 20. 제정, 1911. 11. 1.시행), 국가법령정보센터.
16) 〈교과과정 및 매주 교수시수표〉
  1. 사범과 입학 지망자에게는 최종학년에 매주 3시간의 교육을 부과하고, 매주 2시간 창가의 교수시수를 증가하여 악기사용법을 가르친다.
  1. 제2학기 이후에는 이 표에 불구하고 약 10주간 교육의 실습을 하여야 한다.
  (출처: 〈고등보통학교규칙〉(조선총독부령 제111호, 1911. 10. 20. 제정, 1911. 11. 1.시행), 국가법령정보센터).

(1) 사범과 모집 정원은 사비생(私費生) 15명이다.
(2) 사범과는 보통학교 여교원 양성을 목적으로 수업 연한은 1년이었다.
(3) 사범과 입학자격은 조선인은 여자고등보통학교를 졸업한 자 일본인은 조선에서 공립고등여학교를 졸업한 자가 입학 자격이 있었다.
(4) 사범과는 수업료를 징수하지 않는다고 규정되어 있다.
(5) 학자(學資)를 관으로부터 공급(官給 관급)받을 수 있었다. 학자는 '기숙비, 피복비, 문구비, 치료비 및 수학여행비'로 하며, 사범과 학생과 본과 3학년이면서 사범과 입학을 희망하는 자 중 특으로 지정된 자는 관급 받을 수 있었다. 관급을 받은 본과 3학년 학생은 사범과에 입학할 의무가 있었고, 사범과에서 관급을 받은 학생은 졸업 후 4년간 조선총독부 지정 학교에서 교직을 종사할 의무를 부과하고 있다.
(6) 입학시험은 학과시험과 구두시험 그리고 체격검사 3종을 실시하였다. 학과시험은 입학지원자 수 그 모집 인원에 초과할 시 및 입학지원자 학력 정도가 분명하지 않음에 속한 자에 한하여 시행하였다. 1918년에만 학과시험 조항에 일본인 사범과 지원자에 대한 특별 조항이 붙어 있다. "단 일본인 사범과 지원자에 있어서는 학과시험 대신에 고등여학교 재학중의 학과 성적의 검정으로써 할 수 있다."
(7) 그 외에 보증인(부모 혹은 20세 이상의 호주인 자)이 있어야 했다. 보증인(또는 대리보증인)은 경성부내에 거주하는 자여야 했다.
(8) 기숙사비는 1개월에 6원이었다.

강평국이 입학한 해인 1918년 모집 요강에서 다른 해와 다른 특이사항

---

17) 『조선총독부 관보』 제1648호(1918. 2. 5.).

이 파악된다. 첫째, 1917년과 1918년에는 다른 해와 달리 사범과에 사비생(私費生)을 모집하고 있다. 규정에 사범과는 수업료를 징수하지 않는다고 하고 있다. 그럼에도 1917년에 12명과 1918년 15명의 사비생으로 사범과 학생을 모집하였다. 입학자격에서 관급을 받은 본과 3학년은 사범과 입학 의무를 명시하고 있으므로, 본과에서 사범과로 진학한 학생수를 제외하고 사비생을 추가로 더 모집하였던 것으로 생각된다.

둘째, 학생 모집 정원을 다른 해와 비교해 보면 1918년[18]은 1916년[19]과 1917년[20], 1919년[21]의 모집 요강과 비교했을 때 특이사항이 발견된다. 우선 표로 정리하였다.

〈표 2〉 관립 학교 학생 입학 상황표

모집 연도	모집 정원	특이사항	
1916년	27명		
1917년	12명	사비생(私費生)	
1918년	15명	사비생(私費生)	조선인 10명 일본인 5명
1919년	18명		
			출처: 조선총독부 관보

1916년 사범과 모집 학생은 27명이었다가 1917년 12명, 1918년에는 15명, 1919년에는 18명을 모집하였다. 1917년과 1918년에는 사비생(私

---

18) 『조선총독부 관보』 제1648호(1918. 2. 5.).
19) 『조선총독부 관보』 제1047호(1916. 2. 2.).
20) 『조선총독부 관보』 제1346호(1917. 2. 1.).
21) 『조선총독부 관보』 제1949호(1919. 2. 7.).

費生)을 모집하고 있다. 또한 1918년에만 사범과의 모집 학생 지원 자격을 조선인과 일본인의 숫자를 나누어 모집하고 있음도 파악된다.

그러나 1918년 사범과 입학생은 총 28명이었다.

> 〈관립학교 학생 입학 현황〉
> 대정 7년도(1918년) 시작 관립학교 학생 입학상황은 다음과 같다. …생략…
> 경성여자고등보통학교 사범과
> 입학지원자 28 / 보통학교졸 28 / 계 28
> 입학자연령 최다 26.5 최소 16.8 평균 20.6
> 입학자부형 신분별 귀족 0 양반 16 상민 12[22]

1918년 사범과 입학생은 모두 28명이고, 모집 인원은 15명이었음이 파악된다. 그렇다면 사비생 15명 외에 13명은 본과 3학년에서 사범과 진학을 전제로 관급(수업료)를 면제 받은 학생이었다는 뜻으로 해석할 수 있다. 모집 요강 중 "관급을 받은 본과 3학년 학생은 사범과에 입학할 의무를 진다"는 항목에 의해 본과 3학년생 중 특(特)으로 지정되어 1918년에 본과에서 사범과로 진학한 학생이 13명이었을 것으로 해석할 수 있다. 위 표의 사범과 모집 정원이 해마다 달라지는 이유도 아마 본과에서 사범과로 진학하는 학생 수가 있어 그를 제외하여 모집하였기 때문일 것으로 생각된다.

강평국은 본과 졸업 후 바로 사범과에 입학하였다. 강평국은 본과 3학년을 마치고 사범과에 입학할 수 있는 자격을 갖춘 같은 학교 본과 졸업생으

---

[22] 『조선총독부 관보』 제1744호(1918. 5. 31.).

로 입학지원을 위한 학력이 분명한 자에 속하므로 입학을 위한 학과시험은 치르지 않았을 것이고, 본과에서 사범과로 진학한 학생이므로 관급을 받으며 학교생활을 하였다고 보인다. 강평국의 경성여자고등보통학교 본과 동창 13명이 사범과로 진학하였고, 사범과 동창은 모두 28명이었음도 파악된다. 학생들 중에는 일본인도 있었음이[23] 파악된다.

강평국은 기숙사에서 생활하였다.[24] 사범과 학생에게 기숙사비는 관에서 준다고 규정되어 있으므로 강평국도 기숙사비를 납부하지는 않았을 것이다. 규정에 의해 강평국은 졸업 후 4년간 학교에 근무할 의무가 있었다.

강평국은 사범과 수학 중 1919년 1월 21일 고종이 사망하자 대한문 곡반에 기숙사생을 이끌고 참여하였다. 1919년 3월 1일 경성여고보 학생으로 서울에서의 만세운동에 참여하였고, 다시 1919년 3월 5일 제2차 만세운동에 참여하여 체포되었고 서대문감옥에 수감되었다 3월 24일 풀려나 3월 25일 졸업장을 받았다.

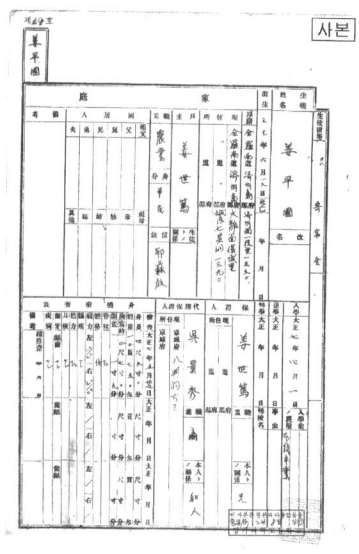

강평국 경성여자고등보통학교 생활기록부(사범과)(출처: 경기여자고등학교)

---

23) 강평국의 친구 최은희는 회고록을 통해 일본인 학생을 언급하고 있는데, 『조선총독부관보』의 운영상황을 통해 동창생 중 일본인이 있음을 교차 확인할 수 있다.
24) 강평국의 생활기록부(경기여자고등학교 발행).

경성여자고등보통학교 경운동 교사(1913~1920)(출처: 경운회)

경성여자고등보통학교 졸업 사진(출처: 최은희 전집)

4. 동경여자의학전문학교

강평국은 1926년 동경여자의학전문학교에 입학하였다.[25] 동경여자의학전문학교의 "수업 연한은 예과 1개년, 본과 4개년이었다. 입학자격은 고등여학교 졸업자에 준하는 학력, 부속병원은 내과, 외과, 산과부인과, 안과, 이비인후과, 소아과, 피부과 등을 갖추고 있었다."[26] 동경여자의학전문학교는 1900년 동경여자의학교로 설립하였다가 1912년 재단법인 동경여자의학전문학교로 설립 인가를 받고 개교하였다. 현재 동경여자의과대학의 전신이다. 설립자는 "낮은 여성의 사회적 지위를 향상시키고자 학교를 창립하였다. 여성의 지위를 향상시키기 위해서는 여성에게 경제적 능력을 부여해야 하고, 의학 의술이 여성에게 적합한 훌륭한 직업이기 때문에 학교를 설립하였다."[27]고 하고 있다.

일제강점기 조선 여자 의사 연구에 의하면 "본격적으로 식민지 조선에서 여자의사가 되기 위해 유학 열풍이 시작된 것은 1910년대 말부터였다

---

[25] 동경여자의과대학에 문의한 결과, 강평국의 입학 혹은 졸업 사실은 확인되지 않는다 ("姜平國という名前で入学・卒業した事実は確認できない".)는 답변을 받았다. 그럼에도 강평국이 동경여자의학전문학교에 다녔다는 증언을 토대로 한 기존의 기록을 존중하여, 본 항목을 썼다.

[26] 동경여자의학전문학교 편, 『동경여자의학전문학교 일람』(소화 3년), 동경여자의학전문학교, 『동경여자의학전문학교 일람』(소화 8년), 일본 국립국회도서관, 참조.
"학칙
제6조 제1학기는 4월 1일부터 9월 30일, 제2학기는 10월 1일부터 익년 3월 31일까지이다.
제7조 본교의 휴업일은 좌와 같다.
　　동기 휴업은 12월 25일부터 익년 1월 7일까지, 춘기 휴업은 4월 1일부터 동월 7일까지, 하기 휴업은 7월 21일부터 8월 31일까지이다."

[27] 동경여자의과대학 홈페이지 참조.

고 볼 수 있다. 여자 의사가 되기 위해 유학의 목표가 된 첫 학교는 도쿄여의전이었다."28)고 한다.

강평국의 동경여자의학전문학교 진학은 그의 기록과 활동을 통해 여자의 경제적 독립과 사회적 역할을 위해 노력했던 생애 흐름 전반에 걸맞은 진로를 위한 선택이었을 것으로 생각된다. 여성도 실력을 갖추어야 여성해방이 이루어질 수 있다는 인식에서 비롯되는 행보이다.

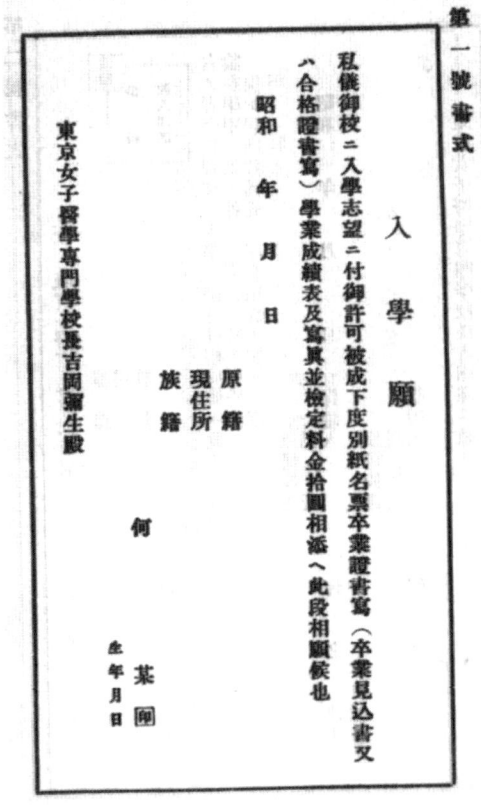

동경여자의학전문학교 입학원(출처: 『동경여자의학전문학교 일람』, 1928년)

---

28) 최은경, 「일제강점기 조선 여자 의사들의 활동」, 『코기토』 80(부산대학교인문학연구소, 2016. 8.), 290쪽.

동경여자의학전문학교 정문(1917년)(출처: 동경여자의과대학 사료실 제공)

동경여자의학전문학교 전경(1927년)(출처: 동경여자의과대학 사료실 제공)

동경여자의학전문학교 기숙사(출처: 『동경여자의학전문학교 일람』, 1928년)

동경여자의학전문학교 부속병원(출처: 『동경여자의학전문학교 일람』, 1928년)

동경여자의과대학(출처: 동경여자의과대학 홈페이지)

II. 강평국의 사회 활동

1. 강평국의 독립 운동

강평국은 1919년 서울에서 3.1만세운동에 참여하였다.[29] 2019년 건국훈장 애족장을 서훈받았다.[30]

---

29) 관련 연구가 있다.
   한금순, 「강평국의 삼일운동 참여와 수감」, 『제주도연구』 제51집(제주학회, 2019.).
   한금순, 「최정숙의 3.1운동 재판 관련 문서 분석」 『제주도연구』 제44집(제주학회, 2015.).

경성여자고등보통학교 학생이었던 강평국은 1917년부터 박희도(민족대표 33인)의 비밀서클에서 윤치호 등의 민족운동가들로부터 교육을 받았다. 학교에서는 '수령급'[31] 인물로 1919년 3월 1일 경성여자고등보통학교 학생을 만세 행진에 참여하도록 이끈 주요 인물 중 한 사람이다. 강평국은 2월 말일부터 만세운동의 계획을 알고 준비하였다. 3월 1일 경성여자고등보통학교 학생들과 온종일 서울 시내를 다니며 만세운동에 참여하였다.

강평국은 3월 5일 제2차 만세시위운동에 다시 참여하여 체포되었고 서대문감옥에 수감되었다 3월 24일 학교의 기숙사 사감과 교무주임에게 인도되어 석방되었다.

일본에서 근우회 등의 단체 활동을 통해 3.1운동 기념행사, 국치일 기념행사, 조선총독 폭압정치 반대 투쟁, 삼총해금운동, 관동 대지진 조선인학살 추도 활동, 재만 동포 탄압에 대한 항의 활동, 조선인 노동자 차별에 대한 항의 활동, 재일 조선인 노동자 추방 항의 활동 등으로 민족운동에 앞장섰다.

---

30) 강평국의 제주도 친구로 서울에서 삼일운동에 함께 참여한 고수선(애족장, 1990년), 최정숙(대통령표창, 1993년)과 경성여자고등보통학교 친구 최은희(애족장, 1992년)는 일찍이 독립유공자로 서훈받았다. 강평국은 1933년에 사망하였고 후손도 없어서 그의 행적을 갈무리하지 못하고 있다가 뒤늦게 서훈받았다.

31) "동교에서 수령급은 본인 및 최정숙, 강평국이 수령 중의 주된 자라고 그 학교 내의 학생 및 직원은 말했다."라는 문서 「경성여자고등보통학교 시위관련자 동정 및 성행 조회」가 있다. 학생들의 동정과 품행을 조회한 문서로 경성종로경찰서에서 경성여자고등보통학교 학생 6명의 동정을 조사하여 경무부에 보고했고, 경성지방법원에 제출한 문서이다.(국사편찬위원회)

2. 강평국의 교육 운동

1) 공립학교 교사

강평국은 근대 제주 공교육의 첫 여교사이다. 조선총독부로부터 1919년 4월 1일자로 정규 교원으로 임명받았다. "임(任) 조선공립보통학교 훈도[32] 급(給)월봉(月俸) 22원"의 기록이 있다.[33] 경성여자고등보통학교 사범과를 졸업하면 조선총독부 지정 학교에서 4년간 교직에 종사할 의무가 있었다. 1919년 제주도로 내려와 대정공립보통학교 교사로 학생을 가르쳤다.[34]

1920년에는 전라남도 진도공립보통학교 "관직: 훈도, 관등: 월22"[35], 1925년 제주도 조천공립보통학교 "관직: 훈도, 관등: 10[36]"[37]으로 임명받은 기록이 있다. 7년여 교직으로 등급이 올라갔음이 확인된다. 1920년 전라남도 진도공립보통학교에는 훈도가 3명이었다.[38] 1925년 조천공립보통학교는 8명의 교사가 기록에 남아 있는데 교장은 궐석, 정규 교원인 훈도가 5명이고 임시 교원인 교원촉탁 3명이 함께 근무하였다.[39]

---

32) 훈도(訓導)는 일제강점기 보통학교의 정규 교원을 칭한다. 정규 교원 외에 학교에는 임시 교원으로 촉탁교원과 강사를 둘 수 있는 제도가 있었다.
33) 〈서임 및 사령〉『조선총독부 관보』제1997호(1919. 4. 9.).
34) 제주문화원, 『제주여인상』(1998.).
35) 〈조선총독부 및 소속관서 직원록〉 공립학교(1920년), 국사편찬위원회.
36) 강평국의 관등은 월22에서 10까지 기록을 찾을 수 있다. 1920년 진도공립보통학교의 관등 4가 학교장이었다. 1924년 조천공립보통학교 교장은 관등 5였다.
37) 〈조선총독부 및 소속관서 직원록〉 공립학교(1925년), 국사편찬위원회.
38) 일본인 학교장(관등: 4)과 훈도로 강평국(관등: 22)과 이기채(관등: 9)가 근무하였다.
39) 훈도는 박옥래(관등: 월60), 복부청오(腹部淸吾)(관등: 월 52), 강평국(관등: 10), 조창현(관등: 11), 박승규(관등: 11)이고, 교원촉탁은 박병규(관등: 월수당30), 김순탁(관

2) 사립학교 교사

강평국은 정규 교사로서의 활동 외에도 당대에 공교육에서 소외된 여성을 위한 제주 교육활동에도 앞장섰다. 강평국의 교육 활동은 여성의 실력 양성이 곧 민족의 실력 양성이라는 당대의 흐름과 맥을 같이하는 활동이었다.

강평국은 1920년 여수원에서 야간에 여성 교육을 하였다. 명신학교 교사로도 활동하였다. 또한 제주여자청년회는 제주여자학술강습소를 운영하였는데 강평국도 여기서 활동하였을 가능성이 있다.

3. 강평국의 여성 운동

강평국은 1925년 12월 26일 제주여자청년회를 창립시켰다.[40] 창립총회 임시의장으로 회의를 진행하고, 사회부 임원으로 활동하였다. 1926년 1월 4일 제주여자청년회 강연에서 강평국은 사회로 행사를 진행하였다.[41] 제주여자청년회는 여성 교육 활동으로 야학을 운영하였고, 제주청년회 등과 연계하여 제주사회 현안에 참여하는 여성 활동을 위해 노력한 단체이다.

1924년에는 조천부인회를 조직하였다. 강평국은 여성의 사회적 역할을 위한 활동을 주도하였다. 그의 글 "여성해방의 잡감"을 통해 남성 중심의 기존 사회에서 벗어난 깨어있는 여성을 추구하면서 여성 스스로 실력을 갖추어야 한다고 역설하고 여성의 해방은 이론으로 해결할 수 없고 경제적

등: 월수당30), 김석우(관등: 월수당28)이다.
40) 「여자청년 창립자 제주여성의 신기치」, 『시대일보』(1926. 1. 3.).
41) 「제주여자청년 강연회 성황」, 『시대일보』(1926. 1. 10.).

독립을 바탕으로 해야 한다고 주장하였다. 실력을 갖춘 여성의 사회활동이라는 그의 여성관을 파악할 수 있다.[42]

또한 여성의 지위 향상과 민족 해방을 운동 목표로 활동한 근우회 동경지회를 설립해낸 강평국은 근우회 동경지회 발기회 개회사를 하였고 설립대회 의장으로 대회를 이끌었으며, 근우회 동경지회 임원으로 여성의 권익, 정치적 사안, 사회적 사안, 여성노동자의 권익을 위한 활동을 하였다.

4. 강평국의 재일본 노동 운동

강평국은 1926년 동경여자의학전문학교에 입학한 이후 1932년경까지 일본에서 여성의 노동 권익 보호 활동을 하였다. 동경조선노동조합 동부지부 부인부 위원과 재일본조선노동총동맹의 부인부 위원으로 조선인 노동자 권익을 위한 활동은 물론이고 민족 차별에 대한 항의 활동 등을 하였다.

일본에서 강평국은 동경조선여자청년동맹과 동경조선노동조합 동부지부의 임원으로 활동하며, 여성과 노동자의 권익을 위한 활동과 민족 해방을 위한 활동을 하였다. 재일본 조선노동총동맹과 동경 조선인단체협의회에서 공동 활동을 하기도 하였다.

---

42) 관련 연구로 이재섭의 「일제강점기 강평국의 생애와 여성운동-기고문 〈여자해방의 잡감〉을 중심으로-」(『탐라문화』 62, 제주대학교 탐라문화연구원, 2019.)와 한금순의 「강평국의 글 〈여자해방의 잡감(雜感)〉」(『제주도연구』 제53집, 제주학회, 2020.)이 있다.

제2장.
독립운동가 강평국, 민족의 자존을 외치다

제2장. 독립운동가 강평국,
　　　민족의 자존을 외치다

제1절. 강평국의 3.1운동 참여

　강평국은 독립운동가이다. 1919년 3월 1일 서울에서 만세운동에 참여하여 대한독립만세를 불렀다.[1] 강평국은 민족대표 33인 중 한 명인 박희도의 비밀서클에서 민족운동가들의 강의를 들으며 독립운동을 준비하였고, 3월 1일 경성여자고등보통학교 기숙사생들을 이끌고 서울 시내 일원에서 만세운동에 참여하였다. 3월 5일 제2차 만세시위에 참여하였다가 체포되어 서대문감옥[2]에 구금되기도 하였다.

　조국 독립에 대한 의지는 강평국 생애 전반을 관통하였다. 일본으로 건너가 동경여자의학전문학교를 다니면서도 민족 차별에 항의하는 활동을 놓지 않으며 민족운동에 지속적으로 참여하였다.

　강평국은 1917년 박희도가 이끄는 비밀서클[3]에 경성여자고등보통학교 친구인 고수선, 최은희, 최정숙 등과 함께 참여하였다. 학교 내에서 주도적으로 학생들을 이끌었던 인물로 경성종로경찰서장이 파악하고 있던 강평

---

1) 학술논문(한금순, 「강평국의 3.1운동 참여와 수감」, 『제주도연구』 제51집, 2019.)으로 발표했던 글을 다시 보완하였다.
2) 현재 서대문형무소라는 명칭으로 역사관이 건립되어 있다. '서대문형무소'는 1923년부터 사용된 명칭이고 강평국이 수감된 1919년 당시는 '서대문감옥'이라는 명칭이었다.(출처: 한국학중앙연구원 한국민족문화대백과사전)
3) '비밀서클'이란 용어는 최은희의 기록(『여성 전진 70년』, 추계 최은희 문화사업회, 1991.)을 토대로 그대로 사용한다.

국은 최은희 등과 함께 고종의 대한문 곡반[4]에 기숙사 학생 전원의 참여를 이끌어내기도 하였다.

강평국은 경성여자고등보통학교 사범과 학생 신분으로 3.1운동에 참여하였다. 강평국이 사범과에 입학하는 것은 당대 우리나라의 교육운동이 민족운동의 일환으로 인식되었던 측면에서 이해할 수 있기도 하다. 나라를 잃은 이후 실력양성론이 사회 전반의 여러 분야에 적용되어 실력을 길러야 나라를 찾을 수 있다는 인식이 팽배한 시기였고 실력은 교육을 통해 길러야 한다는 인식으로 교육운동에 참여하는 것이 민족운동의 일환이기도 하였다.

강평국은 1919년 3월 말 사범과 졸업을 앞두고 서울에서 3.1만세운동에 참여하였다. 경성여자고등보통학교는 1919년 3월 1일 만세운동에 참여한 유일한 여학교였다.

Ⅰ. 박희도의 비밀서클 활동 참여

경성여자고등보통학교 학생 강평국은 박희도의 비밀서클에서 활동하며 민족운동에 대해 공부하였다. 박희도는 3.1운동 민족대표 33인 중 한 명으로 독립선언문에 서명하고 태화관 회의에 참석하여 2년 형의 옥고를 치른

---

[4] 곡반(哭班)은 "예전에, 국상 때 궁중에 모여서 곡을 하던 벼슬아치의 반열을 이르던 말"(출처: 다음국어사전)이다. 본고에서는 최은희의 표현(『조국을 찾기까지』중, 탐구당, 1979.)을 빌려 사용하였다. 최은희는 학생들이 고종의 국상을 애도하여 곡을 하려고 모였던 것을 벼슬아치들이 국상 때 곡을 하던 것과 맥을 같이 하는 것으로 보아 이러한 표현을 한 것으로 보인다.

인물이다.[5] 3.1운동 관련 재판 문서인 「예심종결결정서」[6]의 내용에 박희도의 학생 관련 활동이 보인다.

> 위 주모자 중 박희도와 이갑성은 독립을 꾀하고 운동을 하려면 경성에서 학생을 규합하고 그 실행 방법을 맡기는 것이 상책이라고 생각하고 몰래 학생 간의 사상 동정을 살피고 거사에 대비하려고 …생략… 연석시키고 조선독립의 좋은 기회가 왔으니 이를 위하여 집회 논의를 거듭하여 서로 결속할 필요가 있음을 설득하고 독립운동에 힘쓸 것을 권유하는 한편 …생략… 각 전문학교 학생의 유력자를 초청하여 해외에 있어서의 독립운동 정세를 논의하며 독립사상을 고취하기에 힘쓰며 …생략… 이와 전후하여 모의를 진행시켜 조선인이 자유민인 것, 조선이 독립국인 뜻을 반복 상론함으로써 조헌을 문란케 할 문구를 연결한 선언서를 다수 인쇄하여 …생략…[7]

---

5) 한국민족문화대백과사전, 한국학중앙연구원.
6) 「예심종결결정서」는 일제강점기 사법 제도상의 용어이다. 예심이라는 것은 재판의 본 절차인 공판 전에 예심판사가 미리 사건을 심리하고 그 결과를 공판에 보고하는 절차이다. 1912년 공포된 「조선형사령」에 검사의 예심 청구권이 있었다. 사건에 대한 조사가 완료되면 검사는 공판을 청구하게 되는데 필요에 따라 예심을 청구할 수 있었다. 예심을 통해 사건을 공판에 부칠 것인지의 여부를 법원이 판단하는 제도이다. 예심판사는 조사를 진행하여 예심종결결정을 통해 공판 개시 여부 등의 결정의견을 제시하게 된다. 한국 형사소송법에서는 1954년 폐지되었다. 3.1운동 참여자의 「예심종결결정서」는 국가기록원이 소장하고 있다.
형사사건으로 생산되는 문서의 종류로는 수사절차의 문서, 공소절차의 문서, 판결절차의 문서와 집행절차의 문서가 만들어진다. 3.1운동 관련하여 생산되는 수사단계의 문서로 「신문조서」류와 「시위관련자 동정 및 성행 조회」등이 있다. 공소단계의 문서로는 「의견서」 및 「예심종결결정서」가 있고 판결단계의 문서로 「공판시말서」와 「판결문」 등이 있다. 집행단계의 문서로는 「수형인명부」와 「상소권포기신청서」 등이 있다.
7) 「예심종결결정서」, 경성지방법원(1919. 8. 30.), 국가기록원.

박희도는 독립운동을 위해 학생을 규합하고 학생에게 실행을 맡겨야 한다는 생각으로 독립운동을 위한 학생 조직을 지도하였다. 학생 대상 비밀 서클의 모습을 말해준다.

> 한사람 두 사람, 동지의 수효가 늘어감으로 우리는 일요일 오후 2시마다 영신학교 2층 교실을 집합 장소로 하여 비밀서클이 조직되었다. 물론 박선생의 지도로 강연회 좌담회 등이 열리는 것이었다. 혹은 그 시간에 중앙예배당 엡윗 청년회가 주최하는 강연회에도 출석하였다. 민족지도급 인사들이 연사로 나오기 때문이었다.[8]

최은희의 회고[9]에 의하면 박희도의 비밀서클은 1917년 조직되었고 민족대표 33인에게 직접 지도를 받았다고 한다. 최은희는 강평국과 경성여자고등보통학교의 친구이며 같이 학교 기숙사에서 생활하였고, 3.1운동으로 두 번의 옥고를 치른 독립운동가이다.[10] 후일 근우회 중앙위원으로 활동을 주도한 인물이다.

경성여고보는 전국의 수재가 모이는 학교라 일찍부터 민족운동자들의 관

---

8) 최은희, 『여성 전진 70년』(추계 최은희 문화사업회, 1991.), 58쪽.
9) 최은희의 회고는 『조국을 찾기까지』,(탐구당, 1979.), 『여성 전진 70년』(추계 최은희 문화사업회, 1991.)과 『한국 근대 여성사』(상, 중, 하)(추계 최은희 문화사업회, 1991.)와 『여성을 넘어 아낙의 너울을 벗고』(문이재, 2003.) 등이 있다.
10) 최은희: 1919년 3월 1일 당시 경성여자고등보통학교에 재학중 독립만세 시위운동에 참가하여 서대문감옥에 수감되었으며, 이후 다시 태극기와 격문을 만들어 배천읍 장터의 독립만세 시위를 주도하였다. 1992년 건국훈장 애족장에 추서되었다. (출처: 국가보훈부).

심이 컸었고 일제의 식민지 교육정책의 실패를 산 증거로 보여주기 위하여 33인 측에서 직접 지도를 하였던 것이다. …생략… 경성여고보가 기미운동에 선봉으로 나섰던 것은 결코 일조일석에 이루어진 일이 아니다. 2년 전인 1917년부터 민족대표 33인 중의 한 분인 해주 출신 박희도(朴熙道)의 지도로 우리 학교에는 학생들의 비밀서클이 조직되어 정신무장을 단단히 하고, 우선 교내에서 항일투쟁을 벌여왔던 것이다.[11]

비밀서클 활동으로 민족운동을 위한 정신 무장이 되었고 교내에서 항일투쟁을 벌일 수 있었던 힘이 되었다고 최은희는 회고하고 있다. 서울의 많은 여학교 중에 경성여자고등보통학교 한 곳만이 3월 1일의 시위행진에 참가하게 된 것은 2년여의 비밀서클 활동을 통해 박희도에게서 사상면으로 공부한 덕분이라 하였다.[12]

서울에도 수많은 여학교가 있었지만, 경성여자고등보통학교 하나만이 3월 1일 시위 행진에 참가하게 된 것은 1917년부터 비밀 서클을 조직하고 2년 동

---

11) 최은희, 『한국근대여성사』중(추계 최은희 문화사업회, 1991.), 105쪽.
12) 경성여자고등보통학교 학생들이 비밀서클에 모이게 되는 것은 최은희와 박희도의 인연에서 비롯된 것이라고 최은희는 기록하고 있다. 최은희는 경성여자고등보통학교 진학 이전에 박희도에게 인사한 적이 있었고, 해주 의정여학교 교사인 노선형이 편지로 박희도에게 최은희를 부탁하는 등의 인연이 있는 사이였다.
"내가 상경할 때 노 선생은 박희도 씨 앞으로 가는 편지 한 장을 내게 써 주었다. 그보다도 수년 전 조선총독부 시정 5주년 기념 행사로 서울에서 개최한 물산공진회 관람차 수학여행을 겸하여 학교에서 단체로 상경하였을 적에 수창동 영신학교 부교장인 박희도 씨 사택에서 일행이 숙식을 하였고 , 노 선생은 특별히 나를 부교장실로 데리고 가서 인사를 시킨 일이 있었으므로 박희도 씨와는 초면이 아니었다."(최은희, 『여성 전진 70년』, 추계 최은희 문화사업회, 1991. 57쪽).

안 고차원의 정신 세계를 직접 열어준 박희도 선생의 공적이라 할 것이다. 당시의 학생들은 사상 방면에 매우 굶주렸던 것이다. 나는 지금 생각하여도 내가 공부를 하러 학교에를 다녔는지 배일운동을 하러 학교에를 다녔는지 분간할 수 없다.[13]

강평국은 박희도의 비밀서클의 주요 인물이었다.

> 나는 동급생을 비롯하여 본과·기예과·사범과에 골고루 손을 펴서 동지를 규합하기 위하여 하숙집을 나와 기숙사로 들어갔다. 우리들 4인 이외에 최근 제주도교육감을 지낸 최정숙, 현 제주도 홍익보육원장 고수선과 강평국, 이남재, 노순렬, 이은, 김일조, 이덕요, 이정의, 유재룡, 이금자 등이 그때의 멤버들로 중추인물이었고, 의정여학교 후배로 총독부병원 간호부가 된 차정순도 함께 모였다.[14]

박희도의 비밀서클은 경성여자고등보통학교 학생들이 중추 멤버였고, 3.1운동으로 강평국을 비롯한 최은희, 최정숙, 노순렬, 이남재, 유재룡, 이금자 등 7명은 서대문감옥에 함께 수감되기도 한다.[15]

비밀서클은 영신학교를 근거지로 하여 매주 일요일 2시에 모였다. 박희도(민족대표 33인), 손정도(독립장, 1962), 오화영(민족대표 33인, 대통령장, 1989), 현순(독립장, 1963) 등으로부터 독립운동과 관련한 강의를 듣

---

13) 최은희, 『여성 전진 70년』(추계 최은희 문화사업회, 1991.), 65쪽.
14) 최은희, 『조국을 찾기까지』(탐구당, 1979.), 93쪽.
15) 최은희, 『조국을 찾기까지』(탐구당, 1979.), 104쪽.

는 등으로 교육을 받았고 그에 따른 활동을 위한 비밀 모임이었다.

> 우리는 영신학교 교실을 근거지로 하여 절대로 비밀이 보장되었던 것이다. 우리는 매주일 오후 2시마다 중앙예배당 엡윗(懿法) 청년회 주최로 열리는 강연회에도 출석하였다. 윤치호·신흥·손정도·오화영·정춘수·박희도·현순·김창준 등이 연사로 나왔던 것 같다.[16]

비밀서클의 활동은 강연회 좌담회 등을 통해 독립정신을 강화시키는 공부를 하는 것이었다. 민족지도급 인사들이 연사로 나왔다. 다른 학생들에게도 강연을 듣도록 권장하며 회원을 늘려나갔다.

> 박 선생의 지도로 강연회·좌담회 등이 열리는 것이었다. 혹은 그 시간에 중앙예배당 엡윗 청년회가 주최하는 강연회에도 출석하였다. 민족 지도급 인사들이 연사로 나오기 때문이다. 공개적이라 하지만 강연 내용은 언중(言中)의 유언(有言)으로 모두 비유를 해서 독립정신을 강화시키는 길로 인도하였던 것이다. 수박 겉핥기로 멍하니 듣고 앉았던 형사들은 아무 풀이도 못한 채 그냥 돌아가 버리는 고로 그들은 그 모임의 진수를 몰랐었다고 할 수 있다. 비밀을 보장하는 우리 서클에서는 서로 손을 나누어 전체 학생들을 움직여 엡윗 청년회 강연을 듣도록 힘쓰고 거기서 추어 올려 우리 회원을 만들기로 하였다.[17]

---

16) 최은희, 『조국을 찾기까지』(탐구당, 1979.), 93쪽.
17) 최은희, 『여성전진 70년』(추계 최은희 문화사업회, 1991.), 58쪽.

비밀서클의 회원은 1918년에 20여 명이었다.

> 1918년 가을, 8월 한가위를 전후한 어느 일요일 오후였다. 우리들은 박희도를 중심하여 영신학교 교실에 모였다. 서클 인원이 20여 명으로 늘었을 때였다.[18]

비밀서클 회원들은 1919년 2월 중순 종로 중앙청년회관에서 열린 엿새 동안의 민족 지도자들의 시국대강연회에 학교 기숙사생들을 참석시키기 위한 활동도 하였다.

> 그해 2월 중순에는 3월 1일의 거사를 앞두고 종로 청년회관에서 엿새 동안 시국 대강연회가 열렸다. 박희도는 이 강연회에 기숙생 전체를 데리고 매일 밤 참석하라는 것이었다. 연사는 이상재 윤치호 신흥우 박희도 정춘수 오화영이요, 연제는 수요일의 〈생활곤란의 원인〉(연사 박희도) 토요일의 〈평화의 주인공〉(연사 신흥우)만 기억에 남아 있다.[19]

> 기미 만세운동의 거사를 앞두고 그해 2월 중순 종로 중앙 청년회관에서 엿새 동안 열린 민족 지도자들의 시국 대강연회에 기숙생 전체를 참석시켜 달라고 사감 선생에게 떼를 써서 교직원회의 양해를 얻어 하룻밤만은 사감의 인솔로 데리고 나가고 그 다음날부터는 비공식 외출로 동급생 김숙자·이덕순 두 명과 함께 내가 나갈 때는 통학생 틈에 얼버무리고, 돌아올 때는 담을 넘

---

18) 최은희, 『한국근대여성사』(중)(추계 최은희 문화사업회, 1991.), 108쪽.
19) 최은희, 『조국을 찾기까지』(탐구당, 1979.), 96쪽.

거나 10호실 들창을 넘어 들어온 일들, 숱한 사연이 서려 있는 그 많은 사건들을 일일이 예로 들지 못하였거니와 학생 대 선생의 투쟁이 아니라 한국인 대 일본인의 민족적 투쟁이었다.[20]

비밀서클은 고종의 죽음을 애도하는 활동에서부터 학교내 활동을 주도하였다. 비밀서클 강평국, 최은희 등은 고종의 대한문 곡반에 참여할 것을 학교에 관철하기 위해 기숙사 통곡 시위를 주도하였고, 기숙사 학생 70여 명 중 방 당번을 제외한 모든 학생이 대한문 곡반에 참여할 수 있게 되기도 하였다.

> 교장은 『오늘 오후 1시 각 반 대표 한 사람씩 대한문 앞 곡반에 참가하고 다른 학생들의 수업은 그대로 계속한다.』고 말하였다. 우리 서클 동지들은 점심시간에 전부 강당으로 모여서 다른 학생들을 모조리 불러들였다. 수업종을 친 뒤에도 교실로는 한 사람도 가지 않았고, …생략… 우리는 강당에 남아서 곡반 대표가 다녀올 때까지 덕수궁 쪽을 향해 엎드려 곡을 하였다. …생략… 우리들의 결속이 점점 굳어질수록 반발은 커갔다. 그날 밤 기숙사에 있는 우리 동지들은 기숙생 70여 명 전체를 사감실 앞으로 불러내어 『우리도 곡반에 나가겠다』는 연좌데모를 하였다. 쓰지꾸(都竹) 사감은 고수선·김일조·김숙자를 사감실로 불러 앉히고 수학 선생인 아사노(淺野) 사감은 수학의 천재라면서 몹시 사랑하고 칭찬하던 필자를 딴 방으로 데리고 가서 은근히 달래었다. 그러나 그날 밤 우리는 기어이 투지를 관철시켜 각 방의 당번 한 사람씩만 남

---

20) 최은희, 『여성전진 70년』(추계 최은희 문화사업회, 1991.), 60쪽.

겨놓고 기숙생 전체가 대한문 앞에 가서 망곡(望哭)을 하고 돌아왔다.[21]

뿐만 아니라 고종의 성복날을 위해 교복을 찢어 검정 나비 조표와 검정 댕기를 만들어 교문에서 학생들에게 나누어 주는 활동도 하였다. 이 일로 비밀서클의 동지가 더 늘어나기도 하였다.

  취침종이 울리고 각 방에 전등불이 꺼졌다. 필자가 소속한 6호실에만 밤늦도록 전등을 가린채 학생들의 손이 움직였다. 내일은 고종 황제의 성복날인 것이다. 필자는 교복으로 입는 검정 나단 통치마를 발기발기 찢어서 댕기를 얼마든지 접었다. 나비조표도 접었다. 몇 사람의 동지도 자기 치마를 들고 와서 그같이 하였다. 그 이튿날 아침 기숙사 각방에는 학생의 수효대로 그것이 분배되었고, 학생 통용문이 열리면서부터는 문 앞을 지키고 섰던 우리 동지들이 통학생이 들어오는 대로 자주 댕기를 뽑고 검정 댕기를 드려주었다. 머리를 틀어올린 학생들에게는 나비 조표를 꽂아 주었다. 현헌 선생은 우리들의 이 같은 행동을 바라보고 빙그레 웃었다. 그날 조회는 마당에서 열렸다. 선생들은 학생들의 열 속으로 돌아다니면서 일일이 머리 뒤를 조사하였다. 보나마나 검정 일색의 댕기가 드리워졌던 것이다. 이 일을 치르고 나서 우리는 7, 8명의 동지를 더 얻었다.[22]

이러한 활동으로 3.1운동이 일어날 즈음에는 "비밀서클 인원이 42명"[23]

---

21) 최은희, 『조국을 찾기까지』(탐구당, 1979.), 95~96쪽.
22) 최은희, 『조국을 찾기까지』(탐구당, 1979.), 96쪽.
23) 최은희, 『조국을 찾기까지』(탐구당, 1979.), 96쪽.

이었다.

1919년 2월 28일 최은희는 박희도에게서 선언서 한 장을 전달받고 3월 1일 정오 파고다공원으로 나올 것을 지시받았고, 기숙사에 돌아와 비밀서클 동지들과 선언서를 함께 보며 전교생을 이끌고 나갈 일을 논의하였으며, 기숙생과 통학생 동지들에게 소식을 알렸다.

> 2월 28일 저녁때 나는 박희도 선생의 부름을 받아 그 댁으로 가서 선언서 한 장과 '내일 오정 파고다 공원으로 전체 학생을 인솔하고 나오라'는 지시를 받았다. 나는 기숙생과 통학생 동지들에게 이튿날 아침까지 이 일을 다 알렸다.[24]

> 3월 1일 오전 10시, 유철경 선생의 조화시간이었다. 필자는 그 전날인 2월 28일 오후 5시 박희도 선생의 부름을 받고 그 댁으로 달려갔다. 물론 비밀 외출이었다. 은밀한 뒷방으로 인도되어 선언서 한 장을 받았다. 그 유모러스한 박선생의 얼굴이 그토록 엄숙할 수가 없었다. 『내일 오정 때 전체 학생들을 인솔하고 탑골공원으로 나오너라.』 그는 태극기 아래서 다시 만나게 하여 달라는 기도를 올린 다음 내게 악수를 해주었다. 돌아오는 길로 과자 추렴을 핑계 삼아 7, 8인의 동지가 모인 기숙사 식모방에는 선언서 한 장이 펼쳐졌다. 『내일 오정(밤 사이 시간 변경) 전교생을 어떻게 이끌고 나갈 수 있을까?』 그날 밤 제주에서 유학하는 두 남학생이 비밀히 제주 학생 최정숙 고수선 강평국을 만나고 갔다. 우리는 제나름대로 붕대를 만들어 속치마 호주머니에 넣는 등 내일의 사태를 예측할 수 없으므로 마음 집히는대로의 준비를 하였던

---

24) 최은희, 『여성을 넘어 아낙의 너울을 벗고』(문이재, 2003.), 16쪽.

것이다.[25]

2월 28일 밤 제주도에서 유학온 남학생 두 명이 강평국과 제주도 친구들을 만나고 갔다. 강평국의 2월 28일의 행적에 대해서는 일제의 법정 문서 기록이 또 있다. 경성종로경찰서 생산 문서인 「경성여자고등보통학교 시위관련자 동정 및 성행 조회」(경성종로경찰서장, 1919. 3. 27.) 문서이다. 이 문서는 3.1운동으로 체포한 경성여자고등보통학교 학생들을 신문하는 과정에서, 경찰이 학교로 학생들의 동정과 성향을 조회하여 보고 받은 문서이다. 종로경찰서장은 이 문서를 경성지방법원 검사정에 제출하였다.

> 이번의 소요에 관해서도 본인은 이미 남학생 측에게서 2월 26·7일경에 독립운동 소요의 상의를 받은 모양이며, 동 27일인지 28일경에는 동숙생 최정숙, 강평국, 유재룡, 이명숙, 고수선, 김일조 등과 협의 상의를 마치고 오로지 그 기일의 도래만을 기다리고 있었던 형적이 충분하여[26]

경찰이 학교에 조회한 결과, 강평국은 최은희, 최정숙, 고수선 등과 함께 3월 1일 이전에 독립운동 관련 상의를 하고 있었으며, 3월 1일 거사를 기다리고 있었던 행적이 뚜렷한 학생이었다고 학교 관계자들이 말하였고, 이를 문서로 경찰은 경성지방법원에 제출하였다. 이 문서는 비밀서클로 결속되었던 강평국, 최은희, 최정숙, 고수선의 학교 내에서의 주도적 활동을 증명해 주는 문서이다. 이들은 독립운동을 사전에 계획하고 외부와 연락하며 그 준비를 해내고 있었다.

---

25) 최은희, 『조국을 찾기까지』(탐구당, 1979.), 97쪽.

2월 28일 밤 강평국 등을 만나고 간 제주도에서 경성에 유학하는 남학생 2명으로 추정이 가능한 사람으로는 1919년 서울에서 3.1운동에 참여한 제주도 남학생 박규훈[27]과 채순병[28]이 있다. 박규훈은 1919년 경성고등보통학교 4학년 학생이었고, 채순병은 국어보급학관 학생으로 3.1운동에 참여하였다. 고수선의 기록 "강평국과 나는 외부 연락을 했다. 박규훈씨가 창으로 상황설명을 하고 우리는 끝까지 종로경찰서 앞까지 갔다."[29]에 의하면 강평국과 외부 연락을 주고받던 사람이 바로 박규훈임을 추정할 수 있다.

이상 살핀 바와 같이 강평국은 1917년부터 박희도의 비밀서클에 참여, 활동을 주도하며 같은 학교 친구인 최은희, 최정숙, 고수선과 사전에 독립만세운동을 준비하였으며, 제주도 남학생인 박규훈 등과도 연락을 주고받으며 3.1만세운동을 준비하였음을 확인할 수 있다.

---

26) 「경성여자고등보통학교 시위관련자 동정 및 성행 조회」(경성종로경찰서장, 1919. 3. 27.). 원문은 "今回ノ騷擾ニ關シテモ本人ハ巳ニ男生徒側ヨリ2月26·7日頃ニ獨立運動騷キノ相談ヲ受ケタル模樣ニテ, 同27日カ28日頃ニハ同宿生崔貞淑, 姜平國, 兪在龍, 李明淑, 高守善, 金日祚等ト打合相談纏リ只管期日ノ到來ヲ待チ居タル形跡充分ニシテ"이다. (국사편찬위원회 한국사데이터베이스). 원문을 기준으로 하여 필자가 다시 번역하였다.
27) 박규훈: 대통령표창(1992). 1919년 3월 1일 당시 경성고등보통학교 4년생으로 서울 탑동공원에서 진행된 독립선언 행사에 참가하여 다수의 시위군중과 함께 파고다 공원을 뛰쳐나와 독립만세를 고창하면서 시내를 행진하며 일군 헌병과 일경의 무차별 총격에도 굴하지 않고 만세시위를 벌이다가 일경에 피체되었다. 같은 해 11월 6일 경성지방법원에서 소위 보안법 위반으로 징역 6월형을 언도 받고 옥고를 치렀다. 정부에서는 고인의 공훈을 기리어 1992년에 대통령표창을 추서하였다. (출처: 국가보훈부).
28) 채순병: 애족장(1990). 1919년 3월 4일 서울 학생단 주도 독립만세운동을 높이기 위하여 격문 400여 매를 만들어 중학동을 비롯 부근 각동에 배부하고, 남대문 역전 독립만세시위에 군중을 동원하며, 3월 5일에는 수백 명의 시위군중과 함께 「조선독립」이란 깃발을 들고 독립만세를 고창하며 시위중 피체되어 징역 10월을 선고받았다. 1년 3월개여 옥고를 치렀다. (출처: 국가보훈부).
29) 제주문화원, 『제주여인상』(1998.), 429쪽.

II. 강평국의 3.1운동 참여

1. 3월 1일 만세운동 참여 주도

강평국을 비롯한 비밀서클의 최은희, 최정숙 등은 경성여자고등보통학교 학생들을 이끌고 3월 1일 만세운동에 참여하였다. 통학생과 기숙사생에 끼어 있거나 각급 학년에 끼어 있던 비밀서클 동지들이 앞장서며 300여 명의 전교생을 만세 대열로 이끌었다.

> 『오늘 새벽 독립선언서 뭉치가 담 너머로 운동장에 떨어졌기 때문에 너희들을 감금하고 못 나가게 할 것이다.』하고 소곤소곤 일러주었다. …생략… 우리반의 동지들은 교실로 돌아가지 않고 기숙사로 바로 내려갔고, 직원실에서는 긴급회의가 열리고 학생 통용문은 굳게 잠기고 정문에는 일본 수위가 지키고 있었다. …생략… 시커멓고 우람찬 기숙사 대문은 안으로 자물쇠를 잠궜고, …생략… 통학생, 기숙생, 각급 학년에 끼어 있는 우리 동지들이 앞장서고 그 뒤를 이어 일반 학생들도 2, 3인씩 기숙사로 자꾸 몰려 내려왔다. 그 날의 분위기는 긴장하고도 침착하였으며, 입을 떼어 말하는 이가 없었다. 한 모퉁이로 모여 섰던 우리 동지 몇 사람이『대문을 빠개자!』하고 고함을 질렀다. 우리는 도끼와 식칼과 돌멩이를 닥치는 대로 집어들고 두들겨 부셨다. 빠개진 대문짝을 짓밟고 넘어서 학생들은 골목 밖으로 우루루 쏟아져 거리로 나갔다. 10호실 들창을 넘어 먼저 나온 학생들도 있었다. 그때까지 무슨 영문인지 모르고 섰던 학생들도 뒤따라 나오며 두 손을 높이 들고 대한 독립만세를 힘차게 불렀다. 멀리서 만세소리가 들렸던 것이다. 삼백여 명 전교생은 선생들이 학교에서 직원회 하는 틈을 타서 몽땅 거리로 빠져나오게 되었다.[30]

서울의 일곱 개 여학교 중에 경성여자고등보통학교만 만세행진에 참여하였다고 하는데 이는 비밀서클이 사전에 계획을 주고받고, 3월 1일에도 학생들을 인솔하는 역할을 강평국, 최은희 등의 비밀서클 조직이 주도하여 수행하였기 때문에 가능하였을 것으로 짐작할 수 있다.

> 3월 1일 서울에서는 이화·배화·진명·숙명·동덕·정신 등 일곱 여학교 중에서 유독 총독부에서 경영하는 경성여고보 하나만이 만세행진에 참가하였다.[31]

강평국은 최은희, 최정숙과 함께 비밀서클의 주도적 역할을 수행하던 수령급들이라고 일제 경찰이 파악하고 있었던 기록이 있다. 바로 「경성여자고등보통학교 시위관련자 동정 및 성행 조회」 문서로 그중 최은희에 대한 보고서 내용에 언급된다. "동교에서 수령급은 본인(최은희) 및 최정숙, 강평국이 수령 중의 주된 자라고 그 학교 내의 학생 및 직원은 말했다."[32]라고 보고되어 강평국이 최은희, 최정숙과 함께 학교에서의 주도적 역할을 하던 인물임을 알 수 있다.

또한 「경성여자고등보통학교 시위관련자 동정 및 성행 조회」 중 최정숙에 관한 보고서에서도 마찬가지로 2월 27, 8일경부터 최은희 강평국과 독립운동의 계획을 밀의한 흔적이 뚜렷하다는 보고도 하고 있다.

---

30) 최은희, 『조국을 찾기까지』(탐구당, 1979.), 98~99쪽.
31) 최은희, 『여성을 넘어 아낙의 너울을 벗고』(문이재, 2003.), 16쪽.
32) 원문은 "同校ニ於ケル首領株ハ本人及崔貞淑, 姜平國ガ首領中ノ主ナル者ナリト同校內ノ生徒及職員ハ語レリ."이다. 원문을 기준으로 하여 필자가 다시 번역하였다.

一. 본인은 학업성적이 좋으므로 교내 및 기숙사에서도 세력을 얻어 그 학교 내에서 학생의 주도권을 쥔 실권을 가지고 있는 사람으로, 학생 소요사건에 관해서 그 학교 직원은 말하기를, 본인은 이미 지난달 27·8일경부터 그 학교 기숙사생 최은희, 강평국과 함께 독립운동의 계획을 학생 사이에서 밀의한 흔적이 뚜렷하고[33]

이렇게 강평국은 학교 내에서 수령급으로 학생들을 주도적으로 이끄는 실력자로서 독립운동을 계획하고 있었음을 확인할 수 있다.

경성여자고등보통학교 학생들의 3월 1일 만세운동 참여 기록은 다수가 있다. 그중 일제의 법정 문서인 「3.1 독립시위 관련자 예심조서 최정숙 신문조서」를 통해 조금 더 살펴보도록 하겠다.[34]

　　문 : 피고는 기숙사에 있었는가.
　　답 : 그렇다.
　　문 : 몇 사람이나 기숙하고 있었는가.
　　답 : 70명쯤 있었다.
　　문 : 최은희를 아는가.
　　답 : 알고 있다.

---

33) 원문은 "本人ハ成績可良ナルヨリ校內及寄宿舍ニ於テモ勢力ヲ得テ同校內ニ於ケル生徒ノ牛耳ヲ握ル實權ヲ有シ居ルモノナルガ, 學生擾事件ニ關シ同校職員ハ語ッテ曰ク, 本人ハ已ニ客月27·8日頃ヨリ同校寄宿舍生崔恩喜, 姜平國ト共ニ獨立運動企劃ノ事ヲ生徒間ニ密議シタル事蹟明ニシテ,"이다. 원문을 기준으로 하여 필자가 다시 번역하였다.
34) 관련 연구 논문이 있다. (한금순, 「최정숙의 3.1운동 재판 관련 문서 분석」 『제주도연구』44집, 제주학회, 2015.).

문 : 강평국·유재룡·이명숙·고수선·김일조 등을 아는가.
답 : 이명숙을 제외한 그 밖의 사람은 모두 같은 학급 사람이므로 알고 있다.³⁵

  최정숙의 신문조서 기록을 통해 강평국, 고수선이 만세운동에 함께 하였다는 정황을 짐작할 수 있다. 이 신문은 경성지방법원에서 이루어졌으며 신문자는 예심계 조선총독부 판사 굴직희(堀直喜)이다. 신문자인 조선총독부 판사가 강평국의 이름을 언급하고 있음을 주목해 볼 필요가 있다. 최은희, 강평국, 고수선 등의 만세운동 참여 정황을 확보하고 최정숙에게 확인하기 위한 신문 과정의 기록이다. 최정숙은 같은 학급 친구들이라 아는 사람이라고 대답하였다.
  예심판사는 계속하여 강평국의 행적을 최정숙에게 신문한다. 3월 1일 기숙사를 나올 때는 학생들이 모두 함께 나왔다는데 강평국도 같이 나왔는지를 묻는다.

문 : 3월 1일 기숙사를 나올 때에는 모두가 함께 나왔는가.
답 : 함께 나왔다.
문 : 그때 최은희·강평국 등도 같이 나왔는가.
답 : 기숙사생이 같이 나왔지만 누구 누구였는지 기억하지 못한다.[36]

---

35) 「3.1 독립시위 관련자 예심조서 최정숙 신문조서」, 경성지방법원(1919. 6. 26.), 국사편찬위원회 한국사데이터베이스.
36) 「3.1 독립시위 관련자 예심조서 최정숙 신문조서」, 경성지방법원(1919. 6. 26.), 국사편찬위원회 한국사데이터베이스.

그러나 일제는 강평국 등에 대한 정보를 이미 수집하고 최정숙을 통해 강평국의 죄를 찾으려 신문하고 있었던 것이라 볼 수 있다.

> 문 : 군중이 독립만세를 부르고 있는 것을 보고 어떻게 독립운동이라고 생각했는가.
> 답 : 그 이전에 학교에서 선생에게 일본에서 조선 유학생이 독립운동을 했다는 것을 듣고, 그것에 대한 주의를 받은 일이 있었으므로, 군중이 독립만세라고 외치는 것을 듣고 독립운동이란 것을 알았다.
> 문 : 그런 것이 아니고, 최은희·강평국 등과 함께 다른 사람에게서 독립운동이 있다는 것에 대하여 듣고 학교에서 상의를 했던 것이 아닌가.
> 답 : 그런 일이 없다. 3월 1일에 비로소 알았던 것이다.
> 문 : 순사 구송번(久松繁)의 보고서에 의하면, 피고의 학교 선생은 그 이전부터 학생들이 독립운동에 대하여 이야기하고 있었던 것을 들었다는데 어떤가.
> 답 : 나는 독립운동에 대해 들은 일 없다.[37]

총독부 판사는 최정숙에게 강평국 등과 독립운동에 대해 사전에 다른 사람에게서 전해 들어 알고 있으면서 학교에서 상의하였던 것이 아니냐고 신문하였다. 예심계 판사가 언급하는 순사 구송번(久松繁)의 보고서는 바로 앞에서 본 「경성여자고등보통학교 시위관련자 동정 및 성행 조회」를 말하는 것이다. 그러나 판사들의 여러 차례의 질문에도 강평국과의 연관 행적

---

37) 「3.1 독립시위 관련자 예심조서 최정숙 신문조서」, 경성지방법원(1919. 6. 26.), 국사편찬위원회 한국사데이터베이스.

은 모두 부인되어, 판사들은 강평국이 주도자임을 파악했음에도 만세운동 행적을 탐문으로 증명하지 못하였던 것 같다.

이를 종합해 보면 강평국은 비밀서클을 주도하는 수령급 인물로 2월 27, 8일경부터 외부와 연락을 주고받으며 3월 1일의 독립 만세운동을 준비하였다. 3월 1일에는 비밀서클 회원들과 경성여자고등보통학교의 통학생 및 기숙사생 300여 명의 만세 행진 참여를 주도적으로 이끌어낸 주요 인물 중 한 사람이다.

2. 서울 시내 만세 행진 참여

강평국 등 비밀서클은 경성여자고등보통학교 학생들과 온종일 서울 시내를 누비고 다니며 만세운동에 참여하였다.

> 우리는 온종일 시가를 누비고 다니면서 손가락을 깨물어 손수건에 대한독립만세라고 혈서를 쓰는 청년, 백립을 쓴 노인, 검정 갓 꼭대기에 흰 종이를 동그랗게 오려붙인 시골 샌님도 많이 보았다.[38]

강평국 등의 경성여자고등보통학교 학생들의 3월 1일 서울 시내에서의 만세운동 참여 경로는 최은희와 최정숙의 기록을 통해 정리할 수 있다. 최은희의 기록에 의하면 탑골공원에서 나오는 만세군중을 따라 천도교 총본부 쪽의 대열에 합류하여 경운동의 학교 정문을 지나 재동 네거리에서 한 패는 창덕궁 쪽으로 다른 한 패는 안국동 경복궁 쪽으로 행진하였다.

---

38) 최은희, 『여성을 넘어 아낙의 너울을 벗고』(문이재, 2003.), 17쪽.

우리가 구보를 해서 탑골 공원 북편 문을 향해 달려가다가 벌써 탑골공원에서 선언식을 마치고 물밀듯이 밀려나오는 만세군중들과 마주쳤다. 우리는 천도교 총본부를 향해 올라오는 그 대열 속에 끼여 들어가서 우리 학교 정문을 지나갔다. 그때 우리학교는 경운동 목조 2층집이었다. ⋯생략⋯ 우리들은 선생들 턱 앞에 두 손을 바싹 들이대고 높은 소리로 『독립만세!』『독립만세!』『대한독립만세!』하고 통쾌하게 외쳤다. 재동 네거리에서 한패는 창덕궁 쪽으로 넘어가고 한 패는 안국동을 거쳐 경복궁 쪽을 향하여 갔다.[39]

송현마루(현재 종로구 중학동) 턱을 지나 육조 앞 광장(현재 광화문 광장 일대) 황토마루(현재 세종로 네거리)에서 서대문 쪽으로 향했다. 독일영사관(현재 종로구 교남동)을 돌아 의주통(현재 중구 의주로)으로, 합동 프랑스영사관(현재 서대문구 합동)에 들어가 만세를 부르고 서소문(현재 중구 서소문동)을 돌아 대한문 앞으로 갔다. 숭례문까지 내려갔다가 다시 돌아 진고개(현재 중구 충무로 2가 일대) 골목으로 들어섰을 때 저녁 해가 질 무렵이었다. 본정 2정목(현재 중구 충무로 2가)에 들어설 무렵부터 체포가 시작되었다.

군중은 송현마루턱을 지나서 육조 앞 광장으로 나왔다. ⋯생략⋯ 군중들은 황토마루로 내려와 다시 패가 갈렸고, 필자는 서대문 쪽으로 가는 대열을 뒤따랐다. ⋯생략⋯ 다시 군중들 틈에 끼여 독일 영사관을 향하여 지금 중앙관 상대로 가는 언덕길을 올라설 때 한 패가 떨어져 정동 골목으로 들어갔다. 독일 영사관에서 회정하여 의주통을 지나갈 적에는 ⋯생략⋯ 합동 프랑스 영사

---

39) 최은희, 『조국을 찾기까지』(탐구당, 1979.), 99쪽.

관에 들어가 한바탕 만세를 부르고 서소문으로 돌아서 대한문 앞으로 나왔다. …생략… 대열의 선두는 대한문 안으로 들어가서 빈전을 향해 배례를 드리고, 군중들은 그 뒤에서 경건히 고개를 숙여 묵도를 올렸다. 우리 일대는 거기서 숭례문까지 내려갔다가 다시 돌아 진고개 골목으로 들어섰다. 저녁 해가 뉘엿뉘엿 저물어 가던 때였다. 일인들 가게 앞에는 헌병들과 순사들이 무시무시하도록 늘어섰고, 왜놈 왜년들은 게다(일본 나막신)짝을 짝 짝 끌며 안달이 나서 왔다 갔다 했다. 이제부터는 체포 작전인 모양이었다. 독 속에 든 쥐처럼 샐 틈 없는 좁은 골목이라 본정 2정목에 이르러서부터는 몽땅 체포하기 시작하였다. 일본 상가가 모조리 떨쳐 나와 협력이었다.[40]

「최은희 신문조서」에도 이들의 경로가 나온다. 기숙사를 나가 종로, 창덕궁, 안국동, 광화문, 서대문에서 대한문, 본정통으로 행진하였다.

    답 : 기숙사 근처에서 만세 소리를 들었고 잠시 후 동료들 20명 정도가 문 밖으로 나갔다. 그로부터 그 소리를 따라서 종로까지 갔는데, 수많은 사람들이 모여서 「만세 만세」하고 외치고 있었으므로 나는 장래 조선이 독립할 희망이 있는 것이라고 생각하고 기뻐서 만세를 불렀던 것이다.
    문 : 그 종로통에는 몇 사람 정도의 군중이 있었는가.
    답 : 수천 명 정도 있었다.
    문 : 그 후 군중 속에 뛰어들어 후열에 열을 지어서 창덕궁·안국동·광화문·서대문 근처까지 만세를 부르면서 걸어 다녔는가.
    답 : 그렇다. 그리고나서 대한문으로 갔다가 본정통으로 갔다.

---

40) 최은희, 『조국을 찾기까지』(탐구당, 1979.), 99~100쪽.

문 : 독립의 선언 등이 있다는 것을 미리 듣고 있지 않았는가.
답 : 아니다.[41]

「최정숙 신문조서」에서도 종로를 거쳐 본정통까지 만세를 부르며 다닌 정황이 기록되어 있다.

답 : 기숙사로는 들어오지 않았으나 그 근처에 많은 조선인들이 독립만세를 부르면서 소요하고 있는 것을 기숙사 창밖으로 보았으므로 나도 밖으로 나가 그 군중 속에 가담하였다. 그리하여 종로 거리에서 군중을 따라 대한문까지 갔고, 다시 종로 거리로 되돌아와서 창덕궁으로 갔다가 광화문 쪽으로 가서 다시 서대문 쪽으로 갔으며, 경성우편국 쪽으로 가서 본정통(本町通)으로 나왔다가 마침내 우리들은 체포되었던 것이다. 나도 같은 인간으로서 군중 속에 뛰어들었던 것이다. 군중 속으로 들어갔더니 모두가 「만세 만세」라고 외치라고 하기에 나도 만세를 연달아 불렀다. 위의 군중들은 모두가 경성 안에 있는 학생들뿐인 것 같았다.[42]

답 : 나는 3월 1일에는 발이 아파서 기숙사에 누워 있었다. 그런데 그날 오후 시간은 알 수 없으나 밖에서 시끄러운 소리가 들려서 기숙사에 있던 학생이 모두 뛰쳐나갔다. 나도 종로까지 갔더니 무교정(武橋町)을 거쳐서 대한문 쪽으로 군중이 만세를 부르면서 가고 있었으므로, 그 군중에 참가하여 함께

---

41) 「최은희 신문조서」, 경성지방법원 검사국(1919. 3. 7.), 국사편찬위원회 한국사데이터베이스.
42) 「최정숙 신문조서」, 경성지방법원 검사국(1919. 3. 5.), 국사편찬위원회 한국사데이터베이스.

> 독립만세를 부르면서 대한문 앞·창덕궁 앞·경복궁 앞·서대문정·서소문정·장곡천정(長谷川町) 방면을 거쳐 본정으로 들어가다가 체포되었다.[43]

최정숙은 학교 기숙사에서 나가 종로에서 무교정을 거쳐 대한문 앞, 창덕궁 앞과 경복궁 앞, 서대문정과 서소문정, 장곡천정(현재 중구 소공동), 본정 등 서울 시내 일대를 다니며 만세 행렬에 참여하다 본정에서 체포되었다.

최은희, 최정숙 등의 만세 행진 경로를 통해 강평국의 만세 행진 행로 또한 짐작이 가능하다. 경성여자고등보통학교 학생들은 교동 기숙사에서 탑골공원을 향하다 천도교 총본부 쪽에서 만세행진 대열에 합류하여 학교정문을 지나 재동 네거리에서 창덕궁 쪽 혹은 안국동 경복궁 쪽으로 행진하였다. 광화문 일대와 서대문과 서소문 대한문 일대, 본정 일대 등 당시 경성 시내를 하루 종일 다니며 만세 행렬에 참여하였다.

「예심종결결정서」에서도 만세 행렬의 행진 경로를 확인할 수 있다.

> 집합한 많은 군중은 동 공원 문 앞에서 주모자의 지휘에 따라 동서 두 갈래로 나뉘어 서쪽으로 향한 1대는 종로 1가 전차 교차점에 이르러 다시 그 곳에서 갈리어, 그 1대는 남대문 역전, 의주통 정동 미국영사관, 이화학당 내, 대한문 앞, 광화문 앞, 조선보병대 앞, 서대문정 프랑스 영사관, 서소문정, 장곡천정을 지나 본정 2가 부근에 이르러 경찰관의 제지에 부딪쳐 대부분은 해산하고, 그 밖의 1대는 무교정, 대한문에 이르러 동문 내에 돌입하여 독립만세

---

43) 「최정숙 신문조서」, 경성지방법원(1919. 6. 26.), 국사편찬위원회 한국사데이터베이스.

를 고창한 후 정동 미국영사관에 이르렀다가 되돌아서서 대한문 앞에 이르러 그곳에서 다시 갑을 2대로 갈리어, 갑대는 광화문 앞, 조선보병대 앞, 서대문정 프랑소 영사관, 서소문정, 장곡천정을 거쳐 본정으로 들어가고, 을대는 무교정, 종로통을 거쳐 창덕궁 앞에 이르렀다가 그곳에도 안국동, 광화문 앞, 프랑스영사관, 서소문정, 서대문정, 영성문 등을 지나 대한문 앞, 장곡천정으로부터 본정으로 들어가 해산하는 자도 있었고, 다시 행진하여 혹은 영락정(필자주: 현재 서울 중구 저동), 명치정(필자주: 현재 서울 중구 명동)으로 향하고 혹은 남대문통을 거쳐 동대문 방면으로 향한 자도 있었다.

　동쪽으로 향한 1대는 창덕궁 앞, 안국동, 광화문 앞, 서대문정 프랑스영사관에 이르러 일부는 서소문정, 일부는 정동 미국영사관 또는 영성문을 지나 대한문 앞에 이르러 장곡천정으로부터 본정으로 들어갔다가 일부는 경찰관의 제지로 해산하고, 일부는 종로통을 나와 동아연초회사 앞에 이르러 다시 동대문 부근으로 향하다가 해질녘에 해산하였으며 …생략…

　박규훈 …생략… 최정숙 …생략… 등은 위의 목적 하에 파고다공원 또는 동 공원에서 출동한 그 군중에 참가하여 함께 대한독립만세, 조선독립만세, 또는 독립만세를 절규하여 군중과 창화하고,[44]

경성 시내 중심가 일대에서 군중들은 무리지어 만세를 부르며 다녔다. 체포는 저녁 무렵부터 이루어지기 시작하였으므로 강평국도 하루 종일 서울 시내에서의 만세운동 행렬에 참여하였던 것으로 짐작된다.

　헌병들은 양편 손에 한 사람씩 손목을 잡고 남산 밑에 있는 경무총감부로

---

44) 「예심종결정서」, 경성지방법원(1919. 8. 30.), 국가기록원.

연행해 갔다. 군중은 끌려가는 길에서도 힘차게 만세를 불렀고, 총감부 마당에 꿇어앉은 사람들도 새 사람이 잡혀 들어올 적마다 마주들 바라보며 만세를 불렀다. 그날 우리 학교 학생은 32명이 잡혔는데 학교로 연락한 결과 교장이 명단을 조회하고 『최정숙과 최은희는 그쪽 처분대로 하여주십시오.』하는 전화가 걸려온 뒤 교무주임을 보내어 즉시 30명의 학생만 데려갔다 한다. 그리하여 최정숙과 필자는 유치장 신세를 지게 되었던 것이다. 최정숙은 사범과 졸업반, 필자는 본과 졸업반이었다.[45]

최은희와 최정숙은 검거되어 경무총감부에서 조사를 받았고 서대문감옥에 수감되었다. 취조 기일이 2일에서 5일까지였음도 파악된다.

우리는 저녁 때 진고개(현재 충무로) 좁은 길목에서 헌병에게 체포되어 남산 밑 경무총감부[46]로 갔다. 그날 우리 학교 학생 32명이 잡혔는데 학교로 조회한 결과 30명은 돌려보내고 '최은희와 최정숙은 거기 처분대로 하여달라' 하여 우리는 유치장 신세를 졌다. 최정숙(해방 후 제주도 초대 교육감)은 5일 만에 취조를 마치고 서대문 감옥으로 넘어갔고 나는 2일 뒤에 넘어갔다.[47]

강평국은 3월 1일 체포되지 않았다. 그 이유를 김서옥의 회고에서 알 수 있다.

---

45) 최은희, 『조국을 찾기까지』(탐구당, 1979.), 101쪽.
46) 원문에는 '경무출감부'라 쓰여 있으나 경무총감부를 말하는 것이라서 수정하였다.
47) 최은희, 『여성을 넘어 아낙의 너울을 벗고』(문이재, 2003), 17쪽

당시 강평국의 제자로 서울 유학을 갔던 김서옥씨(89년 당시 81세 작고. 제주 최초의 여성 초등학교 교장)는 만세운동 때의 그의 모습을 이렇게 증언했다. "3.1 운동 당시 만세를 불렀는데 최정숙은 종로로 나가다 붙잡혔고 강평국은 일본 기마병에 쫓길 때 어느 집에 들어가 병풍을 치고 앉아 머리를 쪽지고 앉아버렸다 해요. 그래서 색시처럼 보여 붙잡히지 않았던 것 같아요."[48]

강평국은 3월 1일 종일 서울 시내 만세 행렬에 참여하고 저녁 무렵부터 검거가 시작되면서 남의 집에 들어가 피신하여 잡히지는 않았다. 3월 1일 잡히지 않음으로써 앞서 살핀 바와 같이 강평국이 학교에서 수령급으로 활동하였다는 것을 파악하였음에도 3월 1일 만세운동 참여자로 구속되지 않았던 것이다.

3월 1일 만세시위에서 붙잡힌 최정숙과 박규훈의 판결문을 보면 이들은 치안방해 등의 죄명으로 판결을 받았고 3년간 형집행유예를 선고받았다. 판결문에 판결의 이유를 명시하고 있다.

판결

본적 황해도 …생략… 오세창 …생략…

본적 전라남도 제주도 제주면 이도리 1405번지 주소 경성부 계동 24번지 경기고등보통학교 4년생 박규훈 7월 23일 20세 …생략…

본적 전라남도 제주도 제주면 삼도리 948번지 주소 경성부 본정 2정목 27번지 수녀원 기숙사내 무직 최정숙 2월 10일생 18세 …생략…

---

48) 제주문화원, 『제주여인상』(1998.), 429쪽.

주문

각 피고를 각 징역 6월에 처함

단 미결구류일수 90일을 각 본형에 산입함. 각 피고에 대하여 3년간 형집행을 유예함. …생략…

이유

제1. 피고 오세창(吳世昌), …생략… 최정숙(崔貞淑), …생략… 박규훈(朴圭壎), …생략… (필자 주: 32명)은 손병희 등이 조선독립의 선언을 발표한다는 것을 들어 알고는 그 취지를 찬성하여 많은 사람들과 함께 불온한 행동을 함으로써 치안을 방해하려고 계획하여, 대정 8년(1919년) 3월 1일 오후 2시경 경성부 파고다 공원에서 위의 독립선언을 발표하여 수천 명의 군중이 독립만세를 외치고, 파고다공원에서부터 경성 시내를 행진하는 무리와 만나자 각 피고는 이에 참가하여 그 군중과 함께 조선독립만세를 절규하며 경성 시내를 미친 듯이 달리면서 치안을 방해하였다. …생략…

대정 8년 11월 6일

경성지방법원

조선총독부 판사 전중방춘(田中芳春)[49]

조선독립만세를 외치며 경성 시내를 행진한 일이 치안을 방해한 죄라는 이유로 박규훈, 최정숙 등의 학생은 징역 6개월의 형을 받았다.

3.1운동 참여자인 제주사람 최정숙, 박규훈은 3월 1일 만세운동 참여의 죄를 물어, 징역 6월 형을 선고받았다. 단, 미결구류일수 90일을 본형에 계산해 넣고, 3년간 형집행을 유예하였다. 즉 최정숙과 박규훈은 미결수로

---

49) 「판결문」, 경성지방법원(1919. 11. 6.), 국가기록원.

90일 구속되어 있으면서 재판을 받았고 그 90일을 포함하여 3년간은 형집행유예 판결을 받아 1919년 11월 6일 구속 상태에서 풀려났다.

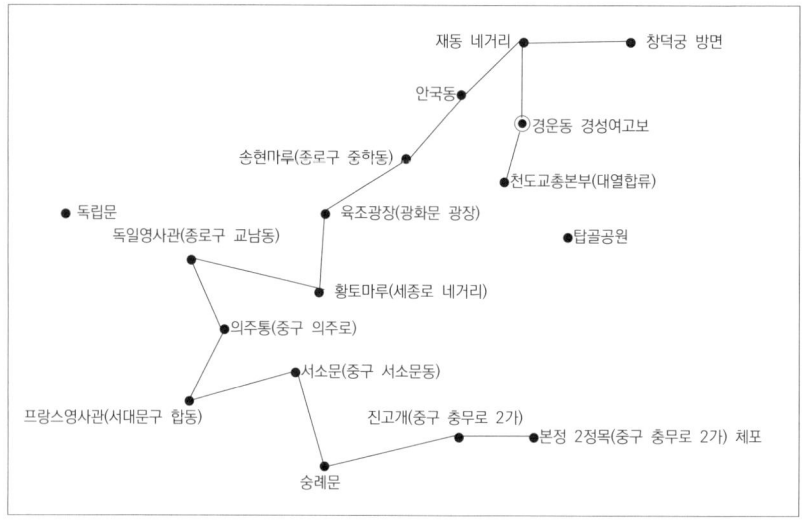

3월 1일 만세 행진 경로

Ⅲ. 강평국의 제2차 만세시위운동 참여와 수감

1. 제2차 만세시위운동

1919년 제2차 만세시위운동은 3.5학생운동으로 불리기도 한다. 이는 3월 1일 민족대표들이 체포되면서 그 이후는 학생단으로 운동의 주체가 넘어가 학생들이 3월 5일 제2차 만세시위운동을 주도하였기 때문이다.

3월 5일 서울역 앞에서 대규모의 제2차 만세시위운동이 일어났다. 3월

2일은 일요일이었고 종로 네거리 보신각 앞에 약 사백여 명의 군중이 모여들어 만세를 부르는 등으로 만세운동의 분위기가 이어졌다. 3월 3일은 고종의 장례식이 있어 큰 시위는 없었으나 각종 격문과 인쇄물이 시내에 배포되어 독립운동의 의지를 돋우었다.

3월 5일의 학생 주최 독립 시위는 일제의 법정 문서인 「예심종결결정서」를 통해 살필 수 있다.

> 제2. 위의 독립시위운동에 참획한 학생간부의 주동자는 미리 모의한 제2회 독립시위운동을 3월 5일로 결정하여 소기의 목적을 달성하고자 …생략… '내일 3월 5일 오전 9시를 기하여 남대문 역전 광장을 집합지로 하여 학생 주최의 독립시위운동을 할 것이며, 그 방법으로 강기덕 및 김원벽을 선정하여 지휘의 임무를 담당하게 함에 따라 각자는 편의상 자기 학교 학생 또는 잘 아는 사람을 규합하여 참가시키도록 노력하라'는 뜻을 알렸으므로 각 참집자는 각각 동지에게 통고하고 또는 일반에게 주지시키고 …생략…
> 조선독립에 관하여 불온언동을 한 점은 보안법 제7조를 적용하며[50]

강기덕과 김원벽을 지휘책임자로 선정하고 각 학교 학생들에게 전달하였다. 제주도 학생 채순병이 '5일 오전 8시 30분까지 남대문 부근에 태극기를 가지고 집합'하자는 전단을 인쇄하고 살포하였고 남대문역 앞 등지에서 독립만세를 불렀다.

위의 제2회 시위운동 거사를 안 사립 중동학교 학생 피고 김종현, 경성 고

---

50) 「예심종결결정서」, 경성지방법원(1919. 8. 30.), 국가기록원.

등보통학교 학생 피고 최강윤, 사립 국어보급학관 학생 피고 채순병은 3월 4일 밤 당시 동숙하는 경성부 안국동 39번지 박태병 집에서 내일 5일 다수의 군중을 남대문 역전에 초청함으로써 위의 운동을 성황리에 할 것을 공모한 다음 피고 김종현이 소유한 탄산지(炭酸紙) 및 골필 3개를 사용하여 내일 5일 오전 8시 30분 남대문 역전에 집합하고 제2회의 독립운동을 개최하니 태극기를 가지고 오라는 취지를 기재한 통고문 약 400매를 제작, 이를 3분 하여 그날 밤 곧 피고 최강윤은 송현동 방면, 피고 채순병은 소격동 방면, 피고 김종현은 중학동 방면을 각각 중심으로 하여 각 집에 배부하였다. …생략… 채순병 …생략… 등은 남대문역 앞 또는 중도에서 위의 군중에 참가하여 독립만세를 같이 부르고 또는 적포(赤布)를 흔들며 광분하고[51]

3월 5일 8시 남대문역 광장에서 만세시위운동이 전개되었다. 군중 수만이 운집하였다.

> 3월 5일 오전 8시 전후 남대문 역전에 쇄도하는 군중은 무려 수만을 헤아렸으며 강기덕, 김원벽은 모두 인력거에 탑승하여 '조선독립(朝鮮獨立)'이라 대서한 기를 휘날리며 달려와 제2회의 시위운동을 할 것을 선포하자 군중은 일제히 독립만세를 고창하며 선두에 선 강기덕, 김원벽의 지휘에 따라 독립만세를 절규하면서 남대문으로 향하고 그 동안 어떤 자는 당일 독립운동자의 표시를 명료하게 하기 위하여 다수의 적포(赤布)를 살포하여 이를 휘저으며 남대문에 이르자 군중은 경비를 위해서 출동한 경찰관헌의 제지에 부딪쳐 강기덕, 김원벽 등의 검속된 자가 많았다. 이 제지를 면한 1대(隊)는 남대문 시

---

51) 「예심종결결정서」, 경성지방법원(1919. 8. 30.), 국가기록원.

장으로부터 조선은행 앞을 거쳐 종로 보신각으로 향하고 1대는 남대문에서 대한문 앞, 무교정을 지나 종로 보신각 앞에서 위의 1대와 합류하여 행진하여 독립 만세를 고창하고 극도로 소란을 피웠으나 마침내 그곳에서 경찰관헌 때문에 해산하지 않을 수 없게 되었다.[52]

강기덕, 김원벽이 '조선독립'이라 쓴 기를 휘날리며 제2차의 만세시위운동을 선포하였다. 군중은 독립만세를 부르며 남대문으로 향하였다. 남대문에서 학생들이 검거되기 시작했다. 군중은 남대문시장으로부터 조선은행 앞을 거쳐 종로 보신각으로 향하고, 또는 남대문에서 대한문 앞 무교정을 지나 종로 보신각 앞으로 행진하며 독립만세를 불렀다.
2차 만세시위운동에서는 여학생들의 기세가 높았다.

> 또 총독부 문서는 이상의 기록에는 없는 학생들의 서울역광장 집합 방법, 시위군중 더우기 여학생의 기세, 일본 경관의 발포사실을 다음과 같이 서술하고 있다.
> 5일 아침 9시 남대문역 앞에 4~5천의 학생 집단이 나타났다. 그들은 미명에 부근의 창고 뒤나 작은 골목에 몸을 숨기고 있었던 것이다. 일단의 무리가 되자 지휘자는 인력거에 타고 빨간 어깨띠를 메고 양손을 높이 쳐들고 선창을 하자 군중은 이를 둘러싸고 각자 만세를 고창하며 서대문 방면으로 대행진을 시작하였다. 이 행렬 중에는 여자 고등보통학교의 여학생이 더욱 빛을 내고 기세를 더하고 있었다. 이 군중이 대한문 앞에 이르자 경관에게 습격되고 해산을 명하였으나 듣지 않았다. 전열이 매 맞고 검거되면 다음이 또 열을

---

52) 「예심종결결정서」, 경성지방법원(1919. 8. 30.), 국가기록원.

짓고 돌진하였다. 할 수 없이 발포하여 이를 위협하지 않을 수 없었다. 검거된 자는 100인, 그 중에는 많은 여학생이 포함되어 있었다.

　이날 여학생들은 용감하게 경비망을 뚫고 무교동 조선호텔 앞 등에서 시위를 하였으며, 서울의 시위는 점차 격렬하여졌다.[53]

제2차 만세시위운동은 독립의 의지를 재결집하는 것이었고, 각 지방으로 독립운동의 기세를 전달하는 계기가 되기도 했다.

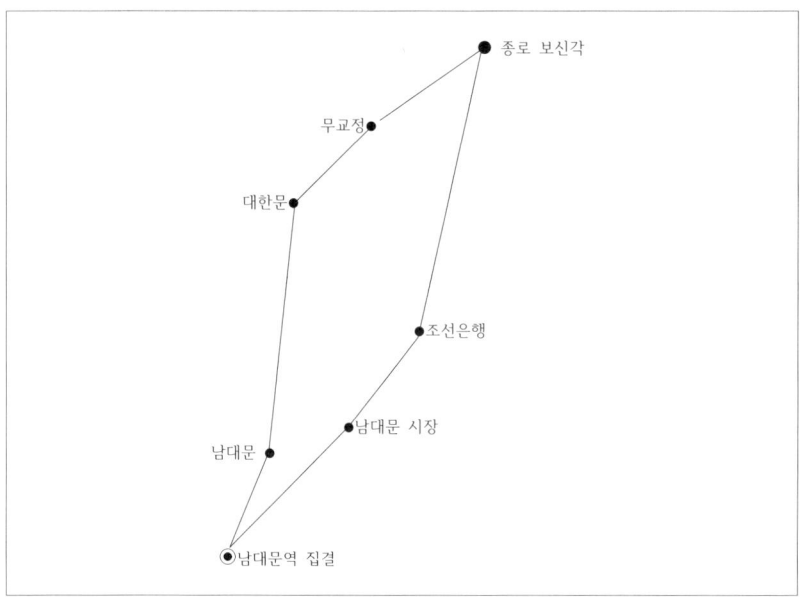

3월 5일 만세 행진 경로

---

53) 『한민족독립운동사』 3, 국사편찬위원회 한국사데이터베이스.

2. 강평국의 제2차 만세시위운동 참여와 수감

강평국은 3월 5일 제2차 만세시위운동에 참여하여 체포되었고 서대문 감옥에 수감되었다.

> 감방으로 들어가면서 커다랗게 '칵! 칵!' 기침을 하니까 그 다음다음 방에서 최정숙의 맞기침 소리가 났다. 며칠동안은 우리 두 사람만 독방에 있었는데, 하룻밤에는 수선수선하더니 3월 5일 학생 만세데모에서 검속된 학생들이 경찰취조를 받고 넘어왔다는 것이었다. 여간수는 1901번(최정숙)과 1906번(최은희)을 불러내었다. 이틀새 잡범 4인이 우리 번호 가운데 끼여들었다는 것을 직감하였다. 그날 밤부터 2, 3일 연이어 수감되는 학생의 수가 늘어 널찍한 방에 14인이 함께 있게 되었다. 경성여고보는 남학생의 연락으로 기숙생 전원 70여 명이 5일 새벽 사감의 눈을 피하여 남대문역 앞으로 나가서 데모에 참가하였다. 그날 검속된 노순열·이남재·강평국·유재룡·이금자 등과 정신학교 임충실·박남인·김경순, 숙명여고보 조경민 등이 함께 있게 되었고.[54]

경성여자고등보통학교는 3월 5일의 학생 만세운동에 기숙사생 전원 70여 명이 남대문 역으로 나가 참가하였다. 앞서 살폈던 「경성여자고등보통학교 시위관련자 동정 및 성행조회」에 의하면, 기숙사에서의 수령급이었던 최은희, 최정숙은 3월 1일 체포 수감되어 있었으므로 3월 5일의 제2차 만세시위 참여를 주도한 사람은 강평국일 것으로 짐작할 수 있다. 남학생들과 연락을 주고받으며 제2차 만세시위운동에 참여를 주도하였다. 3월 5

---

54) 최은희, 『조국을 찾기까지』(탐구당, 1979.), 103~104쪽.

일 강평국 등 5명이 추가로 수감되어 경성여자고등보통학교 학생은 모두 7명이 서대문감옥에 수감되었다. 3월 1일 체포된 최은희, 최정숙과 2차 만세시위운동으로 체포 수감된 강평국, 노순열, 이남재, 유재룡, 이금자였다. 이들 7명은 바로 비밀서클의 중추인물이었다.[55]

고수선[56]의 회고에도 강평국의 만세운동 참여 모습이 있다.

> 우리는 끝까지 종로 경찰서 앞까지 갔다. 서울역에 당도, 용산서 총을 쏘아 대자 바로 세브란스 병원으로 피신, 4인이 약속키를 우리는 끝까지 계속 입할 것을 약속, 제동 유철경 선생댁에서 등사, 머리동이를 만들어 박규훈씨에게 전달, 최선생은 종로로 가다 대중에 휩쓸렸다가 체포, 수고는 강 선생이 많이 했다.[57]

강평국과 고수선은 종로경찰서 앞, 서울역, 용산, 세브란스 병원 등지로 다녔음을 알 수 있다. 고수선의 기억 가운데 서울역에 간 것과 유철경 선생댁에서 머리동이를 만들어 박규훈에게 전달한 점 등은 2차 만세시위운동을 설명하고 있다고 보인다.

최은희의 서술을 통해 서대문감옥 안에서의 이들의 모습도 파악할 수 있다.

---

55) 최은희, 『조국을 찾기까지』(탐구당, 1979.), 93쪽.
56) 고수선: 1919년 3월 1일 박희도의 지시를 받아 학생을 동원·인솔하여 탑골공원으로 가서 시위에 참가하였다. 대한민국임시정부에서 국내와 연락하는 사무를 보다가 군자금 모집의 사명을 띠고 370원을 모금해서 송금하는 등의 활동을 하였다. 1990년 건국훈장 애족장(1980년 대통령표창)에 추서되었다. (출처: 국가보훈부).
57) 제주문화원, 『제주여인상』(1998.), 429쪽.

우리는 감옥 안에 누구누구가 들어와 있는지가 무척 궁금하였다. 10분 동안 용수를 씌워 마당에 내보내 주는 운동시간이나 땟국물에 텀벙 몸을 담궜다 나오는 목욕을 하고 돌아올 때면 다른 감방에서는 변기통에 올라서서 손가락에 침을 묻혀 높다란 유리창에 자기 이름을 써보였다. 우리들은 따라다니는 간수 모르게 용수를 번쩍 들어 얼굴과 가슴에 붙인 번호표를 대조시키기도 하였고, 방비를 뜯어 갈대 끝으로 잇몸을 찔러 피를 내어 휴지에 몇 자 써서 식사를 돌려주는 기결수 여자 편에 전달시켜 통성명을 한 일도 있었다.[58]

3월 24일 경성여자고등보통학교 비밀서클 동지 7명이 모두 석방되었다.

3월 24일, 일본 여간수는 갑자기 우리 감방문을 열더니 황애덕 한 사람만 남겨놓고 전부 불러내었다. 다른 감방에서도 낯 모르는 학생들이 나왔다. 교회실(教誨室)로 모아놓고 교회사(教誨師)와 전옥이 훈시를 한 다음 각각 데리러 온 학교 책임자에게 인도케 하여 돌려보냈다. 우리 학교 학생은 모두 7명, 쓰지꾸 사감과 나까무라(中村) 교무주임이 맞으러 왔다. 전원이 기숙생이었던 우리들은 3월 10일 총독부 학무국 임시휴교령에 의하여 귀향조치를 한 후여서 텅 빈 기숙사에서 하룻밤을 지냈다.[59]

교회사[60]와 전옥[61]이 훈시를 한 다음 학교 책임자에게 인도하였다. 기숙

---

58) 최은희, 『한국근대여성사』(중)(추계 최은희 문화사업회, 1991.), 117~118쪽.
59) 최은희, 『조국을 찾기까지』(탐구당, 1979.), 105쪽.
60) 교회사(教誨師): 교정직(矯正職) 국가 공무원의 관명(官名)의 하나. 죄수를 교화하는 일을 맡아본다.(다음 국어사전).
61) 전옥(典獄): 교도소의 우두머리.(다음 국어사전).

사 사감과 교무주임이 맞으러 왔다.

이들의 석방은 일제 당국과 경성여자고등보통학교 교장과의 교섭에 의한 석방이었다.

> 일설에 의하면 경성여고보 학생들은 교장이 검사국에 졸업예정자들은 불기소처분을 내려 일단 석방시켰다가 졸업장을 주어 내보낸 다음 재수감하여도 좋다는 조건부 교섭을 하였고,[62]

경성여고보 교장이 검사국과 교섭한 결과, 졸업장을 주어 학교에서 내보낸 다음 재수감 해도 좋다는 조건으로 일단 석방을 한 것이라는 것이다. 실제로 최정숙은 석방 후 제주도로 귀향하였다가 다시 재수감되어 신문을 받는다.

> 최정숙은 고향 제주도로 돌아간 지 20일 만인 4월 14일 그곳 경찰서에서 경성지방법원 검사국 호송장을 가지고 왔다. 제주경찰서에서 일박하고 이튿날 선편으로 압송되어 검사국 유치장에서 그날 밤을 새우고 서대문형무소로 옮겨졌다. 3월 1일 만세사건에 대하여 일단 석방하였다가 재수감시켜 예심에 회부한 것이다.[63]

또한 최정숙의 재수감은 법정 문서를 통해서도 파악할 수 있다. 「3.1 독립시위 관련자 예심조서 최정숙 신문조서 (2회)」(경성지방법원, 1919. 6.

---

62) 최은희, 『조국을 찾기까지』(탐구당, 1979.), 107쪽.
63) 최은희, 『한국근대여성사』(중)(추계 최은희 문화사업회, 1991.), 119~120쪽.

26.)와 「수형인명부」(경성지방법원 검사국, 1919. 11. 6.) 두 자료를 비교해 보면, 최정숙은 3월 24일 석방된 이후 6월 26일 다시 경성지방법원의 신문을 받았으며, 「수형인명부」에는 미결 구금 즉 재판이 확정될 때까지 교도소나 구치소에 가두어 신체의 자유를 구속하는 강제 처분 기간이 90일임이 기록되어 있어, 최정숙이 다시 수감되었음을 증명해주고 있다. 이 기록과 앞서 살핀 판결문을 교차 검증하면 미결 구금 90일을 형기에 산입한다는 내용과 아귀가 맞는다.

최은희의 서술에 의하면, 교장에게는 경성여자고등보통학교만 첫날 만세시위에 가담하였다는 것이 큰 부담이었을 것이고 이에 따라 교장은 이들을 빨리 졸업시켜야 학교학생이 아니게 됨으로 책임을 면하고 싶은 측면도 있었을 것으로 짐작하였다. 졸업장을 받아가지 않은 학생들에겐 직접 그들의 향리로 우송시키기도 하였다.

> 교장의 입장은 난처했다. 3월 1일 첫날에 자기 학교만이 시위에 가담하였다는 것과 첫날에 검거된 두 학생(최정숙과 필자)이 본과와 사범과의 졸업반이라는 데 무슨 연결이 있는 것도 같았다. 『빨리 졸업장만 내주면, 학생도 아니요 교사도 아닌 무직자가 되는 것인즉 학교와는 성가스러운 관계가 끊어지고 말 것이라』고 생각하였음인지 졸업장을 그들의 향리로 각각 우송해 버렸다.[64]

석방된 7명은 3월 24, 25일은 기숙사에서 지냈다.

---

64) 최은희, 『조국을 찾기까지』(탐구당, 1979.), 107쪽.

기숙사는 텅 비었다. 3월 10일 총독부 임시휴교령에 의하여 귀향조치를 하였다는 것이다. …생략… 남학생들은 우리들의 출감 소식을 듣고 기숙사 10호실 들창문을 두들겨 밥 짓는 아주머니를 불러 그 동안 시민들에게 배부된 독립신문과 기타 삐라들을 우리에게 전해주었다.[65]

3월 26일 유철경 선생댁에 점심 초대를 받았다.

전원이 기숙생이었던 우리들은 3월 10일 총독부 학무국 임시휴교령에 의하여 귀향조치를 한 후여서 텅 빈 기숙사에서 하룻밤을 지냈다. …생략… 3월 25일 사감을 따라 학교 교무실에 들어간 즉 …생략… 그 이튿날 우리 7명은 유철경 선생댁에 비밀히 점심초대를 받았다. …생략… 그 댁 뒤란의 석굴 속에 촛불을 켜놓고 고수선·신경우 등 몇 학생이 빨간 머리동이를 수천 개 찢어서 경성고보 학생들을 통하여 각 학교 학생에게 분배해 주어 3월 5일 남녀 학생들로 하여금 사용하게 하였다는 말을 들었다. 빨간 머리동이는 일편단심을 뜻하는 것이라 하였다.[66]

선생댁에서 고수선 등이 만든 빨간 머리동이를 경성고보 등의 학생들에게 나누어주어 3월 5일의 제2차 만세시위운동에 사용하게 하였다는 소식을 들었다.
제2차 만세시위에 참여하여 검거된 사람들도 조선독립을 위한 시위운동에 찬성하여 불온한 행동을 하여 치안을 방해하였다는 이유로 치안방해죄

---

65) 최은희, 『여성전진 70년』(추계 최은희 문화사업회, 1991.), 88쪽.
66) 최은희, 『조국을 찾기까지』(탐구당, 1979.), 105~106쪽.

로 징역 6개월의 형이 선고되었다.

> 제2. 피고 조봉룡(趙鳳龍), …생략… (10명)과 함께 학생단이 제2회의 조선 독립 시위운동이 있음을 듣자 그 취지를 찬성하여 함께 정치에 관한 불온한 행동을 함으로써 치안을 방해하려고 계획하여, 3월 5일 경성부 남대문역에서 독립기(증 제115호)를 앞세우고 붉은 천(증 제112호)을 흔들며 독립만세를 외치는 수백 명의 군중과 만나자 각 피고는 즉시 위 무리에 참가하여 피고 조무환은 증 제117호의 붉은 천을 흔들며 함께 조선독립만세를 절규하며 경성 시내를 미친 듯이 달림으로써 치안을 방해하였다.[67]

강평국은 3월 1일에 이어 3월 5일의 제2차 만세시위운동에 다시 경성여자고등보통학교 기숙사생 70여 명을 이끌고 참여하였다. 남대문역 광장에서 독립만세를 부르며 남대문 시장, 조선은행 앞, 종로 보신각, 대한문 앞, 무교정 등지로 독립만세를 부르며 행진하는 대열에 참여하였다. 검거되어 서대문감옥에 수감되었고, 3월 24일 석방되었다.

강평국의 3.1운동

강평국은 1919년 3월 1일과 3월 5일의 서울 만세시위에 참여한 독립운동가이다. 강평국은 1917년부터 박희도가 이끄는 비밀서클에 참여하여 독립운동을 위한 지도를 받으며 민족의식을 공부하였다. 경성여자고등보통학교 친구인 고수선, 최은희, 최정숙 등과 함께 비밀서클의 주요인물로

---

[67] 「판결문」, 경성지방법원(1919. 11. 6.), 국가기록원.

활동을 이끌었다. 비밀서클은 민족운동 인사들의 강연을 들으며 독립정신을 고취해 나갔다. 강평국은 학교 내에서 학생들을 이끌던 수령급 중 한 사람으로 학생들을 고종의 대한문 곡반에 나가게 하는 시위를 주도하였다. 검은 리본과 댕기를 패용하게 하는 활동도 함께 했다.

1919년 2월에 들어 독립정신을 심어주는 강연회에 기숙사 학생들을 동원하여 함께 하기도 하는 등으로 활동하던 중, 2월 28일에는 제주도 남학생 박규훈 등에게서 3월 1일의 만세운동의 실시를 전달받고 학교 내에 알렸다.

3월 1일 강평국은 비밀서클 동지들과 함께 닫힌 교문을 부수고 학생들을 만세 행렬로 이끌었다. 교동 기숙사에서 나와 학교가 있던 경운동, 창덕궁 앞, 안국동, 광화문, 종로, 무교동, 서대문, 서소문, 대한문, 충무로 등 서울 시내 일대를 하루 종일 대한독립만세를 외치며 다녔다. 강평국은 인가에 숨어들어가 체포되지 않았다. 같은 학교 친구 32명이 체포되었다가 30명은 풀려나고 최은희와 최정숙은 구금되었다.[68]

3월 5일 강평국은 기숙사생 전원 70명을 이끌고 남대문역 광장의 제2차 만세시위운동에 참여하였다. 남대문시장, 조선은행 앞, 종로 보신각, 대한문 앞, 무교동, 종로 보신각 등지로 행진하며 독립만세를 불렀다.

강평국은 제2차 만세시위운동으로 체포되어 서대문감옥에 수감되었다.

---

68) "그날 우리 학교 학생은 32명이 잡혔는데 학교로 연락한 결과 교장이 명단을 조회하고 『사이떼이슈꾸또 사이옹끼와 소꼬노 쇼오분니 시떼구다사이』(최정숙과 최은희는 그쪽 처분대로 하여주십시오.) 하는 전화가 걸려온 뒤 교무주임을 보내어 즉시 30여 명의 학생만 데려갔다 한다. 그리하여 최정숙과 필자는 유치장을 지키러 왔던 조선 순사의 귀띔과 우리가 서대문감옥에서 나온 다음다음날 우리를 자택으로 초대해 준 유철경 선생이 일러주어 알게 된 것이었다.(최은희, 『조국을 찾기까지』, 탐구당, 1979, 101쪽).

비밀서클의 주요 인물이었던 경성여자고등보통학교 7명이 함께 수감되어 있다가 3월 24일 석방되었다. 학교 교장이 졸업을 이유로 해서 재수감할 것을 조건으로 검사국과 교섭한 석방이었다.

 3.1운동에 참여한 것으로 강평국의 독립운동이 끝난 것은 아니다. 이후의 행적에서도 민족운동을 지속적으로 이어가고 있음을 확인할 수 있다. 이후 일본에서 민족운동을 계속 이어가고 있음을 V장에서 살피도록 하겠다.

제2절. 강평국의 여성 비밀결사 백청단 활동 가능성 검토

강평국은 전라남도 광주의 '백청단' 활동을 했을 가능성이 제기되어 있다. 김찬흡은 "1933년 1월 12일 광주에서 여성 비밀결사의 활동이 일경에 탄로되어, 병으로 요양 중인 강평국 여사를 광주로 구인해 갔다."[69]고 하였다. '1933년 1월 12일 광주 여성 비밀결사' 사건이라고 하는 것은 광주의 백청단 사건이다. 이 서술로 강평국이 백청단 활동을 하였다고 인식되고 있어서 이에 대한 검토가 필요하다.

동아일보의 백청단 관련 기사 중에 "제주도 강모(姜某)라는 여성"[70]이 광주로 압송되어 갔는데 이 강모가 강평국일 가능성에 대해 검토하고자 한다. 강평국은 1926년부터 일본 동경에서 활동하다가 1930년을 전후하여 귀향한 것으로 보인다.[71]

백청단은 광주학생운동의 영향으로 결성된 여성비밀결사로 조국의 독립을 위해서는 문맹퇴치를 통한 실력양성이 중요하다는 인식으로 활동한 단체이다. 우선 백청단에 대해 먼저 살펴보고 이어서 강평국의 활동을 통해 백청단 활동 가능성을 살펴보겠다.

강평국이 백청단 활동을 하였다는 정확한 기록은 없다. 비밀결사였기 때문에 조직원이 드러나지 않는 측면이 있고, 또한 강평국은 일제강점기 중 일찍 사망하여 그의 행적을 증언하는 사람도 적기 때문에 관련 근거를 찾

---

69) 김찬흡 편저, 『제주항일인사실기』(북제주군 북제주문화원, 2005.), 137쪽.
70) 「광주 여성 비사(祕社) 확대」 『동아일보』(1933. 1. 14.).
71) 강평국의 일본 내 활동 기록을 살펴보면, 1929년 근우회 동경지회 해체 이후의 일본 내 활동 기록을 찾지 못하였다. 일본 내에서 다양한 활동을 하던 행적에 비추어 보아 귀향하였을 것으로 추정할 수 있다.

기 어려운 상황이기도 하다. 그럼에도 불구하고 강평국에 대해 광주로 구인되어 간 이후 병이 악화되어 사망하였다는 인식이 있어서, 그 구인된 일이 백청단 사건 관련이었는지를 살펴보고자 한다.

강평국이 서울에서 공부하며 맺은 한국 신여성들과의 인맥을 파악하고, 강평국의 활동 이력 등을 분석하여 백청단 활동 가능성을 살펴보고자 한다.

I. 여성 비밀결사 백청단

백청단은 광주 수피아여학교 학생들이 조직한 비밀결사였다.[72] 1929년 11월 3일 광주학생운동이 일어났고 근우회는 신간회 등의 단체와 함께 학생들을 도와 항일운동을 전국적으로 확산시키는 활동을 하였다. 백청단도 광주학생운동의 영향으로 결성되었다. 근우회 활동 인물인 김필례가 수피아여학교의 교사이기도 하다.

1. 백청단의 활동

백청단의 목적

백청단은 "광주학생사건이 있은 후 조선 ○○을 목적으로 하는 비밀결사

---

72) 백청단 관련 논문은 다음을 참조하였다.
민진영, 「일제하 광주의 여학생 조직과 여성교육」 『호남문화연구』 제44집(전남대학교호남학연구원, 2009.).
한규무, 「광주수피아여학교 백청단의 결성과 활동(1930~1933)」 『호남학』 73권(전남대학교 호남학연구원, 2023.).

백청단(白靑團)을 조직"73하였다. "조선 ○○"은 조선 '독립'이었을 것으로 짐작할 수 있다. 중앙일보도 "조선 ○○을 목적한 여성 비사(祕社) 백청단"74으로 쓰고 있고, 조선일보도 "조선○○운동을 일으키기 위하여 백청단이라는 비밀결사를 조직"75하였다고 보도하고 있어서, 독립이라는 글자는 금기되었던 언론 통제 상황을 확인할 수 있기도 하다.

백청단은 조선의 독립을 목적으로 조직되었다.

백청단 결성

수피아여학교의 강모, 장모 등은 1929년 광주학생운동을 겪고 11월 하순, 학교 뒷산에 모여 백청단을 조직하였다. 은지환 30여 개를 만들어 번호를 새겨 단원임을 표시하였다. 단원 한 명을 모집하는 데에도 전 단원이 동의해야 입단시키고 백청단의 비밀이 외부에 누설되지 않도록 조심하였다.

> 그네들은 이로부터 5년 전 11월 3일에 발생한 광주학생사건이 있은 후 조선 ○○을 목적으로 하는 비밀결사 백청단(白靑團)을 조직하여 가지고 여러 가지 사업을 계획하여 그 실행에 노력하였는 바 조선에서 처음되는 여성들의 비밀 결사 사건인 만큼 이 사건의 귀결 여하를 일반은 자못 주목하고 있다고 한다.
>
> 조선에서 처음되는 여성들의 비밀결사 백청단 사건이 송국되었다고 함은

---

73) 「조선 ○○을 목표로 백청단 조직 활동」, 『동아일보』(1933. 2. 2.).
74) 「조선 ○○을 목적한 여성 비사(祕社) 백청단(白靑團) 검거 2개월 만에 송국(送局) 보안법위반으로」, 『중앙일보』(1933. 2. 3.).
75) 「수피아여교 출신 광주 여자비사 사건」, 『조선일보』(1933. 2. 3.).

별항 보도한 바와 같이 이로부터 5년 전에 광주학생사건이 발생되는 것을 보고 모 여학교의 학생 강모 장모 조모 라모 김모 허모 김모 등은 11월 하순 어느 날 아침에 그 학교 뒷산에 모여서 조선 ○○을 목적으로 하는 백청단을 조직하였다고 한다.

그리하여 백청단에서는 은지환 30여 개를 만들어가지고 지환 속에다가 번호를 새겨 단원임을 표시하는 동시에 신입 단원에게도 한 개씩 나눠주었었다고 한다.

그리고 단원 일 명을 모집하는데에도 전 단원이 일치하게 동의하는 사람이 아니면 입단시키지 아니하여 단의 비밀이 절대로 외부에 누설되지 아니하도록 하였다고 한다.[76]

백청단은 백의민족의 청년들이라는 의미라고 조아라[77]가 회고하고 있기도 하다.

백청단이라는 뜻은 백의인(白衣人) 즉, 백의민족의 청년들이라는 것이다.[78]

백청단의 교육 활동

백청단은 백청단의 목적인 조선 독립을 위해서는 조선 민족의 문맹 퇴치가 우선되어야 한다는 인식으로 농촌에서 문맹퇴치 교육 활동을 하였다.

---

76) 「조선 ○○을 목표로 백청단 조직 활동」, 『동아일보』(1933. 2. 2.).
77) 조아라(1912~2003): 나주 생, 수피아여학교 졸업, 광주학생운동으로 1931년 검거 1개월 옥고, 광주이일학교 강제 해직, 1936년 수피아여학교 신사참배 거부로 동창회장으로 옥고.
78) 『수피아백년사』(광주수피아여자중고등학교, 2008.), 257쪽.

회원들은 일요일 등의 휴일이나 방학 등을 이용해 각자의 고향에서 문맹퇴치를 위한 활동에 주력하였다. 또한 수재 아동인데도 가세가 가난하여 학교에 다니지 못하는 사람에게는 학자금을 조달해주어 학교에 다닐 수 있게 하는 지원 활동도 하였다.

> 문맹퇴치와 수재의 양성
> 그리고 백청단은 그 단의 목적을 관철하기 위하여서는 무엇보다 먼저 조선 민족에서 문맹을 퇴치하여야 되겠다고 간파하여 가지고 먼저 농촌의 문맹을 퇴치하려고 진력하는 동시에 …생략… 일요일과 축제일에는 물론 방학 때에는 각기 고향에서 문맹퇴치 운동을 하는 동시에 수재 아동으로써 가세가 빈한하여 취학치 못하는 사람에게는 그 학자금 전부를 조달하여 주어 학교에 다니도록 하여 나왔다고 한다.[79]

백청단 회원 조아라의 회고에 의하면 글을 가르치고 태극기를 설명하는 활동도 하였다고 하며 상해 임시정부와도 교류가 있었다고 한다.

> 활동으로는 기금을 모으는데 힘썼으며, 단원들은 항상 태극기를 몸에 지니고 다니다가 장소나 시간에 관계 없이 동네 여인들이나 사람들이 모이는 곳이면 글을 가르치고 태극기에 대한 설명을 하기 위해 준비하고 다녔다고 한다. 또 단원들은 상하이 임시정부의 김구 선생과 직접 편지를 주고받으며 수

---

[79] 「조선 ○○을 목표로 백청단 조직 활동」 『동아일보』(1933. 2. 2.). 『중앙일보』에도 같은 내용이 보도되었다.(「조선 ○○을 목적한 여성 비사(祕社) 백청단(白靑團) 검거 2개월 만에 송국(送局) 보안법위반으로」, 1933. 2. 3.).

피아에도 백청단이 있음을 알렸다.[80]

백청단의 활동비는 회원들이 매달 초에 30전씩 회비를 모아 사용하였고, 부족하면 경제적 여유가 있는 회원이 의연금을 내어 충당하였다.

> 백청단에서는 여러 가지 사업을 희생적으로 하여오는 동시에 그 비용으로는 단원 각자가 매 삭 30전씩의 회비를 징수하여 그에 충당하였다 하며 사업의 파장으로 인하여 부족한 것은 단원들의 의연금을 모아가지고 보충하였다고 한다.[81]

> 그 운동 자금으로는 단원 각자가 매 삭 30전씩의 회비를 내는 동시에 단원 중의 경제적으로 여유가 있는 사람은 언제든지 그 비용을 내어(辨出)가지고[82]

백청단 참여 인물

백청단은 처음 7명으로 조직되었고 강모가 앞서 인도하는 책임자였다.

> 시내 모 여학교에서는 강모(姜某)외 6명이 그 학교 뒷산에 회합하여 조선 ××를 목적으로 하는 여성의 비밀결사 백청단(白靑團)을 조직하여 강모(姜某)를 향자로 하였다고 한다.[83]

---

80) 『수피아백년사』(광주수피아여자중고등학교, 2008.), 258쪽.
81) 「조선 ○○을 목적한 여성 비사(祕社) 백청단(白靑團) 검거 2개월 만에 송국(送局) 보안법위반으로」『중앙일보』(1933. 2. 3.).
82) 「조선 ○○을 목표로 백청단 조직 활동」『동아일보』(1933. 2. 2.).
83) 「조선 ○○을 목적한 여성 비사(祕社) 백청단(白靑團) 검거 2개월 만에 송국(送局) 보안법위반으로」『중앙일보』(1933. 2. 3.).

모 여학교의 학생 강모 장모 조모 라모 김모 허모 김모 등은 11월 하순 어느 날 아침에 그 학교 뒷산에 모여서 조선 ○○을 목적으로 하는 백청단을 조직하였다고 한다.[84]

당대 신문들은 백청단 참여자의 이름을 '강모, 김모' 등으로 모두 성씨만 제공하고 있다. 후일 백청단원들의 회고로 단원들의 이름이 확보되어 있다. 백청단 단장이었던 조아라는 18명 회원 중 7명(조아라, 김수진, 염인숙, 김나열, 최풍호, 최기례, 서복금 등)의 백청단원 이름을 서술해 놓고 있다.

> 회원 수는 2년 만에 18명이 되었다. 그것은 생명을 내놓는 단체이기 때문에 단원을 넣는데도 매우 신중했던 까닭이다. 초기의 회원으로는 조아라, 김수진, 염인숙, 김나열, 최풍호, 최기례, 서복금 등 8명으로 알려져 있으며 당시 조아라 회장은 단장이었다.[85]

이외에 허귀례, 라순덕 등의 이름이 회고 되어 있다. 조아라 단장의 기억에 강씨 회원은 없다.
제주도에서 잡아온 강모라는 여성이 강인숙일 것으로 추정한 한규무의 논문이 있다. 한규무는 수피아여학교의 졸업생 명단을 통해 성명을 추정하였다.

---

84) 「조선 ○○을 목표로 백청단 조직 활동」, 『동아일보』(1933. 2. 2.).
85) 『수피아백년사』(광주수피아여자중고등학교, 2008.), 258쪽.

'姜某(강모)'(H)는 姜寅淑(강인숙)일 것이다. 1933년 1월 경찰은 "거년(주: 1932)에 수피아녀학교를 졸업하고 현재 일본 동경에 류학 중인 강○○를 지명수배"했는데, 1932년 3월 수피아여학교 고등과 졸업생(제13회) 중 '강씨'는 姜寅淑(강인숙) 뿐이다. 이에 앞서 "제주도에서도 강모(姜某)라는 녀성을 쏘 잡아온 듯 하다"는 기사가 실렸는데, 1925년 8월 제주도 모슬포의 광선의숙 학생 '姜寅淑(강인숙)'과 동일인물인 듯하다. 아마도 그는 제주도 광선의숙과 수피아여학교를 졸업하고 일본으로 유학했으며, 이 때문에 경찰은 사건 직후 경찰을 제주도에 파견했다가 다시 일본에서 수배했다고 여겨진다.[86]

한규무는 1932년 수피아여학교 졸업생 중 유일한 강씨인 강인숙이 제주도 사람일 것으로 추정하였다. 동아일보 기사 중 웅변대회에 참여한 모슬포 광선의숙의 강인숙이[87] 수피아여학교에 진학하였을 것으로 추정하고 있다. 단장이었던 조아라가 기억하는 명단에 염인숙이 있는데 염인숙이 아니라 강인숙일 가능성을 제시하고 있다.

졸업생 명단을 통해 강인숙을 추정해 내었다는 점은 신뢰할 만한 연구성과이다. 그럼에도 이 추정에 대해 의문점이 있다. 우선 단장 조아라는 회고에서 강인숙을 단원으로 기억해내고 있지 않은데 당시 신문 기사로는 강모를 백청단을 대표한 인물이라고 파악하고 있을 정도로 중심인물인데도 조아라가 강인숙을 기억하지 못하는 점은 의문이다. 조아라는 광주에서 왕성한 활동을 하다 2003년에 작고하여 그의 기억을 신뢰할 수 있다는 점에서 강인숙을 염인숙으로 착각하였다고 확정하기에는 무리가 있다고 생각

---

86) 한규무, 「광주수피아여학교 백청단의 결성과 활동(1930~1933)」 『호남학』 73권(전남대학교 호남학연구원, 2023.), 14~15쪽.
87) 「제주소년 웅변」 『동아일보』(1925. 8. 18.).

된다. 또한 제주도 광선의숙의 강인숙이 수피아여학교에 진학한 그 강인숙인지에 대한 검증도 더 필요해 보인다.

그래서 강모가 강인숙일 가능성과 다른 인물일 가능성 모두를 검토해 보겠다. 일자 순서대로 보면 제주도의 강모는 1933년 1월 12일경에 검거되었음이 확인된다.

> 12일에는 광주경찰서의 고등형사 수 명도 광주에 들어와서 맹렬히 활동하는 것을 보건대 이 사건이 어느 정도까지 확대될는지 알 수 없다고 하며 제주도에서도 강모(姜某)라는 여성을 또 잡아온 듯하다고 한다.[88]

> 거년에 수피아여학교를 졸업하고 현재 일본 동경에 유학중인 강○○을 지명수배하였고[89]

> 검거의 손길은 나주(羅州) 곡성(谷城) 제주(濟州) 등지에까지 뻗치어 10여 명 여성을 검거하여다가[90]

기사를 종합하여 파악할 수 있는 강모는 1) 제주도에서 검거되어 광주로 이송(1933. 1. 14), 2) 수피아여학교 졸업 일본 유학생 지명 수배(1933. 1. 24.)로 정리된다.

이를 토대로 강평국과 강인숙을 검토해 보면 다음과 같다.

---

88)「광주 여성 비사(祕社) 확대」『동아일보』(1933. 1. 14.).
89)「광주수교(須校) 사건 동경까지 수배」『조선일보』(1933. 1. 24.).
90)「조선 ○○을 목표로 백청단 조직 활동」『동아일보』(1933. 2. 2.).

1) 강모는 제주도에서 검거되어 광주로 이송(1933. 1. 14)
 - 강평국은 제주 사람으로 당시 지병으로 귀향하여 제주도에 있었다. 김찬흡은 광주에 구인되어 갔다 제주도에 돌아온 후 병이 악화되어 사망하였다고 저술하였다.
 - 일본 유학생 강인숙은 이 시기에 일본 학교의 1학년 학생이었다. 그렇다면 강인숙은 일본 유학생임에도 1933년 1월에 제주도에 있다가 검거되어야 한다. 일본의 학사 운영상 1월 1일부터 3월 31일까지 운영되는 3학기 기간에 제주도에 있었다는 것을 증명해야 한다는 문제가 있다. 또한 강인숙이 제주도 인물인지를 확인해야 하는 문제가 남아 있다.
2) 수피아여학교 졸업 일본 유학생 지명 수배(1933. 1. 24.)
 - 강평국은 일본 유학생이었다. 조사 중 백청단원에 강모라는 일본 유학생이 있음을 파악한 경찰의 수배 범위에 속했을 가능성이 있다.
 - 강인숙은 수피아여학교를 졸업한 일본 유학생이었다. 경찰은 백청단원 중 강모라는 사람이 일본 유학생이라는 정보와 졸업생 중 강모라는 유학생이 있다는 것을 파악하고 수배하였을 것으로 짐작할 수 있다. 또한 강인숙이 일본에서 구인되어 온 정보는 없다.
 - 또한 백청단은 창립 후 4년여가 지나면서 "멀리 외국 유학을 떠나버린 사람의 수효가 많아짐을 따라"(『동아일보』, 1933. 2. 2.) 백청단을 해소하였다. 이러한 상황을 파악한 경찰이 수배하는 범위를 일본까지 확대하고 있었다는 뜻으로 해석할 수 있다.

정리하면, 이 정도 정보를 가지고 강모가 강평국인지 강인숙인지 확정할 수 없다. 강인숙이 수피아여학교 졸업생이며 일본 유학생인 점은 맞으나 제주도 출신인지 확인되지 않고 학기 중에 일본에 있지 않고 제주도에 있다가 구인되어 갔다는 정황을 확인할 수 없다. 강평국은 일본 유학생이었으나 당시 제주도에 귀향하여 있었다. 그러나 수피아여학교와 무슨 연관이 있었는지를 규명해야 하는 점이 남아 있다.

따라서 강모가 강인숙이었을 가능성과 강평국일 가능성 모두 의문점이 남아 있어 강모가 누구인지 확정할 수 없다.

백청단의 해체

백청단의 활동은 4년여 지속되었다. 그동안 단원들이 결혼하고 취직하거나 외국 유학을 떠나는 등의 사정으로 연락도 여의치 않게 되고 회비를 걷는 일도 곤란해지는 등으로 백청단의 활동이 자연히 중단되었다. 이에 1932년 7월 중순 백청단이 해체되었다.

> 사업중단으로 결사를 해소
> 백청단에서는 4개년 동안의 긴 세월에 꾸준히 별항 보도한 바의 사업을 계속하여 나왔으나 그동안에 그 대분은 결혼도 하였으며 취직도 하였고 또는 멀리 외국 유학을 떠나버린 사람의 수효가 많아짐을 따라 단원 간의 연락도 여의하지 못할 뿐 아니라 그 비용의 중심이 되는 회비 증수에도 곤란이 적지 아니하였음으로 모든 사업은 자연히 중단됨으로 소화 7년 7월 중순에는 백청단을 해소하여 버렸다는데[91]

이상 살핀 바와 같이 백청단은 1929년 광주학생운동을 보며 바로 그해 11월 말 조선 독립을 목적으로 결성한 여성들만의 비밀결사였다. 설립 당

---

91) 「조선 ○○을 목표로 백청단 조직 활동」, 『동아일보』(1933. 2. 2.).

시 회원은 7명이었고 책임자는 강모였고 제주도에서 구인되어 갔다. 조선의 독립을 위해서는 농촌의 문맹을 퇴치하는 일이 우선이라는 인식으로 활동하였고 회원 각자가 회비와 의연금을 내어 활동하였다. 농촌 지역에서의 교육 활동을 4년여 이어가다 1932년 7월 해체되었다.

2. 백청단 사건 수사

백청단 발각

백청단이 발각된 것은 백청단이 해체된 이후인 1932년 11월이었다.

> 그런데 사건의 내용을 절대 비밀에 부침으로 자세히 알 수 없으나 풍문한 바에 의하면 작년 11월에 나주 반남면(羅州 潘南面)에서 나모(羅某)라는 여성을 검거하여 엄중히 취조하다가 …생략… 여성들이 모여서 무슨 비밀 결사 사건이나 있었는 듯하다고 한다.[92]

나주에서 나모가 다른 사건으로 검거되었고 이를 취조하던 중 우연히 비밀결사 백청단이 발각되었다.

> 라모 김모 등을 취조하다가 천만 뜻밖에 비밀결사 백청단이 있었다는 것이 발견되었음으로 취조하던 경관도 깜짝 놀라 검거와 수색을 하였다는 것이라고 한다.[93]

---

92) 「여자중심비사 탄로」, 『동아일보』(1933. 1. 12.).
93) 「조선 ○○을 목표로 백청단 조직 활동」, 『동아일보』(1933. 2. 2.).

사상혐의로 가택 수색을 당한 백청단원의 일기장이 빌미가 되었다.

우리의 동지 중 한 명이 다른 사건으로 가택 수색을 당했는데, 그의 일기장에서 내가 고3 재학시인 1929년 11월 광주학생사건에 참여한 직후 발족된 비밀결사에 관련된 것이 적혀있어 소위 '수피아 백청단 은지환 사건'의 주동자로 주목받은 것이었다.[94]

수피아 백청단 은지환 사건으로 조사받으며 백청단의 정체가 드러나게 되었다.

백청단 검거
백청단은 1933년 1월부터 본격적으로 검거되었다.

여자 중심 비사(祕社) 탄로
신여성 십 수 명 검거
나주서 압송해(押來) 온 여성사건 확대
광주경찰 활동 맹렬
[광주] 지난 9일 아침에 전남 경찰부 고등과에서는 노(盧)경부보 이하 형사대가 광주경찰서 고등계의 후원을 받아가지고 시내 루문정(樓門町) 장모(張某)라는 여성과 양림정(楊林町)에 사는 조모(曺某)라는 여성 외 수 명을 검거하는 동시에 …생략… 10일에도 경찰은 쉬지 아니하고 금정(錦町)과 양림정 방면에서 맹렬히 활동을 계속하다가 김모(金某) 외 수 명의 신여성을 검거하

---

94) 『수피아백년사』(광주수피아여자중고등학교, 2008.), 258쪽.

였다고 한다. …생략… 광주 금정에서 김모(金某) 허모(許某) 등의 여성을 검거하여다가[95]

1932년 11월 나주에서 나모 검거를 시작으로 광주의 김모, 허모 여성을 검거하여 취조하였다. 이 조사를 기본으로 하여 전남 경찰부 고등과는 1933년 1월 9일 광주의 장모, 조모 등 신여성 수 명을 검거하였고 10일에는 김모 등 수 명의 신여성을 검거하였다.

또 다른 기사에 의하면 10일에는 양림정에서 4명을 검거하고 루문정에서 최모를 검거하였다.

> 10일에는 쏟아지는 겨울비를 맞아가며 형사대는 양림정(楊林町)에서 모모 여성 네 명을 검거하는 동시에 루문정(樓門町)에서도 최모(崔某)라는 여성 한 명을 검거하였다고 한다. …생략… 그리하여 검거한 10여 명 여성들을[96]

12일 경에는 제주도에서 강모를 잡아왔다고 한다.

> 그뿐 아니라 12일에는 광주경찰서의 고등형사 수 명도 광주에 들어와서 맹렬히 활동하는 것을 보건대 이 사건이 어느 정도까지 확대될는지 알 수 없다고 하며 제주도에서도 강모(姜某)라는 여성을 또 잡아온 듯하다고 한다.[97]

---

95) 「여자중심비사 탄로」 『동아일보』(1933. 1. 12.).
96) 「수년 전부터 비사(祕社) 조직?」 『동아일보』(1933. 1. 14.).
97) 「광주 여성 비사(祕社) 확대」 『동아일보』(1933. 1. 14.).

신문 기사로는 백청단 사건으로 10여 명이 검거되었음을 알 수 있다. 나주, 곡성, 광주, 제주 등지의 여성들이었다.

> 전라남도 경찰부에서는 광주 시내에 있는 모 여학교 학생들이 중심이 되어 모종의 비밀결사가 있다는 것을 탐문하여 가지고 지난 1월 9일 새벽에 광주 경찰서 고등계의 응원을 받아 시내 각처에서 여성을 검거해다가 엄중히 취조하던 중 검거의 손길은 나주(羅州) 곡성(谷城) 제주(濟州) 등지에까지 뻗치어 10여 명 여성을 검거하여다가[98]

기사를 정리하면 검거된 사람은 나주의 나모와 김모, 광주의 장모, 조모, 김모, 최모, 김모, 허모, 양림정의 4명, 제주 강모 등이다.[99]

기사는 여성들의 성명은 밝히지 않고 있고, '신여성'이라는 용어로 비밀결사에 참여한 여성들의 특징을 설명하고 있다. 신여성은 신식교육을 받은 여자라는 의미로 일제 강점기에 많이 사용되던 용어이다. 여학교를 졸업하거나 동경 유학을 마치고 귀국한 여성들을 지칭하는 용어로 주로 사용하였고, 여성의 경제적 독립, 기존 결혼제도에 대한 문제 제기를 하는 등으로 자신의 의지를 적극적으로 표현하는 여성을 가리키는 용어로 사용되었다.

백청단 수색

검거한 사람들의 가택을 수색하여 서적, 편지, 문서 등을 압수하였다.

---

98) 「조선 ○○을 목표로 백청단 조직 활동」, 『동아일보』(1933. 2. 2.).
99) 검거 명단에는 없던 인물 서모가 검사국 송치 명단에 나타난다. 양림정의 4명에 포함되는 명단일 수도 있고 아니면 다른 지역 인물일 수도 있다.

수 명을 검거하는 동시에 그들의 가택을 수색하여 서적, 편지, 문서 등을 압수하여다가 엄중히 취조 중이며[100]

광주 수피아여학교 교원실과 사무실이 수색 당하였고 편지와 서류 등이 압수되었다.

> 광주여성 비사(祕社) 확대
> 모여교 돌연 수색
> ◇사건은 날이 갈수록 확대◇
> 교원 등 서신도 몰수
> …생략… 지난 12일에는 심석(心石) 고등계 주임이 인솔한 다수 형사대가 양림정(楊林町)에 있는 모 여학교에 출동하여 교원실과 사무실을 엄중히 수색하는 동시에 그 학교 학감 김모씨와 교원 김모씨의 가택까지 수색하여 많은 편지와 서류를 압수하여 갔다고 한다.[101]

위 기사 속 양림정의 모 여학교는 광주 수피아여학교이다. 조선일보는 수피아여학교로 보도하고 있다.[102]

---

100) 「여자중심비사 탄로」 『동아일보』(1933. 1. 12.).
101) 「광주 여성 비사(祕社) 확대」 『동아일보』(1933. 1. 14.).
102) 「수피아여교 출신 광주 여자비사(祕社) 사건」 『조선일보』(1933. 2. 3.).
"여교원, 간호부, 보모 등 7명 31일에 송국 마침
[광주] 기보 전라남도 고등과에서는 지난 1월 9일에 광주경찰서를 지휘하여 수피아여학교 출신 조아라 외 십여 인을 검거하고 가택수색을 하여서 서적 편약 회보 등을 압수하고 취조를 계속하던 바 지난 31일에 치안유지법 위반으로 일건 서류와 같이 조아라 외 6명을 광주검사국에 회부하였다 한다."

학감 김모는 김명신, 교원 김모는 김승찬이다.[103] 김명신은 수피아여학교 교감으로 1926년 부임하고, 조선기독교청년회 전남연맹 위원, 농촌야학 강사 등의 활동을 한 인물이다. 사립협성보통학교 교사로 재직하던 1919년 2월 28일 오전 8시경 경성 종로 야소교회당에서 박희도로부터 조선독립선언서 450매를 교부받아 해주와 옹진에 독립선언서를 배부하여 해주 경찰서에 압송되어 징역 2년을 받았다. 조선민족의 독립운동은 조선민족의 당연한 의무이고 범죄가 아니라고 상고하여[104] 무죄 판결을 받은 인물이다.[105]

교원 김승찬은 1925년 평양 숭실대학교를 졸업하고 1928년 이전 수피아여학교에 부임하고 조선기독교청년회 전남연맹 위원, 농촌야학 강사 등의 활동을 하였다.

백청단 수사

백청단 수사는 전라남도 경찰부 고등과에서 담당하였고 광주경찰서 고등계가 함께 하였다.

> 전남 지방에서 처음되는 여성들의 모종 비밀결사를 발견한 전라남도 경찰부 고등과에서는 광주 경찰서 고등계의 후원을 받아가지고 맹렬히 활동하여[106]

---

103) 한규무, 「광주수피아여학교 백청단(白靑團)의 결성과 활동(1930~1933)」, 『호남학』 73권, (전남대학교 호남학연구원, 2023.), 9~10쪽.
104) 「판결문」, 고등법원 형사부(1919. 8. 18.), 국가기록원.
105) 「판결문」, 경성복심법원 형사부(1919. 10. 29.), 국가기록원.
106) 「광주 여성 비사(祕社) 확대」『동아일보』(1933. 1. 14.)

수사 담당자는 전라남도 고등과 노 경부보와 광주경찰서 심석(心石) 고등계 주임의 이름이 기사로 확인된다.

> 광주경찰서와 송정리(松汀里) 서방면(瑞坊面) 주재소에다가 수 명씩 맡겨두고는 전라남도 순사 교습소에서 도 고등과 노(盧)경부보와 광주경찰서 심석(心石) 고등계 주임이 엄중히 취조하는 중이라고 한다.[107]

검거된 사람들은 광주경찰서와 송정리 서방면 주재소에 수감해 두고 취조하였음도 알 수 있다.

백청단 활동 증거

가택 수사로 번호를 새긴 은지환 3개를 압수하였고, 이를 백청단 활동의 증거물로 보았다.

> 수년 전부터 비사(祕社) 조직?
> 문제의 번호 기입 은지환
> …생략… 그리고 11일에는 또 다시 금정(錦町) 김모(일전에 검거한 여성)의 집에 가서 가택을 수색하여 번호를 새긴 은지환 3개를 압수하였다고 한다.[108]

이 은지환은 번호를 새겨 백청단 단원을 표식하였던 것이다.

---

107) 「수년 전부터 비사(祕社) 조직?」 『동아일보』(1933. 1. 14.).
108) 「수년 전부터 비사(祕社) 조직?」 『동아일보』(1933. 1. 14.).

백청단에서는 은지환 30여 개를 만들어가지고 지환 속에다가 번호를 새겨 단원임을 표시하는 동시에 신입 단원에게도 한 개씩 나눠주었었다고 한다.[109]

검사국 송치

백청단 사건으로 나주, 곡성, 광주, 제주도에서 인텔리 여성 십 수 명을 검거하여 2개월여의 수사로 1933년 1월 31일 7명이 보안법 위반 죄명으로[110] 검사국에 송치되었다.

> 광주 여자 비사(秘社) 사건 칠 명만 검사국 송치
> ◇다른 사람은 모두 석방하고
>   보안법 위반 죄명으로
> [광주지국 전보] 지난 1월 9일 전라남도 경찰부에서 광주 경찰서 고등계의 응원을 받아 광주 시내 각처에서 인테리 여성 수 명을 검거하는 동시 전남 각지에 수배를 발하여 나주 곡성 제주도 방면에서 역시 수 명의 인테리 여성을 검거하여 거운 1개월을 두고 경찰은 엄중 취조를 하여오던 중 31일 동 경찰부에서는 검거한 여성 전부를 석방하였으나 그중 7명은 보안법 위반에 해당

---

109) 「조선 ○○을 목표로 백청단 조직 활동」『동아일보』(1933. 2. 2.).
110) 조선일보는 치안유지법 위반으로 보도하였다.(「수피아여교 출신 광주여자 비사사건」『조선일보』(1933. 2. 3.).
'보안법'은 1907년 한일신협약에 의해 제정된 법률로 집회와 결사, 언론 탄압이 주요 내용인 법률이다. 안녕질서를 유지하기 위해 필요할 경우 결사의 해산을 명하거나, 집회 군집 제한 및 해산, 공개 장소에서 문서 도서의 게시와 배포 낭독 등의 금지 명령하는 법이다.(『구한국 관보』, 1907, 국립중앙도서관).
'치안유지법'은 1925년 조선총독부법률 제46호로 제정 시행되었다. "제1조 ①국체를 변혁하거나 사유재산제도를 부인하는 것을 목적으로 결사를 조직하거나 이에 가입한 자는 10년 이하의 징역 또는 금고에 처한다."는 내용이다.(국가법령정보센터).

하다는 의견서와 기타 1건 서류만을 광주지방법원 검사국으로 넘기었다 한다. 사건 내용은 절대 비밀에 붙임으로 알 수 없으나 여성 비밀 결사사건이라 한다.[111]

7명은 조모, 허모, 김모, 서모, 김모 등이었다.[112]

지난 31일에는 사건의 일단락을 지어 1건 서류를 광주지방법원 검사국으로 송치하였는 바 피의자 십여 명 중 조모, 허모, 김모, 서모, 김모 등은 보안법 위반이라는 죄명하에 신체불구속으로 송국되었다 한다.[113]

수피아여학교 학생이었던 7명은 검사국 송치 당시 여교원, 간호부, 보모였음도 확인된다.

수피아여교 출신 광주여자 비사사건
여교원, 간호부, 보모 등 7명 31일에 송국 마침[114]

---

111) 「광주 여자비사 사건」 『동아일보』(1933. 2. 1.).
112) 7명 중 조모는 조아라임을 확인 할 수 있다.
"[광주] 기보 전라남도 고등과에서는 지난 1월 9일에 광주경찰서를 지휘하여 수피아여학교 출신 조아라 외 십여 인을 검거하고 가택수색을 하여서 서적 편약 회보 등을 압수하고 취조를 계속하던 바 지난 31일에 치안유지법 위반으로 일건 서류와 같이 조아라 외 6명을 광주검사국에 회부하였다 한다.(「수피아여교 출신 광주 여자비사(祕社) 사건」 『조선일보』, 1933. 2. 3.).
113) 「조선○○을 목적한 여성 비사(祕社) 백청단(白靑團) 검거 2개월 만에 송국(送局) 보안법위반으로」 『중앙일보』(1933. 2. 3.).
114) 「수피아여교 출신 광주여자 비사사건」 『조선일보』(1933. 2. 3.).

이상 백청단에 대해 살펴본 전후 사정을 중앙일보 기사로 정리할 수 있다.

조선○○을 목적한 여성비사(女性祕社) 백청단(白靑團)
검거 2개월 만에 송국 보안법 위반으로
[광주] 전남 광주에는 조선○○을 목적으로 한 여성들의 비밀결사가 있다는 것을 탐지한 전남도경찰부에서는 지난 1월 19일 새벽에 광주경찰서 고등계의 응원을 얻어 시내 각처에서 모모 여성 수명을 검거하는 동시에 그 가택을 수색하여 많은 서류와 편지 등을 압수하여다가 엄중 취조하던 중 검거의 손길은 곡성 나주 제주에까지 뻗치어서 수명의 여성을 검거하여다가 엄중히 취조중이라 함은 기보하였거니와 지난 31일에는 사건의 일단락을 지어 1건 서류를 광주지방법원 검사국으로 송치하였는 바 피의자 십여 명 중 조모, 허모, 김모, 서모, 김모 등은 보안법 위반이라는 죄명하에 신체불구속으로 송국되었다 한다.

광주학생사건 후 즉시 단을 조직
은지환 이면에 암호 새겨 ◇단원인 것을 표시
별항 보도한 바의 여성비밀결사 사건의 전모를 탐문하건대 이로부터 5년 전 광주학생사건이 발생하던 즉시 시내 모 여학교에서는 강모(姜某) 외 6명이 그 학교 뒷산에 회합하여 조선xx를 목적으로 하는 여성의 비밀결사 백청단(白靑團)을 조직하여 강모(姜某)를 향자로 하였다고 한다

그리하여 그네들은 은지환 30여 개를 만들어서 그 이면(裏面)에는 암호를 새겨서 단원이 한 개씩 나누어 가져 그 단원임을 표시하였다고 한다. 그리고 그네들은 조선을 xx케하는 데는 무엇보다 먼저 문맹퇴치가 급선무라는 슬로건을 정하여 가지고 일요일이나 축제일에는 물론 방학 때에는 각기 그 고향

에서 농민의 계몽운동에 열중하였다고 한다. 그 외 수재아동으로서 가정이 넉넉치 못하여 취학치 못하는 아동에게는 그 학비를 조달하여 학교에 다니도록 하여주었다고 한다.

운동비는 각자 거출

작년 7월에 해소

별항 보도한 바와 같이 백청단에서는 여러 가지 사업을 희생적으로 하여오는 동시에 그 비용으로는 단원 각자가 매삭 30전씩의 회비를 징수하여 그에 충당하였다 하며 사업의 파장을 ■■하여 단원들의 의연금을 모아가지고 보충하였다고 한다. 이런 사업은 4년 동안이나 계속하여 나오는 동안에 단원의 대부분은 결혼도 하였으며 취직도 하여 버렸음으로 ■■■간다.

모든 사업이 진행되지 아니하였음으로 소화 7년 7월에는 백청단을 해소하여 버렸다고 한다. 그런데 경찰에서는 작년말에 모 사건을 수색하다가 의외에 이 사건이 발견되어 그와 같이 검거에 착수하였다고 한다.[115]

기소 유예

송치된 십여 명은 백청단이 해체되었다는 이유로 모두 기소유예 되었다.

광주 여성 비사 전부 기소 유예

[광주] 기보 광주 수피아여학교 졸업생 몇몇 사람을 중심으로 하여 백청단을 조직하고 …생략… 전라남도 경찰부에서는 관계자 전부를 검거하여 엄중한 취조를 하였으나 하등의 내용이 없으므로 불구속으로 지난 31일에 송국

---

115) 「조선○○을 목적한 여성 비사(祕社) 백청단(白靑團) 검거 2개월 만에 송국(送局) 보안법위반으로」 『중앙일보』(1933. 2. 3.).

하였는데 전부가 기소 유예 되었다 한다.[116]

백청단 관계자 경찰이 또 취조
[광주] 광주시내 지식층 여성을 중심으로 백청단을 조직하고 …생략… 전라남도 고등과에서는 관계자 전부를 검거하여 엄밀한 취조를 하였으나 범죄 될만한 확증이 없을 뿐 아니라 지금에 단원들의 전부가 이주로 인하여 해체와 같이 되어 있음으로 경찰부에서는 기소유예에 의견을 붙이어 서류만 송 ▆ 하고 검사국에서도 결국 기소유예 처분을 하였다 함은 기보한 바와 같거니와 25일 아침에 광주경찰서에서는 돌연히 시내 양림정 서모를 소환하여 다시 취조를 하는 중이라 하는데 그는 전번에 문제가 되었던 번호를 기입한 반지를 가지고 있었기 때문이라 한다.[117]

기소 유예는 범죄 혐의는 있으나 기소하지 않음을 말한다.
백청단 활동 상황을 다음의 표로 정리할 수 있다.

〈표 3〉 백청단 활동 및 사건 수사 현황

일시	장소	활동 내용
1929년 11월 하순	광주	백의민족 청년이라는 의미로 백청단 조직
		조선 독립 목표
		광주학생운동 영향으로 결성
		수피아여학교에서 강모 외 6명 백청단 결성(강모, 장모, 조모, 라모, 김모, 허모, 김모)
		책임자: 강모(姜某)
		은지환으로 단원 표시

---

116) 「광주여성비사 전부 기소유예」, 『조선일보』(1933. 2. 24.).
117) 「백청단 관계자 경찰이 또 취조」, 『조선일보』(1933. 2. 28.).

일시	장소	활동 내용	
~4년여 일요일, 축제일, 방학 때	각자 고향	조선 독립을 위해 문맹 퇴치 활동	
		농민 계몽운동	
		가난한 아동에게 학자금 조달 학교 취학	
		매달 초 30전 회비 징수, 단원 의연금으로 활동비	
		18명 활동	
1932년		결혼, 취직, 외국 유학 등으로 활동이 자연히 중단	
1932년 7월		백청단 해체	
1932년 11월	나주	나모 검거 취조, 김모 취조 등으로 비밀결사 발각	
		전라남도 경찰부 고등과, 광주경찰서 고등계 담당	
1932년 연말	광주	금정 김모, 허모 검거 취조	
1933년 1월 9일	광주	루문정 장모, 양림정 조모 검거 취조	
		가택 수색, 서적, 편지, 문서 등 압수	
		인테리 여성 수 명 검거	
	나주, 곡성, 제주도	수 명의 인테리 여성 검거, 취조	
1933년 1월 10일	광주	금정 김모 등 수 명 검거	(총 십여 명)
		양림정 4명 검거	
		루문정 최모 검거	
1933년 1월 11일	광주	금정 김모(일전 검거) 가택 수색	
		번호 새긴 은지환 3개 압수	
1933년 1월 12일	광주	수피아여학교 교원실, 사무실 수색	
		학감 김모, 교원 김모 가택 수색	
		편지와 서류 압수	
1933년 1월 12일	제주도	강모(姜某) 압송	
	광주	광주경찰서, 송정리 서방면주재소 감금해 놓고 취조	
		전라남도 고등과 노(盧)경부보와 광주경찰서 심석(心石) 고등계 주임 취조	
1933년 1월 31일	광주	7명 보안법 위반으로 불구속, 광주지방법원 검사국 송치(조모, 허모, 김모, 서모, 김모 등)	
1933년 2월 24일	광주	기소 유예 (백청단이 해체되었음 등의 이유)	

Ⅱ. 1930년대 초반 학생운동

1929년 광주학생운동을 기점으로 1930년대는 학생들의 민족운동이 전국적으로 왕성한 시기이다. 학생 단체들은 독서회 등의 비밀 조직으로 일제의 탄압에 저항하는 활동을 하였다.

광주학생운동은 1929년 11월 3일 광주에서 시작하여 전국적으로 확대된 항일운동이다. '약소민족해방, 제국주의타도, 피압박민족해방, 무산계급혁명' 등을 구호로 내걸었다. 광주학생운동의 주역은 성진회라 할 수 있다. 성진회는 독립 쟁취를 강령으로 1926년 결성되었다. 이후 학교 단위별로 비밀 조직을 통한 활동을 이어가다가 1929년 독서회로 개편하면서 광주의 고등보통학교, 농업학교, 사범학교, 여자고등보통학교와 목포상업학교 등에 하부 조직으로 각 학교의 독서회를 조직하고 활동하였다.

1929년 광주학생운동은 독서회를 중심으로 항일 시위로 조직되었다. 독서회는 독서와 토론 등을 통해 교양을 넓히는 동시에 일제에 저항하는 활동을 함께하는 모임인 경우가 다수였다. 독서를 통한 사상적 동맹 관계를 통해 학생들은 식민지 교육에 저항하는 활동을 하였고 더 나아가 민족운동을 하였다.

광주에서 시작된 광주학생 항일운동은 목포와 나주로 확산되었고 점차 담양, 강진, 여수 등지로 이어졌다. 학생운동은 각종 사회단체의 합세로 더욱 확산되어갔다. 신간회, 근우회, 청년총연합회, 노동총연맹 등이 학생운동을 지원하면서 서울을 비롯 전국으로 확대되었다. 학생운동은 점차 '조선 역사 수업, 조선어 수업, 식민지 노예교육 반대' 등을 주장하면서 전국의 학생들이 참여하는 항일 독립운동으로 거행되었다.

사회단체 중 근우회는 여학교 격문 작성에 자문을 하는 등의 활동으로 광주학생운동의 전국 확산에 함께 참여하였다. 근우회는 1927년 5월 조직된 여성단체이다. 근우회 창립에는 최은희, 유각경 등이 참여하였다. 1930년에 이미 전국에 60여 개의 지회를 조직하였고, 일본과 만주에도 지회가 조직될 정도로 왕성한 활동을 하였다.

근우회는 여성 계몽운동을 목표로 부인 강좌와 순회 강연, 야학 운동 등으로 여성들의 문맹 퇴치 운동을 하였다. 또한 남녀평등의 사회의식과 민족의식을 깨우치게 하는 활동을 통해 여성을 중심으로 한 민족운동을 주도하였다.

근우회 전국대회 행동강령을 보면, 교육의 성별 차별 철폐 및 여자의 보통교육 확장, 여성에 대한 봉건적·사회적·법률적 차별의 철폐, 봉건적 인습과 미신 타파, 조혼 폐지 및 혼인·이혼의 자유, 인신매매 및 공창 폐지, 농민 부인의 경제적 이익 옹호, 부인 노동자의 임금 차별 철폐 및 산전산후 2주간의 휴양과 임금 지불, 부인 및 소년노동자의 위험노동 및 야간작업 폐지, 언론·집회·결사의 자유 등으로 여성의 권익을 위한 단체였다. 근우회는 이러한 목표를 이루기 위해 야학과 강연회 등을 통해 계몽활동을 하며 여성의 지위향상을 목표로 한 활동을 전개하였다.

근우회는 광주학생운동 이후 전국적으로 확대되는 항일 학생운동을 지도하고 후원하였다. 전국 60여 개의 근우회 지회가 그 역할을 담당할 수 있었을 것이다. 백청단은 광주학생운동 직후 수피아여학교를 중심으로 결성되었고, 근우회의 광주학생운동 지원 활동과도 연계되었을 가능성을 짐작할 수 있다.

광주 수피아여학교는 1908년 개교한 학교이다. 수피아여학교 졸업생들은 1919년 3.1운동을 지휘하며 학생들과 함께 만세 시위를 하여 23명이 옥고를 치른 이력이 있다. 수피아여학교의 독립운동가 중 수피아여학교 교사(1910년~1912년)였던 김마리아는 동경의 2.8독립선언에 참여하고 귀국하여 3.1운동에도 참여한 인물이다. 수피아여학교 교감을 역임한(1933년~1937년) 김필례의 경우 근우회 활동을 했던 인물이기도 하다.

Ⅲ. 강평국의 백청단 활동 가능성 검토

앞에서 살핀 "제주도에서도 강모(姜某)라는 여성을 또 잡아 온듯하다."[118]고 한 내용을 근거로 하여 강모라는 여성이 강평국일 가능성이 있을까를 검토해 보고자 한다. 당시 제주도의 '인텔리 신여성'으로 문맹 퇴치와 여성교육 활동을 한 인물로는 당연히 강평국이 독보적이다.

백청단 참여 인물 중 강씨 성을 가진 사람 강모가 곧 강평국이라는 직접적인 근거가 되는 자료는 현재 없다.[119] 그리고 앞서 살핀 바와 같이 한규무는 강모를 강인숙으로 보고 있기도 하다.[120] 그러나 수피아여학교 졸업생인 강인숙의 일본 내 혹은 국내에서의 활동은 파악되는 바가 없어, 강평국의 왕성한 활동과 비교되기도 한다.

이에 따라 본고는 강평국의 활동상과 인맥을 통해 백청단 활동을 하였을지 그 가능성을 검토해 보고자 한다.

---

118) 「광주 여성 비사(祕社) 확대」 『동아일보』(1933. 1. 14.).
119) 한국학중앙연구원 향토문화전자대전 디지털제주시문화대전의 '강평국' 항목에는 "전라남도 광주에서의 비밀결사가 발각되어 항일 여성운동가들이 검거되었을 때 강평국도 1933년 1월 광주로 구인되었다."고 쓰고 있다. 그러나 그 비밀결사가 무엇이었는지와 근거는 제시하지 않고 있다.
120) 한규무, 「광주수피아여학교 백청단(白靑團)의 결성과 활동(1930~1933)」, 『호남학』 73권, (전남대학교 호남학연구원, 2023.), 14~15쪽.

1. 제주도의 신여성

백청단을 보도한 신문 기사는 백청단 활동 인물들이 '신여성' 혹은 '인테리 여성'이라고 묘사하고 있다. 일제강점기 신여성이라는 개념은 신식교육을 받은 여성이라는 의미로 사용하였다. 세계적으로도 신여성이라는 어휘가 사용되기도 하였는데 고등교육을 받은 여성들을 지칭하였으며 새로운 가치를 추구하는 존재로 경제적 독립을 추구하고 기존의 결혼제도에 문제 의식을 가지고 있으며 자신의 의사를 적극적으로 표현하는 여성들을 지칭하였다.

1920년대 말 제주도의 신여성을 대표하는 인물로는 강평국, 최정숙, 고수선 정도를 꼽을 수 있다. 강평국은 1915년 경성여자고등보통학교에서 수학하였다. 제주도로 귀향해서는 여성의 지위향상을 위한 교육활동과 청년운동을 하였다.

강평국의 활동 이력을 살펴보면 신여성의 개념에 들어맞는 인물임을 알 수 있다. 고등교육을 받은 인물이며 기존 결혼제도에 문제 의식을 가지고 여성의 독립적 존재를 위해 여성해방운동이 필요함을 주장하였던 인물로 강평국은 제주도를 대표하는 신여성 중 한 명임에 틀림 없는 인물이다.

1919년 경성여자고등보통학교의 수령급으로 학생들을 이끌고 3월 1일 서울 시내를 만세를 부르며 행진하였고, 3월 5일 제2차 만세시위운동에 참여하였다 검거되어 서대문감옥에 수감되었다. 제주도로 귀향하여 대정공립보통학교에서 교편을 잡았다. 1920년 여수원에서 여성 교육을 하였고, 명신학교 교사로도 활동하였다. 1925년에는 조천공립보통학교 교사로 활동하였고 조천부인회를 조직하여 여성운동에 앞장섰으며 제주여자청년회를 창립시키기도 하였다.

1926년 동경여자의학전문학교에 입학하였다. 일본에서는 재동경조선노동조합 동부지부 활동, 재동경 조선여자청년동맹 대표 활동, 근우회 동경지회 활동, 재동경청년단체협의회 활동 등을 하였다. 일본에서도 여성의 지위향상과 민족운동을 위한 활동에 참여하였다.

지병으로 귀향하여 있다가 1933년 8월 12일 병으로 사망하였다. 강평국의 일생을 대강 살펴보아도 한국 신여성의 대표적인 활동 이력을 남기고 있음을 알 수 있는 인물이다.

2. 강평국의 인맥

강평국의 근대 한국의 신여성들과의 인맥을 정리할 수 있다. 경성여자고등보통학교에서 비롯되어 근우회 활동 등으로 지속되는 강평국의 인맥을 살펴보겠다.

① 최은희: 강평국은 경성여자고등보통학교 입학 후 박희도의 비밀서클에서 활동하였다. 최은희는 비밀서클 활동에 함께 한 인물이다. 최은희는 강평국과 함께 1919년 고종의 대한문 곡반 참여를 함께 주도하였고, 서울에서 3.1운동에 함께 참여한 친구이며, 서대문감옥에 함께 수감된 사이이기도 하다. 뿐만 아니라 최은희는 근우회 창립 멤버로 활동하여 강평국과 지속적으로 함께 활동한 사이이기도 하다.

② 유각경: 유각경은 근우회 창립 멤버로 강평국과 근우회 활동 인연이 있는 인물이다. 그 외에도 유각경은 강평국과 인연이 있다. 유각경은 유철경과 쌍둥이 자매인데 유철경은 강평국의 경성여자고등보통학교 교사이다. 유철경은 학교에서 일본인 교사의 동태를 학생들에게 알려주며 학생

들의 활동에 도움을 주었다.

> 그날 밤 70여 명 기숙생 전체가 일본인 사감을 앞세우고 가서 망곡을 하고 돌아왔다. …생략… 고종황제의 상복날인 내일을 위하여 내 검정나단 교복 통치마를 발기발기 찢어서 학생 수효대로 조색댕기와 나비조표를 만들었다. …생략… 이일이 있은 뒤 우리는 7, 8명의 동지를 더 얻었고 마꾸야 도화(圖畫) 선생은 내 얼굴을 그려서 종로경찰서 형사에게 내주며 미행하라 했다. 이 사실은 당시 우리와 내통하는 유철경 선생에게서 알았다. … 3월 1일은 토요일, 유철경 선생은 조회시간에 "오늘 새벽 운동장에 선언서 뭉치가 떨어졌기 때문에 너희들을 감금할 것이다"라고 일러 주었다. …생략… 교직원회의를 하는 틈을 타서 우리 학생들은 슬금슬금 기숙사로 다 빠져나왔다.[121]

유철경과 유각경은 3.1만세운동으로 서대문감옥에 감금되었다 풀려난 강평국 등을 집으로 초대하여 점심을 대접하였다.

> 3월 24일 우리학교 학생으로 따로 떨어져 들어온 오수덕만 떨어지고 7명[122]과 함께 출옥하였다. 26일에는 유철경 선생댁에서 우리들을 점심에 초대하였다. 유각경, 유철경 쌍둥이 형제가 곱게 머리를 빗어 비녀로 쪽지고 남치마 연두저고리를 입고 있었다. 그동안 그 댁 뒤란 석굴 속에서 고수선(의사, 제주도 보육원장), 신경우 등 우리 학교 학생들이 촛불을 켜놓고 3월 5일 학생 데모 때 사용하였던 빨간 앵당목 머리동이를 수천 개 만들었다.[123]

---

121) 최은희, 『여성을 넘어 아낙의 너울을 벗고』(문이재, 2003.), 15~16쪽.
122) 경성여고보의 노순열, 이남재, 강평국, 유재룡, 이금자, 최은희, 최정숙이다.
123) 최은희, 『여성을 넘어 아낙의 너울을 벗고』(문이재, 2003.), 18쪽.

인용문에서 유철경 선생 댁에서 머리동이를 만들었던 고수선은 강평국의 제주도 신성여학교 친구이며 경성여자고등보통학교 친구이다.

③ 유영준: 유영준은 근우회 창립 멤버이다. 근우회 활동 외에도 동경여자의학전문학교 출신으로 강평국과의 인맥이 짐작되는 인물이다. 강평국도 동경여자의학전문학교 출신이다.

④ 김필례: 김필례도 근우회 활동으로 강평국과 인연이 있다. 수피아여학교 교감을 역임한 인물이다. 김필례는 유각경과 함께 YWCA 활동을 하기도 하였다.

⑤ 김마리아: 김마리아는 수피아여학교 교사를 역임한 인물이다. 1919년 동경에서의 2.8독립운동에 참여한 이후 2.8독립선언서를 숨기고 귀국하여 서울, 대구, 광주 등에서 활동하다 3월 5일 체포되어 서대문감옥에 수감되었다. 강평국도 3월 5일 체포되어 서대문감옥에 수감되었고, 이때 김마리아와 강평국이 서대문감옥에서 만남이 있었던 것으로 보인다.

> 그 전날 동경 유학생 김마리아가 내 감방으로 들어와 하룻밤을 같이 잤다. …생략… 3월 5일 학생만세 데모에서 검속된 학생들이 경찰 취조를 받고 넘어왔다. 경성여고보의 노순열, 이남재, 강평국, 유재룡, 이금자 등과 …생략… 큰방으로 옮겨서 함께 있게 되었고 동경 유학생 황애덕이 들어와 실장 노릇을 해주었다.[124]

⑥ 손정규: 손정규는 경성여자고등보통학교 교사로 강평국과 인연이 있는 인물로, 근우회 발기인으로 참여한 인물이다.

---

124) 최은희, 『여성을 넘어 아낙의 너울을 벗고』(문이재, 2003.), 17쪽.

이상과 같이 강평국의 인맥을 살펴보면 광주학생운동을 지원하였던 근우회의 활동과 연관되는 강평국의 활동을 짐작할 수 있다. 강평국은 근우회 동경지회 활동을 하며 강경한 노선으로 활동을 주도하였음을 4장에서 살필 수 있다.

  이렇게 근우회 및 수피아여학교 교사와 강평국과의 인맥을 확인할 수 있다. 백청단 활동에 근우회의 지도가 있었을 가능성, 수피아여학교 교사와의 인맥 등으로 강평국이 백청단과 어떤 연관성이 있을 가능성을 짐작해 볼 수 있을 뿐이다.

백청단 활동 가능성은

  백청단 활동으로 검거된 인물 중에 강모는 제주도 인물이고, 강평국은 비밀결사에 연루되어 광주로 구인되어 갔다는 인식을 검증해보려 하였다. 결론적으로 강평국이 백청단원임을 증명할 수는 없다.

  강모는 수피아여학교 졸업생 강인숙일 것으로 추정하고 있는 연구도 있으나 그 또한 의문점이 있다.

  백청단은 수피아여학교 학생들의 비밀결사로 독립운동을 목적으로 하여 문맹 퇴치 활동을 하였다. 강평국도 제주도와 일본에서 여성의 문맹 퇴치를 통한 여성 권익 활동에 주력하였다. 강평국은 당대 제주도를 대표하는 신여성으로 서울과 일본에서 고등교육을 받고 여성 해방을 위해 활동한 인물이다. 여성 스스로의 교육을 통한 인식 개선을 주장하고 경제적 독립을 통한 여성의 해방을 주장하며 제주여자청년회와 근우회 동경지회 활동을 이끌었다. 그의 활동 범위는 항상 여성과 교육이라는 주제어가 따라다닌다. 당대 제주도의 여성으로 이렇게 폭넓고 왕성하게 활동하였던 신여성은 단연 강평국이다.

부록

강평국의 3.1운동 관련 재판 자료

1. 재판 관련 생산 문서의 성격

1) 형사사건 소송 절차상 분류

형사사건 소송의 절차는 수사 절차, 공소 절차, 판결 절차, 집행 절차로 나눌 수 있다. 강평국을 연구할 수 있는 독립운동 재판 관련 문서를 이에 따라 분류하면 다음과 같다.

(1) 수사 절차의 문서

번호	문서 종류	문서	문서 생산
1	신문조서	최정숙 신문조서	경성지방법원 검사국(1919. 3. 5.)
2		최은희 신문조서	경성지방법원 검사국(1919. 3. 7.)
3		최정숙 신문조서	경성지방법원(1919. 4. 18.)
4		최정숙 신문조서	경성지방법원(1919. 6. 26.)
5		이명숙 신문조서	경성지방법원 검사국(1919. 3. 10.)
6		노순열 신문조서	경성지방법원 검사국(1919. 3. 10.)
7	경성여자고등보통학교 시위 관련자 동정 및 성행 조회	최정숙 보고서	경성 종로경찰서장(1919. 3. 27.)
8		최은희 보고서	경성 종로경찰서장(1919. 3. 27.)

(2) 공소 절차의 문서

번호	문서	문서 생산
1	구의견서(求意見書)	경성지방법원(1919. 8. 29.)
2	의견서	경성지방법원 검사국(1919. 8. 30.)
3	예심종결결정서	경성지방법원(1919. 8. 30.)

(3) 판결 절차의 문서

번호	문서 종류	문서	문서 생산
1	공판시말서	공판시말서	경성지방법원(1919. 10. 29.)
2		공판시말서	경성지방법원(1919. 11. 6.)
3	판결문		경성지방법원(1919. 11. 6.)

(4) 집행 절차의 문서

번호	문서	문서 생산
1	수형인명부	경성지방법원 검사국(1919. 11. 6.)
2	상소권포기신청서	서대문형무소(1919. 11. 7.)

2) 재판 관련 생산 문서의 성격

(1) 수사 절차의 문서 성격

수사 절차에서 생산된 문서로는 「신문조서」류와 「경성여자고등보통학교 시위관련자 동정 및 성행 조회」가 있다. 「신문조서」류는 체포된 뒤 신문받은 기록으로 경성지방법원 문서이다.

강평국의 친구인 최정숙을 신문한 「최정숙 신문조서」가 3개 있고 「최은희 신문조서」를 통해 강평국의 활동을 파악할 수 있다.

「경성여자고등보통학교 시위관련자 동정 및 성행 조회」는 학생들의 동정과 품행을 조회한 문서이다. 종로경찰서장이 1919년 3월 27일 경성지방법원 검사정에 보내었다. 3월 17일 경성여자고등학교 학생 7명의 동정을 창덕궁경찰서의 순사가 학교 관계자를 통해 조사하여 경무부에 보고했고 이를 모아서 경성지방법원으로 보고한 문서이다. 강평국 관련 언급이 기록되어 있다.

(2) 공소 절차의 문서 성격

공소 절차에서 생산된 문서는 「구의견서(求意見書)」, 「의견서」, 「예심종결결정서」가 있다. 3.1운동으로 체포되어 공판까지 넘겨진 참여자의 자료들로 강평국 연구를 위해 필요한 자료이다.

「구의견서(求意見書)」는 경성지방법원 예심계 판사가 예심으로 더 이상 취조할 것이 없으니 형사소송법에 의해 경성지방법원 검사국의 의견을 청구한다는 내용의 8월 29일자 문서이다.

「의견서」는 앞의 「구의견서(求意見書)」에 대한 답장의 형태로, 신문 등의 조사 절차를 거쳐 예심한 결과를 받아보고 공판에 부치라는 의견을 경성지방법원으로 보낸 8월 30일자 문서이다.

「예심종결결정서」는 8월 30일자 문서로 예심을 마치고 사건을 경성지방법원의 공판에 부치기로 결정한다는 문서이다. 1912년 공포된 「조선형사령」에는 검사의 예심청구권이 있었다. 사건에 대한 조사가 완료되면 검사는 공판을 청구하게 되는데 필요에 따라 예심을 청구할 수 있었다. 예심이란 사건을 공판에 붙일 것인지의 여부를 법원이 판단하는 제도이다. 예심판사는 조사를 진행하여 예심종결결정을 통해 공판 개시 여부 등의 결정 의견을 제시하게 된다.

(3) 판결 절차의 문서 성격

판결 절차의 문서로는 「공판시말서」와 「판결문」이 있다. 「공판시말서」는 공판을 어떻게 진행했는지 그 과정을 기록하고 있는 문서이다. 일제강점기의 「공판시말서」는 재판소 서기가 작성하는데 어느 재판소에서 언제 재판을 했는지부터 판사와 검사 및 재판소 서기의 이름, 피고인, 변호인, 통역인의 이름이 기록된다. 공개를 금지하게 되면 그 이유, 사건의 진술 요지, 변론 요지, 피고인, 증인 등의 신문 및 공술과 증인, 피고인에게 보인 서류 및 증거물, 피고인 혹은 변호인이 최종으로 진술한 것, 피고인 혹은 변호인에게 최종적으로 진술할 기회를 준 것 등을 기재해 놓고 있다. 또한 재판장과 서기가 서명 날인한다. 공판의 심리는 피고인 확인 및 검사의 피고사건 진술, 피고인 신문 및 증거조사, 검사의 논고, 피고인 및 변호인 변론의 순서로 진행되었다.

오늘날의 형사사건 재판은 판사와 서기, 검사, 피고인, 변호인이 참석하고 재판절차는 (가) 재판장의 인정 신문(피고인의 나이, 이름, 주소, 직업 확인), (나) 검사의 공소장 낭독(공소사실 죄명 및 적용되는 법조항을 낭독), (다) 피고인 또는 변호인 모두 진술 및 증거목록 제출, (라) 피고인 또는 변호인 최후 주장, (마) 변론 종결, (바) 검사의 구형 요청, (사) 최종확정 선고(2주~3주정도 후 다시 재판을 함), (아) 항소 결정(형 확정 후 7일 이내에 항소)하는 절차로 진행된다. 일제강점기와 오늘날의 형사재판 절차는 거의 비슷하다.[1]

최정숙 관련 「공판시말서」는 10월 29일과 11월 6일 공판 기록이다. 10월 29일의 「공판시말서」에 의하면 재판은 경성지방법원 공개 법정에서 행

---

1) 도움말 강문혁변호사(대한법률구조공단).

해졌다. 판사와 서기, 검사, 피고인, 변호인이 등원하였다. 판사가 성명, 연령, 직업, 본적, 출생지, 주소를 묻는 인정 신문을 하고 독립운동에 참여한 상황을 확인한다. 이어 증거물건을 보여주며 확인을 받고, 사법경찰관 검사 예심판사는 피고인 각각에 대한 조서를 읽어주고 확인을 받는다. 판사는 공개 정지했던 것을 풀고 이어서 검사가 공소장을 낭독한다. 그리고 판사는 공소사실을 인정하는지의 여부를 답하게 하고 최후주장을 듣는다. 검사는 구형을 요청하고 판사는 징역 6개월을 언도한다. 변호인이 다시 관대한 처분을 희망하는 변론을 한다. 다시 판사는 11월 6일에 판결을 언도할 것을 말하고 재판을 마무리한다.

　11월 6일의 「공판시말서」 기록의 재판은 경성지방법원 공개 법정에서 판사, 서기, 검사, 피고, 변호인이 출정하고, 바로 판사가 판결을 언도한다. 판결 주문을 낭독하고 5일 이내에 공소할 수 있음을 알려주고 재판이 끝난다.

　「판결문」은 재판에서 판결 받은 사항이 기록된 문서이다. 주문과 이유로 구성되어 있다. 주문은 징역 6월에 처하며, 미결구류일수 90일을 형에 계산해 넣고 3년간 형 집행을 유예한다고 하고, 압수 물건 중 깃발와 붉은 천은 몰수하고 나머지 물건은 돌려준다고 하였다. 이유로는 피고인들이 독립선언을 발표하여 수천 명의 군중이 독립만세를 외치고 경성 시내를 행진하는 불온한 행동으로 치안을 방해하였으므로 법률에 의거 치안방해 행위가 보안법과 조선형사령 등에 해당되어 주문과 같이 판결한다고 명기하였다.

(4) 집행 절차의 문서

　집행 절차 문서로는 「수형인명부」와 「상소권포기신청서」가 있다. 「수형인명부」는 수형 상태를 기록한 문서이다. 성명, 나이, 족칭과 직업, 주소, 죄명, 형명과 형기, 처형 회수 및 판결 출석 여부, 판결 일자, 확정 일자, 판결청명과 특기 사항을 기록하고 있다.

「상소권포기신청서」는 상소를 포기하고 복죄하겠다는 신청을 한 문서로 서대문감옥에서 11월 7일 생산되었다.

3) 강평국의 3.1운동 관련 법정 문서

위와 같은 형사소송 절차에서 생산된 문서들 중에서 강평국이 직접 언급되는 문서들만 자료로 모았다.

다음의 표는 강평국의 친구 경성여자고등보통학교 학생들과 제주도 사람 박규훈의 문서이다. 강평국의 친구들과 제주도 인물 자료에서 강평국이 언급되는지를 파악하고자 한 문서이다.

*국사편찬위원회에서 원문(일본어)과 국역본을 제공하고 있다. 국역본 중에는 번역이 정확하지 않은 부분이 발견되어, 저자가 개별적으로 원문과 대조한 후 주석으로 다시 번역한 부분을 기록해 두었다.

번호	자료 내용	자료 출처
1	경성여자고등보통학교 시위관련자 동정 및 성행 조회	국사편찬위원회
2	최은희 신문조서	국사편찬위원회
3	최정숙 신문조서(3월 5일)	국사편찬위원회
4	최정숙 신문조서(4월 18일)	국사편찬위원회
5	최정숙 신문조서(제2회)	국사편찬위원회

(1) 경성여자고등보통학교 시위관련자 동정 및 성행 조회

해설

국사편찬위원회에서 소장하고 있는 문서이다. 3.1운동 참가자로 체포되어 취조하는 과정에서 경찰에서 학교에 의뢰하여 조사 작성하고 법원으로 보낸 문서이다. 학교 동료들과 직원들에게 3.1운동 참가 학생들의 동정과 품행을 조회한 내용이다. 1919년 3월 17일 최정숙, 최은희 등 7명의 동정을 창덕궁경찰서의 순사가 학교 관계자를 통해 조사하여 경무부에 보고했고 이를 모아서 경성지방법원으로 보고한 문서이다.

최은희, 최정숙이 강평국과 친구로 같이 활동했으므로 이들의 문서를 통해 강평국의 활동을 파악할 수 있다. 경찰은 조사를 통해 "그 학교에서 수령급은 본인(최은희) 및 최정숙, 강평국이 수령급의 주된 자라고 그 학교 내의 학생 및 직원은 말했다.", "지난 달 27·8일경부터 그 학교 기숙사생 최은희, 강평국 등과 함께 독립운동의 계획을 학생 사이에서 밀의한 흔적이 뚜렷하고"라고 보고하였다.

강평국은 1차 만세운동 당시 체포되지 않았지만 조사 과정에서 강평국의 참여를 파악하고 친구들에게 강평국의 행적을 취조하고 있음이 파악되는 문서이다.

경성여자고등보통학교 시위관련자 동정 및 성행 조회

대정 8년 3월 27일
경성종로경찰서장
경성지방법원 검사정 귀하

서류 추송의 일

보안법 위반 피고사건에 대하여 전번에 송치한 바 있는 피고 최은희 외 6명에 대하여 별지와 같이 회보가 있삽기 이에 추송함.

대정 8년 3월 17일

창덕궁경찰서 근무

순사 구송번(久松繁)

경기도 경무부

경시 사도재이랑(寺島才二郞) 귀하

보고서

경성여자고등보통학교 본과 3년생

최은희

17세

위 사람은 이달 1일 학생 소요사건에 관하여 본정경찰서에 검거되어 현재 경성지방법원에서 심리 중에 있는 바 소요 당시 및 재학 중의 동정을 참고로 보고합니다.

一, 본인은 황해도 해주에 있는 의덕학교의 급비생인 모양인데 작년 10월경 종로 청년회 간사 박희도의 신원보증으로 그 학교 기숙사에 입사했으나 입사 후 얼마 후에 기숙사 안에서 유일한 세력가가 되어 항상 각 방을 출입하여 학생의 품위를 어지럽게 하는 언행이 적지 않아서 그 학교 직원의 훈계를 가끔 받은 일이 있다. 이번 소요에 관해서 본인은 이미 남학생 측에게서 2월 26·7일경에 독립운동소요의 상의를 받은 모양이며 그 27일인지 28일경에는 동숙생 최정숙, 강평국, 유재룡, 이명숙, 고수선, 김일조 등과 상의하고 다만 그 시기가 도래하는 것만 기다리고 있었던 형적이 충분하여 그 학교에서 수령급은 본인 및 최정숙, 강평국이 수령급의 주된 자라고 그 학교 내의 학생 및 직원은 말했다.

위 보고합니다.
대정 8년 3월 17일

창덕궁경찰서 근무
순사 久松繁

경기도 경무부
경시 사도재이랑(寺島才二郞) 귀하

보고서

경성여자고등보통학교 사범과생
최정숙
18세
위 사람은 이달 1일 학생 소요사건에 관하여 본정경찰서에 검거되어 현재 경성지방법원에서 심리 중에 있는 바 그 소요 전에 그 사람이 그 학교에서의 동정을 참고로 보고합니다.

一, 본인은 학업성적이 좋으므로 교내 및 기숙사에서도 세력을 얻어 그 학교 생도의 지도권을 가지고 실권을 가지고 있었는데 학생 소요사건에 관해서 그 학교 직원은 말하기를 본인은 이미 지난 달 27·8일경부터 그 학교 기숙사생 최은희, 강평국 등과 함께 독립운동의 계획을 학생 사이에서 밀의한 흔적이 뚜렷하고 소요 당일, 즉 3월 1일에는 본인은 그 학교 부속 제동여자보통학교에 교수실습을 가기로 되어 있었으나 2월 28일부터 발이 아프다고 하면서 기숙사에 누워 있으면서 3월 1일 오후 2시경이 되자 솔선하여 자리를 차고 일어나 동숙생을 이끌고 파고다 공원으로 달려갔고, 그리고 일동과 함께 여러 곳을 누비고 다니다가 마침내 본정통에서 잡힌 자로서 본인이 28일 및 1일 오전 중에 발이 아프다고 하면서 누워 있었던 것은 그 준비를 하고 있었던 것이 틀림없다고 그 학교의 직원과 학생은 말하고 있다.

위 보고합니다.

대정 8년 3월 14일

사도(寺島) 경시
신기(神崎) 서장 귀하

귀서에서 취조 중인 피고인의 재학 중의 소행조사서가 별지와 같이 학무과장으로부터 회보가 있삽기 이에 참고로 보내드림.

대정 8년 3월 12일

경성여자고등보통학교장
학무과장 귀하

이달 7일자 종로경찰서 구류자 중 방면 교섭을 부탁한 바 있는 10명 중 미방면자 4명의 성행 등 좌기와 같으므로 참고로 통지합니다.

기(記)

一, 이금자 (본과 2년)
학업성적은 중상 정도이며 말수가 적고 성실하며 온화하다.

一, 유경숙 (본과 2년)
학업성적은 중상이며 동작이 약간 민활하지 못한 편이나 열심이다. 성질이 온화하고 면밀하다.

一, 이순이 (기예과 3년)
학업성적은 중이며 약간 근로를 싫어하는 편이나 정직하다. 太平町通 聖母館에서 통학.

一, 김애순 (기예과 2년)
경기도 강화군 사립 성모마리아여학교 출신으로 대정 7년 4월 기예과 제2학년에 입학한 자로 학업성적은 중상이며 정직하고 열심이다. 태평정통 성모관에서 통학.
　이상 4명은 모두 학생 사이에서 신용 또는 세력이 있는 자가 아니고, 따라서 이번 소요사건에 관하여 다른 사람을 선동했다고 추정하기는 어렵다.

출처: 국사편찬위원회, 『한민족독립운동사자료집』13(1994).

(2) 최은희 신문조서

신문조서

최은희

위 피고인에 대한 보안법 위반 사건에 관하여 대정 8년 3월 7일 경성지방법원 검사국 조선총독부 검사 옥명우언(玉名友彦) 조선총독부 재판소 서기 길전준(吉田畯)
열석한 후, 검사는 피고인에 대하여 신문하기를 다음과 같이 하다.

문: 성명·연령·신분·직업·주소·본적지 및 출생지는 어떠한가.
답: 성명·연령은 최은희, 17세, 11월 21일생.
　　신분·직업은 여자고등보통학교 3학년생.
　　주소는 경성부 교동 기숙사.
　　본적지는 황해도 연백군 은천면 연남리 301번지.
　　출생지는 황해도 연백군 은천면 연남리 301번지.

문: 위기·훈장·종군기장·연금·은급 또는 공직을 가지고 있지 않은가.
답: 없다.

문: 이제까지 형벌에 처해졌던 일은 없는가.
답: 없다.

문: 그대는 어느 교의 신자인가.
답: 기독교를 소학교에 들어갈 때부터 믿고 있다.

문: 목사는 누구인가.
답: 미국인 피링구스라고 하며, 교회는 중앙교회이다.

문: 이태왕 전하의 서거에 즈음하여 기도회는 없었는가.
답: 없었다. 하여튼 나는 간 일이 없다.

문: 최근에 교회에 간 것은 언제인가.
답: 2월 24일인 일요일에 갔었다.

문: 그때는 어떠한 이야기가 있었는가.
답: 잊었다.

문: 그때 3월 1일에 조선독립선언서를 낭독하는 데 관하여 국민대회가 개최된다는 등의 이야기는 없었는가.
답: 듣지 못하였다.

문: 강화회의에 대한 것은 듣지 못하였는가.
답: 학교에서나 교회에서도 그러한 말은 듣지 못하였다.

문: 3월 1일에는 등교하였는가.
답: 오후 2시까지였으나, 조금 일찍 끝났다.

문: 그날 오후에 기숙사를 나와 시내로 나왔었다는데, 무슨 용무가 있었는가.

답: 기숙사 근처에서 만세 소리를 들었고 잠시 후 동료들 20명 정도가 문밖으로 나갔다. 그로부터 그 소리를 따라서 종로까지 갔는데, 수많은 사람들이 모여서 「만세 만세」하고 외치고 있었으므로 나는 장래 조선이 독립할 희망이 있는 것이라고 생각하고 기뻐서 만세를 불렀던 것이다.

문: 그 종로통에는 몇 사람 정도의 군중이 있었는가.
답: 수천 명 정도 있었다.

문: 그 후 군중 속에 뛰어들어 후열에 열을 지어서 창덕궁·안국동·광화문·서대문 근처까지 만세를 부르면서 걸어 다녔는가.
답: 그렇다. 그리고나서 대한문으로 갔다가 본정통으로 갔다.

문: 독립의 선언 등이 있다는 것을 미리 듣고 있지 않았는가.
답: 아니다.

문: 국민대회가 개최된다는 것은 알고 있었는가.
답: 몰랐다.

문: 이러한 선언서와 격문을 본 일이 있는가.
    영 제330호의 1·2·3을 보이다.
답: 본 일이 없다.

문: 많은 사람들이 「만세 만세」하고 연달아 부르면서 이곳저곳을 떠들고 다니면 일반인에게 대하여 커다란 방해가 된다는 것은 알고 있지 못했는가.
답: 그것은 알고 있었지만, 모두가 떠들고 있었으므로 앞뒤를 생각하지 않고 따라다니게 되었던 것이다.

문: 그대의 일행 20명 정도의 무리는 모두 군중의 열에 가담하였는가.
답: 모두가 가담하였다.

문: 최정숙을 아는가.
답: 알고 있다.

문: 그녀 이외에 군중에 가담하였던 자는 누구인가.
답: 김명환·오성옥·허순옥·김희옥·박성환·김원경·김정여·김석진·이덕순 등이었다.

문: 그대는 계속해서 학교에 다닐 생각인가.
답: 용서하여 준다면 학교에 다닐 생각이다.

위를 녹취하여 읽어 들려주었던 바, 틀림없다는 뜻을 승인하고 자서하다.

피고인 최은희

작성일 대정 8년 3월 7일

서기 경성지방법원 검사국
조선총독부 재판소 서기 길전준(吉田畯)
신문자 조선총독부 검사 옥명우언(玉名友彦)

본 조서는 출장지인 경무총감부에서 작성하였으므로 소속관서의 인을 찍지 못함.

국사편찬위원회, 『한민족독립운동사자료집』14(1994).

(3) 최정숙 신문조서(3월 5일)

신문조서

최정숙

위 피고인에 대한 보안법 위반 사건에 관하여 대정 8년 3월 5일 경성지방법원 검사국 조선총독부 검사 옥명우언(玉名友彦) 조선총독부 재판소 서기 길전준(吉田畯)
열석한 후, 검사는 피고인에 대하여 신문하기를 다음과 같이 하다.

문: 성명·연령·신분·직업·주소·본적지 및 출생지는 어떠한가.
답: 성명·연령은 최정숙, 18세.
　　신분·직업은 여자고등보통학교 학생.
　　주소는 경성여자고등보통학교 기숙사 내.

본적지는 전라남도 제주군 제주면 삼도리.

출생지는 전라남도 제주군 제주면 삼도리.

문: 벼슬[2]·훈장·종군기장·연금·은급 또는 공직은 없는가.
답: 없다.

문: 이제까지 형벌에 처해졌던 일은 없는가.
답: 없다.

문: 그대는 금년 3월 1일 아침에[3] 어디에 있었는가.
답: 기숙사 안에 있었다.

문: 몇 시경까지 있었는가.
답: 그날 오후 3시경까지 있었다.

문: 그날은 어떠한 일을 하고 있었는가.
답: 그날은 다리가 아파 오후 3시경까지는 쉬고 있었다. 아침까지는 자고 있었으나 낮에는 일어나서 서성대고 있었으며, 점심 때에는 기숙사의 한 방을 쓰는 자인[4] 한화순·최용숙·한칠성·신갑순·마재경·염진전 등과

---

2) 일본어 원문: 位記 → 해석문: 위기 → 수정: 벼슬
3) 일본어 원문: 本年3月1日朝ハ → 해석문: 금년 3월 5일 아침에 → 수정: 금년 3월 1일 아침에
4) 일본어 원문: 寄宿舍ノ同室ノモノタル → 해석문: 기숙사의 동창생인 → 수정: 기숙사의 한 방을 쓰는 자인

서로 이야기를 하고 있었다.

문: 그대의 종교는 무엇인가.
답: 천주교도이다. 포교는 프랑스인이 하였는데, 박신부라는 사람이다.

문: 그날 오후 3시에 그대가 있는 기숙사로 많은 사람들이 독립만세를 부르면서 들어온 일이 있는가.
답: 기숙사로는 들어오지 않았으나 그 근처에 많은 조선인들이 독립만세를 부르면서 소요하고 있는 것을 기숙사 창밖으로 보았으므로 나도 밖으로 나가 그 군중 속에 가담하였다. 그리하여 종로 거리에서 군중을 따라 대한문까지 갔었고, 다시 종로 거리로 되돌아와서 창덕궁으로 갔다가 광화문 쪽으로 가서 다시 서대문 쪽으로 갔으며, 경성우편국 쪽으로 가서 본정통으로 나왔다가 마침내 우리들은 체포되었던 것이다. 나도 같은 인간으로서 군중 속에 뛰어들었던 것이다. 군중 속으로 들어갔더니 모두가 「만세 만세」라고 외치라고 하기에 나도 만세를 연달아 불렀다. 위의 군중들은 모두가 경성 안에 있는 학생들 뿐 인것 같았다.

문: 그대는 그 학생들이 독립만세라고 외치고 있는 것이 어찌된 일이라고 생각하였는가.
답: 조선이 독립할 수 있게 되어서 만세를 부르는 것이다 생각하고 우리도 동포로서 기쁘게 생각하여 군중 속에 가담하였던 것이다. 나는 장래 조선독립이 이루어지게 되는가보다 하고 만세를 연달아 불렀다.

문: 그날 그러한 소요가 있다는 것은 미리 누구로부터 듣고 있었는가.

답: 몰랐다.

문: 그대는 모종의 인쇄물을 배부 받은 일이 없는가.
답: 없다.

문: 그대는 「독립선언서」라는 것을 본 일이 있는가.
답: 없다.

문: 이태왕 전하가 병사한 것은 윤택영이 독살한 것이라고 쓰여 있는 것을 본 일이 없는가.
답: 없다.

문: 융희 13년 정월 국민대회의 명의로 무엇인가 쓰여 있는 것을 본 일이 없는가.
답: 없다.

문: 이것을 본 일이 없는가.
　영 제330호의 1·2·3을 보이다.
답: 본 일이 없다.

문: 그대와 한 방을 쓰던 자들도[5]

---

5) 일본어 원문: 其方ト同室ニ居ッタ人々モ → 해석문: 그대와 동창생인 자들도 → 수정: 그대와 한 방을 쓰던 자들도

답: 최용숙과 한화순 만이 군중 속에 있는 것을 보았으며, 그밖에는 모른 다. 그밖에 우리 동창생은 30명 정도 있었으나, 일일이 성명은 모르겠 다.

문: 독립만세라고 외치며 돌아다닐 때 깃대 등을 들고 있던 자는 없었는가.
답: 모자를 흔들고 만세를 부르면서 돌아다니고 있었으나 특별히 기를 든 사람은 없었다.

문: 본정에서는 돌 등을 던지는 난폭한 행동을 하지 않았는가.
답: 나는 하지 않았다. 다른 사람이 하는 것도 본 일이 없다.

문: 그대들은 일이 성사되기 까지는 학교에 가지 않기로 상의를 하지 않았 는가.
답: 절대로 그러한 상의는 한 일이 없다.

위를 녹취하여 읽어 들려주었던 바, 틀림없다는 뜻을 승인하고 자서하다.

피고인 최정숙

작성일 대정 8년 3월 5일
서기 경성지방법원 검사국
조선총독부 재판소 서기 길전준(吉田畯)
신문자 조선총독부 검사 옥명우언(玉名友彦)

본 조서는 경무총감부에서 작성하였으므로 소속 관서의 인을 찍지 못함.

국사편찬위원회, 『한민족독립운동사자료집』14(1994).

(4) 최정숙 신문조서(4월 18일)

신문조서(예심조서)

피고인 최정숙

위 피고인에 대한 보안법 위반 등 사건에 대하여 대정 8년 4월 18일 경성지방법원에서 예심담당 직무대리 조선총독부 판사 굴직희(堀直喜) 조선총독부 재판소 서기 도부직태랑(渡部直太郎)

열석하여 예심판사는 피고인에 대하여 다음과 같이 신문하다.

문: 성명·연령·신분·직업·주소·본적지 및 출생지를 말하라.
답: 성명은 최정숙.
    연령은 18세, 2월 10일 생.
    신분은 …….
    직업은 무직.
    주소는 전라남도 제주군 제주면 삼도리.
    본적지는 전라남도 제주군 제주면[6] 삼도리 948번지.
    출생지는 전라남도 제주군 제주면[7] 삼도리 948번지.

문: 벼슬[8]·훈장·종군기장·연금·은급 또는 공직을 가지고 있지 않은가.
답: 없다.

문: 지금까지 형벌을 받은 일은 없는가.
답: 없다.

문: 3월 1일에 독립운동에 참가하여 서울시내를 시끄럽게 하면서 돌아다 닌 일이 있는가.
답: 군중에 끼어서 종로, 대한문, 광화문, 서대문, 본정통을 순차로 돌아다 니면서 도중에 만세를 불렀다.

위 읽어서 들려주었더니 틀림이 없다고 진술하고 서명하다.
같은 날 같은 곳에서
경성지방법원
조선총독부 재판소 서기 도부직태랑(渡部直太郞)
예심담당 직무대리 조선총독부 판사 굴직희(堀直喜)

국사편찬위원회,『한민족독립운동사자료집』15(1994).

---

6) 일본어 원문: 濟州面 → 국사편찬위원회 해석문: 東面 → 수정: 濟州面
7) 일본어 원문: 濟州面 → 국사편찬위원회 해석문: 東面 → 수정: 濟州面
8) 일본어 원문: 位記 → 국사편찬위원회 해석문: 위기 → 수정: 벼슬

(5) 최정숙 신문조서(제2회)

신문조서(제2회)

최정숙

위 사람에 대한 보안법위반 등 사건에 대하여 대정 8년 6월 26일 경성지방법원에서
예심계직무대리 조선총독부 판사 굴직희(堀直喜)
조선총독부재판소 서기 도부직태랑(渡部直太郎)
열석하여 예심판사는 전회에 이어 피고인에 대하여 다음과 같이 신문하다.

문: 그대는 최정숙인가.
답: 그렇다.

문: 종교는 무엇인가.
답: 천주교인데 영락정 프랑스교회에 나가고 있다.

문: 아버지는 무엇을 하고 있는가.
답: 아버지는 최원순이라고 하는데, 평안북도 창성군 군수를 지내고 있다.

문: 피고는 여자고등보통학교의 무슨 과에 다니는가.
답: 사범과를 금년 3월에 졸업했다.

문: 거기에 들어가기 전에는 무슨 학교에 다녔는가.
답: 서울의 진명여학교를 졸업했다.

문: 피고는 기숙사에 살고 있는가.[9]
답: 그렇다.

문: 몇 사람이나 기숙하고 있었는가.
답: 70명쯤 있었다.

문: 최은희를 아는가.
답: 알고 있다.

문: 강평국·유재룡·이명숙·고수선·김일조 등을 아는가.
답: 이명숙을 제외한 그 밖의 사람은 모두 같은 학급 사람이므로 알고 있다. 이명숙은 모른다.

문: 3월 1일에는 고등보통학교 부속 재동여자보통학교에 교생실습을 나가게 되어 있었는가.
답: 그렇다.

문: 피고는 2월 28일부터 발이 아프다고 하면서 누워 있었는가.

---

9) 일본어 원문: 寄宿舍ニ居ッタノカ. → 해석문: 기숙사에 있었는가. → 수정: 기숙사에 살고 있는가.

답: 그날 이태왕 전하의 국장예습을 하고 있을 때부터 각기병에 걸려 발에 통증을 느끼고 있다.

문: 그래서 교의에게 진찰을 받았는가.
답: 진찰을 받았는데 그 날짜는 기억하지 못한다. 세브란스병원에도 가서 진찰을 받았다.

문: 3월 1일 군중과 함께 독립만세를 부르면서 시내를 돌아다닌 것은 틀림없는가.
답: 틀림없다.

문: 왜 군중에 들어가서 만세를 부르고 다녔는지 그 전말을 진술하라.
답: 나는 3월 1일에는 발이 아파서 기숙사에 누워 있었다. 그런데 그날 오후 시간은 알 수 없으나 밖에서 시끄러운 소리가 들려서 기숙사에 있던 학생이 모두 뛰쳐 나갔다. 나도 종로까지 갔더니 무교정을 거쳐서 대한문 쪽으로 군중이 만세를 부르면서 가고 있었으므로, 그 군중에 참가하여 함께 독립만세를 부르면서 대한문 앞·창덕궁 앞·경복궁 앞·서대문정·서소문정·장곡천정 방면을 거쳐 본정으로 들어가다가 체포되었다.

문: 왜 독립만세를 부르고 다녔는가.
답: 독립운동이란 것을 알았기 때문에, 그것에 찬성하여 독립만세를 부르면서 다녔던 것이다.

문: 독립운동에 왜 찬성했는가.

답: 누구라도 남의 압박을 받고 있는 것은 싫은 것으로 누구나 자유를 바라고 있으므로, 조선도 자유의 나라가 되고 싶어서 독립을 원하는 것이다.

문: 군중은 몇 사람쯤이나 있었는가.
답: 너무 많은 군중이었으므로 그 수효는 알 수 없다.

문: 군중이 독립만세를 부르고 있는 것을 보고 어떻게 독립운동이라고 생각했는가.
답: 그 이전에 학교에서 선생에게 일본에서 조선유학생이 독립운동을 했다는 것을 듣고, 그것에 대한 주의를 받은 일이 있었으므로, 군중이 독립만세라고 외치는 것을 듣고 독립운동이란 것을 알았다.

문: 그런 것이 아니고, 최은희·강평국 등과 함께 다른 사람에게서 독립운동이 있다는 것에 대하여 듣고 학교에서 상의를 했던 것이 아닌가.
답: 그런 일이 없다. 3월 1일에 비로소 알았던 것이다.

문: 순사 구송번(久松繁)의 보고서에 의하면, 피고의 학교 선생은 그 이전부터 학생들이 독립운동에 대하여 이야기하고 있었던 것을 들었다는데 어떤가.
답: 나는 독립운동에 대해 들은 일 없다.

문: 피고는 발이 아파 교생실습도 하지 않고, 3월 1일에는 기숙사에서 쉬고 있었다면서 왜 독립운동에 참가했는가.
답: 3월 1일에는 발도 아프고 몸도 좀 아파서 오전 중 누워 있었다.

문: 2월 28일에는 등교했는가.
답: 그날은 등교했다.

문: 발이 아파서 누워있던 사람이 어떻게 시내를 걸어서 돌아다녔는가.
답: 그때는 너무 열광하고 있었기 때문에 발이 아픈 줄도 모르고 시내를 돌아다녔던 것이다.

문: 남의 압박을 받고 있기 보다는 독립을 하는 것이 좋다는 것 외에 또 무슨 이유가 있는가.
답: 정치상의 일은 모르나 일한합병에 의하여 일본인과 조선인은 동등한 대우를 받아야 할 것인데 그렇지 않았다. 나도 조선인인 이상 이번과 같은 독립운동이 있으면 참가하지 않을 수 없었던 것이다.

문: 그와 같이 만세를 부르고 다닌다고 해서 어떻게 독립이 되는가.
답: 강화회의에서는 민족자결주의가 제창되고 있다. 그래서 민족이 달라 동화될 수 없는 조선인이 독립을 하고자 궐기하면 자연이 강화회의에서도 알게 될 것이고, 일본정부도 조선의 독립을 승인해 줄 것이라고 생각하였다.

문: 민족자결에 대해서는 남학생에게 듣고, 독립운동에 참가하라고 권유받은 것이 아닌가.
답: 그런 것을 남학생에게 들은 일이 없다. 신문지상을 통하여 알았던 것이다.

문: 김원벽을 조사한 바, 피고의 학교에도 독립운동에 참가하도록 연락을 취했다는 것인데 어떤가.
답: 그런 것은 모른다.

문: 피고가 선생이 된다면 학교 생도에게 독립사상을 고취한다는 생각을 가지고 있었던 것이 아닌가.
답: 그런 것은 생각하고 있지 않았다. 다만, 나라에 충성을 다하지 않으면 안된다는 것은 생각하고 있었다.

문: 나라란 조선을 말하는 것인가.
답: 별로 조선이란 것은 아니다. 정치를 하고 있는 나라를 말하는 것이다.

문: 학교 선생 중에서 누구와 가장 친숙했는가.
답: 천야(淺野)라는 담임선생 밖에는 없다.

문: 그 선생을 방문한 일이 있는가.
답: 그 선생은 기숙사의 사감을 하고 있다.

문: 피고는 교육자가 될 작정으로 사범과를 졸업했을 것이나 장래 가정주부가 되려는 생각이 있었는가.
답: 내 생각으로는 장래 독신생활을 하면서 교육에 종사할 생각이었다.

문: 3월 1일 기숙사를 나올 때에는 모두가 함께 나왔는가.
답: 함께 나왔다.

문: 그때 최은희·강평국 등도 같이 나왔는가.
답: 기숙사생이 같이 나왔지만 누구 누구였는지 기억하지 못한다.

문: 피고 등이 기숙사생을 인솔해 독립운동에 참가한 것은 아닌가.
답: 그렇지 않다.

문: 최근에 월경이 있은 것은 언제인가.
답: 월경은 16세부터 시작되었는데 불순한 편이다. 작년에는 한번만 있었다. 금년 2월에는 초순에 있었다. 3월에도 초순이었는데 수감되고 나서 있었다. 6월에는 23일부터 시작하였다. 그리고 그 기간은 5일쯤이다.

조선총독부재판소 통역생 마장일랑(馬場一郞)

위 통역생이 읽어 주었더니 승인하고 서명 날인하다.

작성일 대정 8년 6월 26일

경성지방법원
서기 조선총독부재판소 서기 도부직태랑(渡部直太郞)
신문자 예심계직무대리 조선총독부 판사 굴직희(堀直喜)

국사편찬위원회, 『한민족독립운동사자료집』17(1994).

제3장.
제주도 최초 공립학교 여교사 강평국, 교육으로 조국의 번영을 선도하다

제3장. 제주도 최초 공립학교 여교사 강평국, 교육으로 조국의 번영을 선도하다

I. 제주도 최초 공립학교 여교사 강평국

　강평국은 제주도 공립학교의 첫 여교사이다. 경성여자고등보통학교 사범과를 졸업하고 제주도의 여성 정규 교원으로 임명받은 첫 인물이다. 일제강점기 교육운동은 민족운동이었다. 나라를 빼앗긴 것은 실력이 없어서라는 인식으로 당대 실력양성론을 토대로 교육운동에 참여하여 실력을 길러 나라를 찾는다는 목표를 가지고 활동하였다.

　강평국은 1919년부터 1925년까지 7년여 보통학교 교사로 근무하였음이 확인된다. 확인할 수 있는 기록으로는 제주도 대정공립보통학교, 전라남도 진도공립보통학교, 제주도 조천공립보통학교에 임명받은 기록이 있다.

　강평국이 제주도에서 교육활동을 시작한 1919년 제주도의 공립보통학교는 세 곳이었다. 제주공립보통학교(1907년 설립), 정의공립보통학교(1909년 설립), 대정공립보통학교(1911년 설립)가 운영되고 있었다. 이후 1920년 서귀공립보통학교, 1921년 조천공립보통학교, 1923년에 구우공립보통학교(사립구우면보통학교)와 신우공립보통학교, 구좌공립보통학교, 성산공립보통학교가 설립되었고, 1924년 서중공립보통학교, 1925년 추자공립보통학교가 설립되어 11개교가 있었다.

　일제는 1911년 8월 23일 칙령 제229호로 조선교육령을 제정하였다.[1] 학제는 보통학교·고등보통학교·여자고등보통학교·실업학교·전문학교 등으로 구성하였다. 한국인을 대상으로 보통교육·실업교육·전문교육 기관을 강평국 임 조선공립보동학교 훈도(출처: 「서임 및 사령」, 『조선총독부관보』 제1997호, 1919. 4. 9.)

두었으며, 보통교육 기관으로는 보통학교·고등보통학교·여자고등보통학교 등을 설치하였다. 관립 남녀고등보통학교에 교원속성과와 사범과를 두어 보통학교 교원을 양성하였다. 한국인 보통학교는 4년제, 한국인 고등보통학교 4년제, 여자고등보통학교는 3년제로 규정하였다.[2] 1922년 2차 조선교육령에서 보통학교를 6년제로 개정하였다. 학교 사정에 따라 4년으로 운영할 수 있었다.

강평국은 관립 경성여자고등보통학교 사범과를 졸업하여 조선총독부로부터 1919년 4월 1일자로 정규 교원으로 임명받았다. 당시 학사 일정은 4월 개학이었다.

경성여자고등보통학교 사범과를 졸업하면 졸업 후 4년간 조선총독부 지정 학교에서 교직에 종사할 의무가 있었다.[3] 이에 따라 "임(任) 조선공립보통학교 훈도 급(給)월봉(月俸) 22원"으로 임명받았다.[4] 훈도(訓導)는 일제

---

1) 국사편찬위원회, 『신편한국사』 51, 한국사데이터베이스.
2) 일본인 소학교는 6년제, 일본인 중학교는 5년제였다.
3) 〈경성여자고등보통학교 입학 요강〉을 요약하면 다음과 같다.(출처: 『조선총독부관보』 제1047호, 1916. 2. 2.)
   - 사범과는 보통학교 여교원 양성을 목적으로 수업 연한은 1년이다.
   - 사범과 입학자격은 조선인은 여자고등보통학교를 졸업한 자 일본인은 조선에서 공립고등여학교를 졸업한 자로 한다.
   - 사범과는 수업료를 징수하지 않는다.
   - 학자(學資)를 관으로부터 공급(官給)받을 수 있다. 학자는 '기숙비, 피복비, 문구비, 치료비 및 수학여행비'로 하며, 사범과 학생과 본과 3학년이면서 사범과 입학을 희망하는 자 중 특으로 지정된 자는 관급 받을 수 있다. 관급을 받은 본과 3학년 학생은 사범과에 입학할 의무가 있었고, 사범과에서 관급을 받은 학생은 졸업 후 4년간 조선총독부 지정 학교에서 교직을 종사할 의무를 부과한다.
4) 「서임 및 사령」 『조선총독부관보』 제1997호(1919. 4. 9.).

강점기 보통학교의 정규 교원을 칭한다. 학교에는 정규 교원 외에 임시 교원으로 촉탁교원과 강사를 둘 수 있는 제도가 있었다.

강평국은 1919년 3월 졸업하고 바로 제주도로 내려와 대정공립보통학교 정규 교사로 학생을 가르쳤다. 제자의 기억을 통해 강평국의 모습을 찾을 수 있다.

> 이운방씨(98년 89세·대정읍 거주)는 대정 공립보통학교 1학년 시절 강평국의 제자였다. 당시 모슬포에서도 독립만세가 있었다. 강평국이 독립만세에 간여했기 때문에 전근 당했다는 얘기를 들은 적이 있다고 회상한다.
> 그는 또 그 후 고학년 학업을 위해 제주북초등학교로 옮겨 왔을 때 이곳에서 다시 강 선생을 만났으며, 그를 정겹게 맞아 주었다고 기억한다.[5]

대정공립보통학교(출처: 제주교육100년사)

대정공립보통학교는 1911년에 6월 22일 설립 인가를 받은 학교이다.[6] 1908년 10월 19일 대정읍 안성리 사립 한일학교로 출발하였다. 1931년 상모리로 이전하여 현재에 이르고 있다. 당시 보통학교는 조선교육령에 의해 4년제였다. 1919년 대정공립보통학교 직원으로는 학교장으로 암연병오랑(岩淵兵五郞),[7] 훈도 강세독, 부훈도 정동수가 근무하고 있었다.[8] 강세독은 강평국의 오빠로 경성고등보통학교를 졸업하고 공립보통학교 훈도로 임명 받았다.[9] 당시 대정공립보통학교와 제주공립보통학교, 정의공립보통학교의 교장은 모두 일본인이었다.

강평국은 1919년 10월 18일자로 "급 10급봉 조선공립보통학교 훈도 강평국"[10]으로 임명받았다. 1920년에는 전라남도 진도공립보통학교 "관직: 훈도, 관등: 월22"[11]로 임명받았다. 1920년 전라남도 진도공립보통학교에

---

5) 제주문화원, 『제주여인상』(1998.), 433쪽.
6) 대정초등학교 홈페이지 연혁 참조.
7) 1915년~1922년까지 대정공립보통학교 학교장, 1923년~1924년까지 조천공립보통학교 학교장 역임.
8) 「조선총독부 및 소속관서 직원록」 중 공립학교(1919년), 국사편찬위원회.
9) 강세독은 강평국의 오빠이다. 1915년 경성고등보통학교를 졸업하였고(『조선총독부관보』(1915. 4. 13.), 관립학교 졸업생 경성고등보통학교 명단에서 확인된다.), 이어 1916년 사범과를 졸업하였다.(『조선총독부관보』(1916. 4. 20.), 관립학교 졸업생 경성고등보통학교 명단에서 확인된다.)
또한 1916년 4월 1일자로 조선공립보통학교 훈도로 임명받았다.(『조선총독부관보』(1916. 4. 4.), 서임 및 사령에서 확인된다). 또한 조선총독부 직원록을 통해 1917년~1921년 대정공립보통학교 훈도를 거쳐 1922년~1923년 제주공립보통학교 훈도, 1924년 정의공립보통학교 학교장 사무취급(필자 주: 직무대행)으로 활동하였다. 1931년~1933년 전라남도 순천군 월등면 월등보통학교 학교장 사무취급, 1934년 월등보통학교 학교장, 1937년 무안군 해제면 해제보통학교 학교장, 1941년 순천군 황전면 황전북국민학교 학교장 등을 거쳐 1952년 함덕국민학교 교장을 역임하였다.
10) 「서임 및 사령」『조선총독부관보』, 제2206호(1919. 12. 17.).
11) 「조선총독부 및 소속관서 직원록」 공립학교(1920년), 국사편찬위원회.

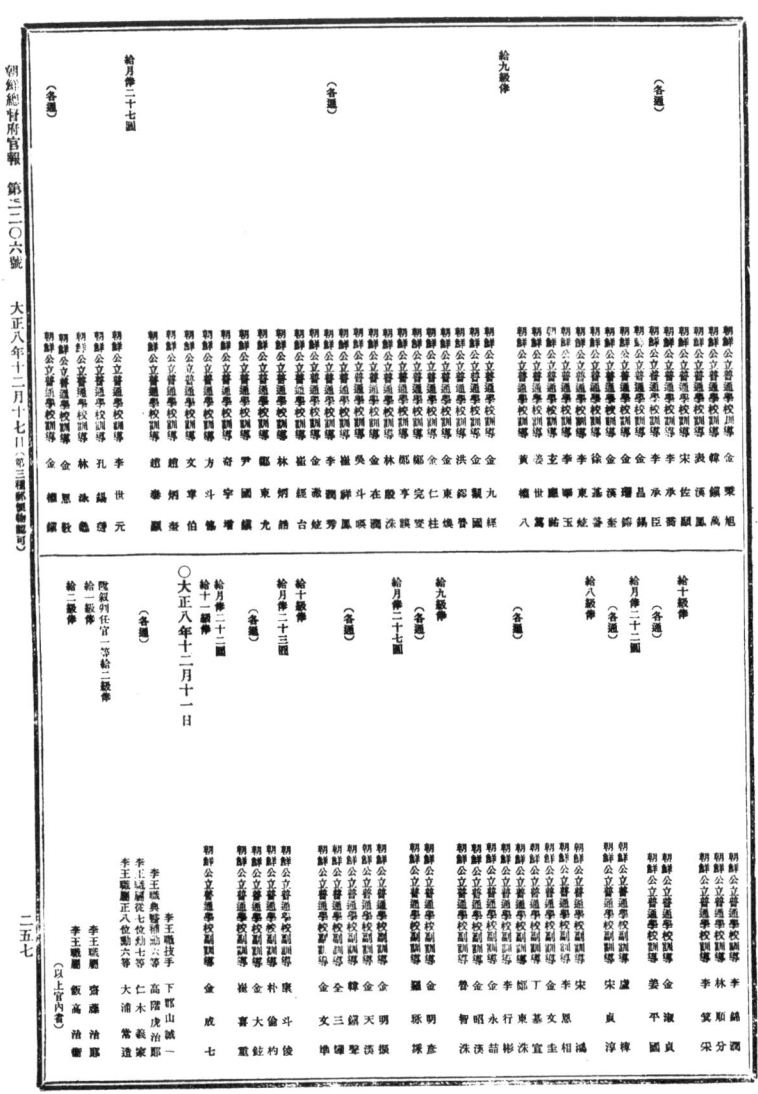

강평국 임 조선공립보통학교 훈도(출처: 「서임 및 사령」, 『조선총독부관보』 제2206호, 1919. 12. 17.)

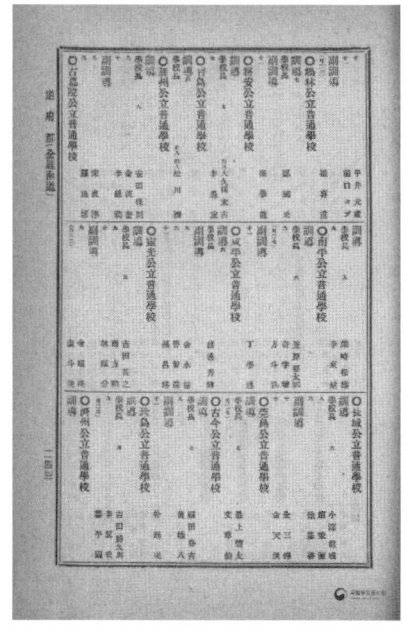 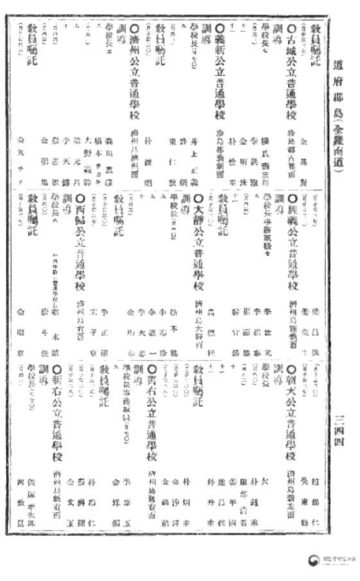

강평국 조천공립보통학교 훈도(출처: 「조선총독부 및 소속관서 직원록」 공립학교(1920년)   강평국 조천공립보통학교 훈도(출처: 「조선총독부 및 소속관서 직원록」 공립학교(1925년)

는 훈도가 3명이었다.[12]

1925년 제주도 조천공립보통학교 "관직: 훈도, 관등: 10[13]"[14]으로 임명받은 기록을 남기고 있다. 등급이 올라갔음이 확인되는데 1919년부터

---

12) 일본인 학교장(관등: 4)과 훈도로 강평국(관등: 월22)과 이기채(관등: 9)가 근무하였다.
13) 강평국의 관등은 월22에서 10까지 기록을 찾을 수 있다. 1920년 진도공립보통학교의 관등 4가 학교장이었다. 1924년 조천공립보통학교 교장은 관등 5였다.
14) 「조선총독부 및 소속관서 직원록」 공립학교(1925년), 국사편찬위원회.

1925년까지의 7년여 교직 활동의 결과일 것으로 해석된다. 1925년 조천 공립보통학교는 8명의 교사가 기록에 남아 있다. 교장은 궐석, 정규 교원인 훈도가 강평국을 포함하여 5명이고 임시 교원인 교원촉탁이 3명이다.[15] 조천공립보통학교는 1906년 3월에 개설한 의흥학교를 모태로 하여[16] 1921년 6월 20일 조천공립보통학교로 인가를 받았다.[17]

II. 사립 교육기관에서 교육 활동

1. 여수원 교육 활동

1920년 제주여자장학회가 조직되어 제주 여성의 교육을 위해 여학교를 설립하고자 일만 원의 의연금을 모아 여수원을 설립하였다.

> 제주여자장학회
> 당지 유지 남녀 제씨가 여자교육의 부진함을 개탄히 여겨 여학교 설립의 준비로 우선 여자장학회를 조직하고 상당한 기본금을 입산(立算) 중 유지 제씨의 의연금이 불과 수일에 일만 원에 달하였다더라(제주)[18]

---

15) 훈도는 박옥래(관등: 월60), 복부청오(腹部淸吾)(관등: 월 52), 강평국(관등: 10), 조창현(관등: 11), 박승규(관등: 11)이고, 교원촉탁은 박병규(관등: 월수당30), 김순탁(관등: 월수당30), 김석우(관등: 월수당28)이다.
16) 조천초등학교 홈페이지, 연혁 참조.
17) 『조선총독부 관보』 제2714호(1921. 8. 26.). "조선총독부 전라남도 고시 제53호, 대정 10년 6월 20일부로 좌기 공립보통학교 설립의 건을 인가함".
18) 「제주여자장학회」 『동아일보』(1920. 5. 3.).

여수원 설립 시기를 1921년으로 보는 견해도 있으나[19] 다음의 기사를 통해 여수원은 1920년에 설립되었을 것으로 파악할 수 있다.

> 제주의 여자 교육열
> 근래 제주도의 여러가지 현상 중 가장 오인의 희열의 정을 금치 못하는 것은 본도 일반의 여자 교육열이라. 현금 우리에게는 무엇보다도 교육이 급선무이며 더욱 여자교육이 지지미미한 것은 누구나 뜻 있는 자는 통절히 느끼는 바어니와 본도 청년은 이에 분연히 각오함이 있어 작년에 제주여자장학회를 조직하고 일반 유력자를 망라하여 여학교를 기성코자 분투 노력하여 우선 미약하나마 제일착으로 여수원이란 사숙을 설립하고 최정숙 강평국 양선생의 헌신적 열성하에 우금까지 유지하여 왔는바 금년도에는 일층 이를 확장할 계획이오 현재 학생은 오십여 명이라더라(제주)[20]

"작년(필자 주: 1920년)에 제주여자장학회를 조직하고 여학교를 기성하고자 분투 노력하여 제일착으로 여수원이란 사숙을 설립"하였다고 보도하고 있다.

또한 여수원은 강평국과 최정숙이 설립하였다고 알려져 있으나 위 기사를 보면 제주여자장학회가 설립하였음을 알 수 있다. 제주여자장학회는 당대에 필요한 것은 무엇보다도 교육이 급선무이며 그중에도 여자 교육이 지지부진한 상황을 파악하고 여학교 건립 노력을 하여 여수원을 설립하였음

---

19) 한국학중앙연구원, 〈디지털제주문화대전〉, 강평국 항목.
"1921년 제주에서 최정숙(崔貞淑)과 함께 여성의 문맹 퇴치와 지위 향상을 목적으로 한 여수원(女修園)을 설립하였다."
20) 「제주의 여자 교육열」『동아일보』(1921. 3. 25.).

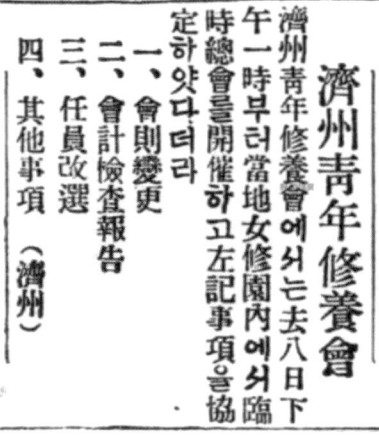

제주청년수양회 임시총회 여수원에서 개최(출처: 동아일보 1921. 5. 11.)

제주시민운동 개최를 위해 여수원에서 회의(출처: 동아일보 1925. 11. 16.)

을 보도하고 있다.

여수원은 강평국과 최정숙이 교육을 담당하였으며 야간에 50여 명의 학생이 공부하였다. 강평국의 여수원 제자로 김서옥과 김창제 등이 있다.[21]

여수원이 언제까지 운영되었는지는 확실하지 않다. 1921년 5월 8일에 여수원을 이용한 제주청년수양회 임시총회 기사[22]가 있고, 1925년 10월 31일 제주청년회 등의 단체가 회의 장소로 활용하였다는 기사[23]가 있다. 이 기사로 보아서는 1925년까지 명맥을 잇고 있었던 것으로 보인다.

---

21) 제주문화원, 『제주여인상』(1998.), 431쪽.
22) 「제주청년수양회」『동아일보』(1921. 5. 11.).
23) 「제주시민운동」『동아일보』(1925. 11. 16.).

1925년까지 여수원 활동 기록을 찾을 수 있다는 것은 강평국과 최정숙의 행적과 연관하여 살펴볼 수 있다. 최정숙은 1925년 목포의 소화학교에서 활동하였고, 강평국은 1926년 일본으로 건너가 유학 생활을 시작하였다. 강평국과 최정숙이 제주도를 떠나는 상황이 되어서 1926년경부터는 여수원 운영이 지속되지 못하였고 이로 인하여 더이상 기록이 없는 것이 아닐까 생각해 볼 수 있다.

여수원의 운영 상황은 당시 여타 제주도의 사립 교육기관의 가장 큰 어려움이었던 자금 문제와 결부하여 생각해보면 오래도록 운영하기는 어려웠을 것으로 짐작할 수 있다.

여수원이 명신학교로 흡수되었다는 의견도 있다.[24] 명신학교는 사립학교로 설립되어 당대 교육 수요를 담당하였고, 여수원에서 활동하던 강평국과 최정숙도 명신학교 교사로 활동하였으므로 여수원이 명신학교로 흡수되었다고 보고 있는 것 같다. 그러나 명신학교는 1921년 4월부터 1924년 1월 8일까지 운영되었다. 1921년 4월은 여수원이 활동하던 시기가 분명하고 여수원은 1925년 10월까지 기록이 있어 여수원이 명신학교 보다 오래 활동하였음이 확인된다.

게다가 여수원은 야학으로 운영되어 주간인 명신학교에 다니는 학생과 차별성이 있었기 때문에 명신학교로 흡수되었다고 보기보다는 오히려 제주여자학술강습소로 이어졌을 가능성이 있을 것으로 생각된다.

강평국은 1925년 12월 26일 제주여자청년회를 창립하였다. 제주여자청년회와 제주부인회에서는 여성을 위한 교육기관으로 야학인 제주여자학술강습소를 운영하였다.[25] 창립 이후 제주여자청년회는 야학 확장을 위

---

24) 제주문화원, 『제주여인상』(1998.), 432쪽.

해 노력하였다.[26] 제주여자학술강습소는 1937년 7월까지 활동 기록을 찾을 수 있다.

여수원은 1920년 제주여자장학회가 설립하여 1925년까지 활동하고 1926년경부터 활동하지 않았던 것으로 보인다. 여수원의 야간 여성 교육은 제주여자학술강습소가 이어갔을 가능성이 있어 보인다.

2. 사립 명신학교 교사 활동

강평국은 사립 명신학교에서 교사로 활동하였다. 명신학교는 1921년 4월에 설립하여 3개년 동안 활동하고 1924년 1월 8일 해산하였다. 제주도민들의 교육에 대한 열망으로 시작하였다.

명신학교는 학교 건물이 없는 채로 개교하여 도청 구청사 등을 빌려 교실로 사용하였다. 학생이 삼백여 명에 달할 정도로 교육에 대한 요구가 높았으나 교실 부족으로 어려움을 겪었다. 제주도의 유지들이 의연금 사천여 원을 모아 1921년 10월 교사를 신축하려고 하여 송두옥, 박종실 등 62명의 기부가 약속되었다.[27] 명신학교 교사는 은행에서 대출을 받아 우선 짓기 시작하였으나, 결국 약정한 의연금이 제대로 걷히지 않아 폐교의 요인이 되기도 하였다.

명신학교는 1922년까지 남자부 3학년 3학급, 여자부 3학년 2학급이 운영되었다. 교육 욕구가 늘어나 1923년 신학기부터 남자부 5학년 5학급,

---

25) 「제주신춘음악」, 『조선일보』(1927. 3. 21. / 순회 탐방(120) 풍광이 명미한 남국의 정서〈2〉『동아일보』(1926. 10. 28.).
26) 「제주여자청년 정총」, 『동아일보』(1928. 5. 5.).
27) 「명신학교 신축 연금」, 『동아일보』(1921. 10. 15.).

여자부 4학년 4학급으로 증원하려고 계획하였다.

  제주 사립 명신학교에서는 거 3월 25일 오전 11시에 제2회 수업식을 동교 내에서 성대히 거행한 바 교장 박이혁 씨의 개회사로 시작하여 수업증서 및 상장수여 학사보고 내빈축사 생도 총대의 답사 등으로 식을 마쳤는데 동교의 장래 방침을 듣건대 현재 남자부 3학년까지 3학급 여자부 삼학년까지 2학급을 신학기부터는 남자부 오학년까지 5학급 여자부 4학년까지 4학급으로 하여 적어도 신입생 남녀 일백오륙십 명을 수용하려고 교사도 증축하며 교원도 증원한다 하며 일방으로 유지 문제에 대하여 명신학회를 조직하였음으로 동교는 앞으로 크게 발전할 희망이 유하다더라.(제주)[28]

1923년 3월 제주도 유지들은 명신학교 운영을 지원하기 위해 명신학회를 조직하였다. 경비를 지원하여 백 오륙십 명을 수용할 수 있는 교사를 증축하고 교원을 증원하기 위한 계획을 수립하였다. 명신학회는 명신학교를 재단법인으로 만들려고 하였고, 회원의 의연금으로 3년 이내에 재단을 설립하고자 계획하였다.

  명신학회의 포부
  객월에 제주 사립 명신학교의 유지기관으로 제주 명신학회를 조직하였는데 본회의 방침은 일반회원의 의연금으로 3년 이내에 명신학교를 재단법인으로 하겠다는 확고한 결심으로 회무를 진행하는 바 그 임원은 좌와 여하다더라

---

28) 「제주 명신교 확장」 『동아일보』(1923. 4. 1.).

회장 김시진 총무 홍순완 재무 송전형 감사 최윤순 감사 문재창 전무간사 전홍석 간사 이양우 홍순용 고성주 김태민 박이민 이한철 (제주)[29]

그러나 실제적으로 명신학회의 활동이 명신학교 운영 기금을 마련하지는 못하였던 것으로 파악된다. 앞에서 살핀 명신학교 기금은 기부금을 내겠다고 적어놓기만 하고 실제로는 기부하지 않았다는 것이다. 이에 학교 건물은 은행 저당 물건이 되었고 교원 급료를 지급하지 못하였으며 학교는 파산에 이르게 되었다.

제주의 창피

시대의 변천을 따라 조선인의 부르짖는 향학심과 교육열은 수년 전부터 우리 제주도에서 발발하야 면면촌촌에 불완전하나마 교육기관이 봉기함은 우리의 전도를 위하야 수불치하(誰不致賀)리오 그중 제주성내는 천여 호되는 읍지로서 공립보통학교 일개소로 다수의 취학아동을 수용치 못함을 유감으로 생각하던 유지 모모 씨 등은 흥학회를 조직하고 다수 인사의 찬성을 얻어 이에 명신학교라는 제주 유일무이의 신기관이 탄생하였음은 내외가 공지하던 바며 우리는 무한한 촉망을 가졌다. 세사는 난측이라 제주면 민립학교로 사회에 촉망을 받던 명신학교도 탄생한 지 불과 삼 년에 폐교되고 말았다.

이제 그 폐교의 전말을 루문컨대 즉 경영난이라 동기는 여하간 학교의 유지금으로 기부금을 적어놓은 이가 어지간히 많으며 금액도 훌륭하게 몇 천원 몇 백원이라는 것이 있었다. 그러나 이것은 대개 가면행위에 지나지 못하여 교사(校舍)는 건축하였으나 자금은 은행에서 융통하였음으로 학교는 은행의

---

29) 「명신학회의 포부」, 『동아일보』(1923. 4. 17.).

저당 물건으로 변하고 교원은 외상 급료가 많다. 매삭(每朔) 아동의 월사금으로 겨우 주린 배를 채우게 되는 형편이 되었으나 방명록에 기재된 금전은 여전히 화병에 귀하고 말았으니 그 참혹함을 가히 추상(推想)할 것이다. 어시호(於是乎) 학교는 파산선고를 당하게 되었다. 원통천만이다.

세사는 새옹마이다. 제주도사 전전(前田) 씨는 이를 방관하기에 불인하야 드디어 자진하여 부흥의 책임을 지고 명을 갑자의숙이라 개칭하고 유지의 협찬을 구함에 찬조가 답지하여 구채(舊債)를 상환케 되고 내용을 정돈하며 고명한 교원을 연빙(延聘)하여 수업을 개시하며 학생이 답지한다 하니 좌우간 다행한 일이다. 전전(前田) 씨의 노력을 사(謝)하는 동시에 초지관철을 절망한다.[30]

결국 학생들에게 건축비로 오 원씩 징수하고 있었고, 교실 부족으로 4, 5학년은 이부제 수업으로 오후에 수업을 받고 있었다.

제주 명신교 문제는 금전

우리가 남에게 낙오된 원인이 무엇인가? 배우지 못하고 알지 못한 까닭이며 배우되 남과 같이 배우지 못하고 알되 남과 같이 알지 못한 까닭이다. 유위(有爲)의 청소년으로 장차 남과 같은 사람이 되려 하여 남과 같은 교육을 받고자함은 인생의 본능이라 할 것 같다. 곧 유아가 그 생을 위하여 "유(乳)"를 구함과 무이(無異)한 실례가 오인의 안전에 전개되었다. 제주 사립 명신학교는 본시 기초가 불완전하여 항상 불안중에 있던 바 거 10월 29일에 4, 5년 생도가 학교 당국에 대하여 애원하는 진정서를 제출하고 동맹 휴학을 단행하기

---

30) 「제주의 창피」 『동아일보』(1924. 2. 20.).

로 하였는데 당국자는 즉시 생도를 소집하여 학교 형편을 철저히 설명한 후 일부는 해결되어 생도는 여전히 공부를 계속하게 되었으나 기타는 도시 금전의 문제임으로 할 일 없이 당분간 보류에 부(附)하였다 한다. 진정의 내용은 곧 완전한 교육을 시켜달라는 애원성이었다. 이를 보는 오인은 실로 열루(熱淚)를 금치 못하였나니 직접 당국인 직원들의 심사(心思)야 과연 어떠하였으리오. 이에 대하여 동교 직원은 "우리들도 남과 같은 완전한 교육을 시키고 싶은 마음이야 생도들보다고 더 간절하지마는.... 돈이 있어야지"하며 눈물을 머금을 뿐이라 한다.

진정의 내용

1. 2부(二部) 교수(教授)를 폐지할 것 (교실의 협착으로 4, 5년생은 오후에 교수하고 있음으로)

2. 부담금 장래 사용방침 여하 (건축비로 금춘에 생도 일인에게 오 원씩 징수하였음으로)

3. 학교 기초를 완전케 할 것

4. 교원의 이동을 적게 할 것

(창립 이후 불과 4개년에 삼십 명에 근(近)한 교원 이동이 있었음으로)(제주)[31]

1923년 10월 29일 4, 5학년 학생들이 학교에 완전한 교육을 시켜달라고 진정서를 제출하기도 하였다. 교실 부족으로 인한 이부제 수업과 교원 이동이 잦은 문제 등으로 교육이 불안정하다고 학생들이 불편을 호소하였다. 이러한 문제는 열악한 학교 운영 경비로 인한 문제였던 것으로 파악된

---

[31] 「제주 명신교 문제는 금전」, 『동아일보』(1923. 11. 18.).

다. 교원들의 고용도 불안하여 4년 활동 동안 교원 삼십여 명이 이동하는 상황이었다. 학생들이 교사 이동을 적게 하여 안정적인 수업을 받게 해달라는 진정서를 학교장에 제출하는 상황이었다.

명신학교는 끝내 경비 문제를 해결하기 어려웠다. 교실이 은행 차압을 당하고 교원의 봉급을 지불하기 어려웠다. 직원 및 교사들이 사립학교 인가를 얻을 것과 학교 교실 신축 및 수리, 비품을 구비하는 등의 학교 유지 방침을 세울 것을 요구하며 1923년 11월 21일 동맹휴직하기도 하였다.

> 제주 명신교 비참한 운명
> 유지 곤란으로 직원 총 사직 제주 사립 명신학교 교사 오유일 씨와 직원 일동은 지난 이십일 일에 그 학교 교장에게 학교경영에 대한 진정서를 제출하고 동맹휴직하였는데 원래 그 학교는 삼 년 전에 졔주 인사들의 많은 열성으로 세운 것이라 그 후 경비 관계로 유지가 곤란하게 됨에 금년 사월부터 명신학회라는 것이 생기어 유지의 책임을 맡았으나 필경 유명무실이 되고 그후 교장 박이혁 씨가 전책임을 지고 맡았으나 역시 효력이 없어 근일에는 풍우를 막기 어려운 교실이나마 은행에서 차압을 하게되고 많지 않은 교원의 봉급 지불까지 곤란함으로 교원 일동은 이십일 일에 직원회를 열고 아래와 같은 결의문을 진정서와 함께 박교장에게 제출하는 동시에 학생일동을 모아놓고 최후의 인사를 하는데 사제간에 피차 눈물이 앞을 가리고 목이 메이어 말을 이루지 못하였더라
> 일. 명년 삼월 말일까지 사립학교 인가를 얻을 일
> 일. 명년 삼월 말일까지 학교 집을 새로 짓되 현재 교실은 금월 말일까지 수선하고 비품과 소모품을 사드릴 일
> 일. 사립학교 인가를 맡기 전에 유지방침을 확립할 일(제주)[32]

명신학회는 제주유지자대회를 개최하여 명신학교 운영을 위해 노력하였다. 제주읍 5개 마을에서 회원을 모집하고, 의연금을 모아 은행부채를 갚으려하는 활동을 하였다.

명신학회 부흥 제주유지의 분발

제주 사립 명신학교 존폐 문제에 대하여 제주유지자대회를 개최한다 함은 기보한 바어니와 동회는 거 11월 28일 하오 6시부터 동교 내에서 개최되었는데 회원 모집위원의 진력으로 회집자가 남녀를 합하여 이백여 명에 달하고 임시의장 홍종시 씨 사회하에 최원순 씨의 피가 끓고 눈물이 넘치는 명신교 운명에 대한 설명이 있은 후 제반 사항은 순조로 진행되어 그 결의사항과 간부는 아래와 같다 하며 명신교 장래운명은 도시 간부 제씨의 수완 여하에 있다 하여도 과언이 아님으로 그 필사적 분투를 일반은 열망 중이며 현안 중이던 차 문제는 이로써 일단락을 고하였으나 장차 어찌나 될는지 아직도 의아 중에 있다더라

결의사항의 요령

1. 우리의 일은 우리의 손으로 하여야 한다는 주지하에서 제주 명신학교는 절대로 차를 유지할 사

2. 그 유지기관으로 유명무실이 엿던 명신학회를 부흥시켜 그 전 책임을 부(負)케 하는 동시에 간부는 근본적으로 개선할 사

3. 명신학회원은 제주면 오리(일도 이도 삼도 건입 용담) 리민으로 조직할 사

4. 은행부채는 명신학교 건축비 기부금 및 명신학교 유지의연금 미수액을

---

32) 「제주명신교 비참한 운명」 『동아일보』(1923. 11. 29.).

징수하여 지불할 사

명신학회 간부

회장 최원순 부회장 김근시 총무 박상찬 간사 고성주 문창래 외 25인 (임시 회비징수 위원도 포함함(제주)33

명신학회의 노력은 이루어지지 않았다. 건축 기부금과 유지 의연금을 모으기가 쉽지 않았고 회원의 회비 징수도 어려웠다. 이에 1923년 12월 14일 명신학회 회장 최원순 등 유지 일동은 제주도사 전전선차(前田善次)에게 사립학교로 유지해 줄 것을 진정하기에 이르렀다.

제주명신학교

내 1월부터 개학될 듯

풍전의 등화같이 대해(大海)의 고주(孤舟)같이 가련한 운명의 주인공인 제주명신교에 대하여는 본보에 누차 보도한 바요 세인(世人)이 실지(悉知)하는 바어니와 그 후 동교 문제는 파란이 중첩하여 여러 사람의 눈물을 흘리게 하였다 한다. 그 유지기관인 명신학회도 부흥된 지 불과 일주일에 회장 최원순 씨는 회원 부단합 회비징수 불가능이라는 조건하에 인책사면(引責辭免)을 하여 명신학회도 그 존재를 인정치 못하게 됨에 따라 은행 당국은 채무 독촉이 추상같음으로 부득이 소위 유지 일동은 지난 14일에 제주도사 전전(前田) 씨에게 민력(民力)으로는 명신교 유지가 불능하니 유지케 하여 달라는 전정서를 제출함에 전전(前田) 씨는 스스로 동교 교장이 되고 기부금을 모집하여 완전한 사립학교를 설립하겠다고 쾌낙(快諾)하고 동 15일에 당지 공보교 내에서

---

33) 「명신학회 부흥 제주유지의 분발」, 『동아일보』(1923. 12. 5.).

제주사립학교 창설회를 개최하여 16인의 창립위원을 선정하고 즉석에서 일천 원의 기부신청을 받았다 하며 내년 일월 초순부터 개학하리라더라(제주)[34]

명신학교의 신서광
제주도 성내에 있는 사립 명신학교는 설립 이래 금전문제로 인하야 발전의 희망이 없는 비경(悲境)에 함(陷)하여 일반은 유감으로 여기고 백방으로 주선하던 중 제주도사 전전선차씨가 본교를 위하여 노력한 결과 일만여 원의 자본금을 모집하여 사립학교 허가를 얻은 동시에 교무가 혁신되어 신면목으로 대하게 되었다더라(제주)[35]

제주도사는 이를 받아들여 제주사립학교창설회를 개최하여 기부금을 모집하여 사립학교를 설립하기로 하였다. 이로써 제주도 사람들이 운영하고자 노력하던 명신학교는 3년의 활동을 마무리해야 했다.

일본인 제주도사가 명신학교를 맡아 새로운 사립학교로 운영하기로 하자 바로 일만여 원이 모집되었다. 제주도사가 모금을 하고 운영을 한다고 하여 호응이 그만큼 빨랐던 양상이다. 이에 대한 당대의 질책도 있다. 제주면 인사들이 제주인이 운영하는 학교에는 기부금을 내지 않으면서 관의 힘에 의해서만 의연금을 내는 것은 부끄러운 일임을 지적하고 있는 글이다.

제주의 창피
오인은 일언을 아니할 수 없다. 제주면 인사여 선하심 후하심(先何心 後何

---

34) 「제주명신학교」, 『동아일보』(1923. 12. 22.).
35) 「명신학교의 신서광」, 『조선일보』(1923. 12. 28.).

心)고. 제씨의 낭중(囊中)이 소모되기는 일반이 아닌가. 제씨는 순 조선인의 경영수단을 불만으로 여기거든 처음부터(自初) 찬성치 아니함이 좋지 않은가. 지금 제주의 창피를 당하고 관력(官力) 하에서 연금(捐金)함이 무슨 생색인가.

오호라 우리 사람아 관력(官力) 만능시대가 아니어든 제군은 자각하라. 왕사(往事)는 물론하고 제군은 자성하여 장래 사람을 위하여 제심(齊心) 협력하라.(원통생)[36]

제주도사는 제주사립학교창립위원회 사무실을 도청에 설치하고 1924년 1월 초순 개학을 목표로 하여 교원 채용과 아동 모집 등을 제주도사의 책임하에 운영하였다.

> 명신교 수 해산 갑자의숙 창립
> 기보와 여히 창립된지 불과 3개 성상에 제주 인사로 하여금 쓰린 눈물과 더운 땀을 흘리게 하던 비운에 빠진 제주 명신교는 거 1월 8일에 최후로 해산을 하였다 한다. 따라 제주사립학교 창립위원회에서는 사무소를 도청 내에 설치하고 제반 사무를 보아오던 중 거 1월 6일 도청 내에서 임시회의를 개최하고 좌기 제 항을 결의하였다더라
> 1. 제주 갑자의숙을 창립할 사
> 2. 아동을 모집할 사
> 3. 개학은 래 1월 15일부터 할 사
> 4. 교원 채용은 도사(島司)에게 일임할 사 (제주)[37]

---

36) 「제주의 창피」 『동아일보』(1924. 2. 20.).

1924년 1월 8일 해산한[38] 명신학교는 교명을 갑자의숙으로 개칭하고 바로 일주일 뒤인 1월 15일 개학하고 바로 수업을 시작하였다.[39]

명신학교 학생들은 갑자의숙에 수용되었다. 개학 이후 한 달여 만에 갑자의숙은 학비를 내지 않은 학생을 정학시키고 수업을 받지 못하게 하였다. 명신학교의 학비는 오십 전이었으나 갑자의숙은 일 원의 학비를 받았다. 217명의 학생 중 30명이 학비를 납부할 뿐이었으나 학교는 학비를 내지 않으면 퇴학도 불사한다는 입장이었다.

> 제주 갑자의숙 생도 퇴학 명령과 정학으로 불안 중
> 제주 갑자의숙에서는 거 10일 제4학년생이 익명으로 투서한 일이 있었다는데 그 내용은 절대비밀에 부침으로 자세히 알지 못하나 잠깐 들은 바에 의하면 동교 교원 송모는 자격이 무하니 사학년 교수를 하지 못하게 하고 또 오모는 여자부만 편애하니 여자부 4년과 남자부 4년을 합하여 교수케 하라는

---

37) 「명신교 수 해산 갑자의숙 창립」『동아일보』(1924. 1. 14.).
38) 양진건은 그의 논문 「일제하 제주도 학교 설립운동」(『탐라문화』24호, 제주대학교탐라문화연구소, 2004.)에서 "명신학교는 1920년 설립하고(36쪽), 1922년 갑자의숙이라 개칭하여 그 명맥을 유지하다가 1925년 초에 폐교를 하게된다(37쪽)."고 하였다. 그러나 필자는 당대 신문기사를 통해 명신학교는 1921년 4월에 설립하고 3개년 동안 활동하다 1924년 1월 8일 해산하였고, 갑자의숙은 1924년 1월 15일부터 명신학교를 이어받아 개교하였다고 정리하였다.
39) "제주도 부내에 있는 명신학교는 부득이한 사정하에 갑자의숙이라고 교명을 개칭하고 거 15일 오전 10시에 학생과 일반인사가 회집하여 개숙식을 거행하고 기일부터 교수 중이라더라(제주)"(「갑자의숙 개교식」『조선일보』, 1924. 1. 25.).
"제주 갑자의숙에서는 거 15일 오전 9시에 동숙 내에서 개학식을 거행하였는 바 입학지원자는 150여 명에 달하였고 박기주 오유일 씨 외 1인이 교편을 잡게 되었다더라."(「갑자의숙 개학」『동아일보』, 1924. 1. 29.).

조건을 들었다 하는데 당국자는 여러 가지로 투서자를 조사하던 중 동교 4학년생 박장호(16)의 잡기장 글씨가 근사함으로 동인의 소위라 하여 20일부로 퇴학을 명령하였는 바 일반은 당국자의 경홀한 처리에 분개한다 하며 갑자의숙은 원래 제주 명신학교가 해산됨으로 그 생도를 수용한 터인데 명신학교 때에 오십전씩 받던 월사금이 일원으로 개정되어 빈한한 가정에서는 매우 곤란하던 바 월사금 납입 기일은 매월 15일로 정하고 지난 17일에 전반 생도 217명 중 기 납자는 불과 30명만 교수하고 기타는 전부 월사금 납입할 시까지 정학을 명하였음으로 일반 부형은 크게 노하여 소학교에서 월사금으로 정학을 명함은 불가한 일이라 하며 그대로 퇴학할 아동도 적지 아니할 듯하다는데 당국자의 말도 만약 차로 온당치 못하다 하여 전부 퇴학을 하여도 관계가 없다 함으로 일반 부형의 여론은 자못 긴장한다더라(제주)[40]

갑자의숙의 활동은 1928년 7월 29일 제주 출신 외지 유학생과 제주농업학교학생 간의 간친회가 개최되었다는[41] 기사를 끝으로 더이상 보이지 않는다.

강평국은 명신학교에 교사로 활동하였다. 같이 활동한 인물로는 최정숙, 김응두, 오유일, 박이혁, 김택수, 송종현, 송택훈, 한상호, 박교훈 등이 있다. 최정숙은 강평국의 친구로 서울에서 3.1운동, 제주에서 여수원 활동, 제주여자청년회 활동 등을 함께 하였다. 김응두와 오유일, 박이혁은 교장을 역임한 인물이다. 김응두는 제주청년수양회 활동[42]을 하며 교육운동을 한 인물이다. 박이혁은 삼광인쇄소, 동부자동차회사를 운영하였다.

---

40) 「제주 갑자의숙 생도 퇴학 명령과 정학으로 불안 중」 『동아일보』(1924. 2. 25.).
41) 「유학생의 회합」 『동아일보』(1928. 8. 3.).
42) 「청년수양회 강연」 『매일신보』(1921. 6. 11.).

김택수, 송종현, 한상호 등은 제주청년수양회 활동, 명신학교 활동 등 제주 청년의 계몽운동과 교육운동을 한 인물들이다. 김택수와 송종현, 한상호는 사회주의 사상단체인 반역자구락부를 만들었고 신인회와 신간회 활동의 주역들이었다.[43] 일제의 탄압으로 활동이 어렵게 될 때마다 해체와 설립을 거듭하여 제주청년연합회와 제주청년동맹으로 활동한다. 김택수와 송종현은 신인회 활동으로 검거되어 목포형무소에서 6개월간 복역하였다.[44] 이후 제4차 조선공산당 및 고려공산청년회 사건에 연루되어 서대문형무소에서 복역하기도 하였다.[45]

그 외에 송택훈은 명신학교 부지를 제공하고 명신학교 교사 활동을 하는 등으로 교육을 통한 민족운동을 한 인물이다. 박교훈은 제주청년회 임원으로 활동하였다. 제주사회 현안에 적극 참여하여 목소리를 내며 활동하였으며, 제주읍 외에 서귀포, 모슬포, 조천, 가파 등지에 청년회가 조직되면서 제주청년연합회로 활동하였다.

강평국의 교육활동

강평국은 제주도 공립학교의 첫 여교사로 그리고 동시기에 사립학교 교사로 활동하였다. 강평국은 민족의 실력 양성이 중요하다는 인식으로 배워야 함을 강조하여 교육활동을 하였다. 대정보통학교와 조천보통학교 그리고 여성을 위한 야학인 여수원과 명신학교에서 교육 활동을 하였다. 동

---

43) 「신인회의 조직」, 『동아일보』(1925. 3. 19.). 신인회의 강령은 "오인은 무산자를 본위로 한 신사회의 건설을 기함"이었고, 임원으로 "총무부간사 김택수 한상호 홍순일, 교양부간사 송종현 강창보" 등이다.
44) 「제주신인사건」, 『동아일보』(1925. 5. 12.). 「송김 양씨 출옥」, 『동아일보』(1925. 11. 18.).
45) 「출정 피고 44명에 13명만 심리 종료」, 『동아일보』(1930. 12. 3.).

시기에 여러 교육기관에서 활동하였음이 확인되는 것은 주야로 활동하였던 강평국의 열정을 말해주는 것이다. 전생애에 걸쳐 여성의 사회적 역할을 강조하고, 조국의 독립을 위한 활동을 지속하였던 강평국이 학교에서 어떤 교육을 하였을지 상상할 수 있다.

제4장.
여성운동가 강평국,
여성의 사회적 역할을 실천하다

제4장. 여성운동가 강평국, 여성의 사회적 역할을 실천하다

강평국은 근대 시기 신여성으로 여성운동가였다. 근대를 맞이하여 이전 시대와 다른 여성의 역할을 주창하는 활동에 앞장섰다. 강평국이 추구한 여성은 사회적 역할을 하는 여성이었음을 파악할 수 있다.

강평국의 여성관은 강평국의 글 〈여자해방의 잡감(雜感)〉에 온전히 피력되어 있다. 1925년 동아일보에 기고한 글이다.[1] 〈여자해방의 잡감〉은 강평국이 자신의 여성해방론을 집약하여 정리한 글이다. 여성해방론에 대한 당대의 다양한 지식을 섭렵하고 그를 토대로 자신만의 확고한 여성해방론을 확립하고 있음을 살필 수 있다.

당대의 여성의 지위에 대한 세간의 인식을 다양한 예시를 제공하며 글을 쓰고 있으며 여성해방을 이루려면 이론으로는 해결할 수 없고 여성의 경제적 독립이 있어야 한다고 자신의 신념을 피력하고 있다. 강평국이 생각하는 여성해방은 여성의 자주독립으로 결혼의 자유, 연애의 자유, 사회 활동에 대한 자유를 획득하는 것을 의미하고 있음을 이글을 통해 파악할 수 있다. 이는 강평국의 여성운동은 물론이고 교육운동과 노동운동 그리고 민족운동 활동을 뒷받침하는 기본 사상이기도 하다. 강평국은 여성으로서 활동 범위를 제한하지 않고 다양한 분야에서 자신의 역량을 발휘하였다.

강평국은 근대식 학교 교육을 받았고 일본에 유학하여 근대식 신교육을

---

1) 「여자해방의 잡감」 『동아일보』(1925. 6. 1.), 「여자해방의 잡감(속)」 『동아일보』(1925. 7. 20.).

받은 1세대 제주 여성으로서 독립운동, 교육운동과 여성운동 및 노동운동을 통한 민족운동 분야에서 활동하였던 족적을 남기고 있다. 서울에서 3.1운동에 참여하고 제주도에서 여성 교육운동을 주도하였으며 제주여자청년회 활동을 주도하는 등으로 여성의 사회적 역할을 몸소 실천하였고, 일본에서는 여성의 노동과 민족을 위한 활동으로 사회를 개혁하고자 하는 활동을 전 생애를 통해 실천했던 인물이다.

1919년 여학생으로 서울에서 3.1운동에 의지를 가지고 참여하여 서대문감옥에 수감되면서 사회적 역할을 하는 여성으로서의 활동을 시작하였다. 제주도로 내려와 대정공립보통학교에서 첫 여성 교사로 교육을 시작하였고, 여수원에서 여성을 대상으로 야학을 운영하였고 사립 명신학교에서 교육운동 활동에도 참여하였다. 또한 조천부인회를 조직하고 제주여자청년회를 창립시켜 여성의 사회적 역할을 증대시키기 위한 활동을 주도하였다. 1926년 이후 동경에서 노동조합 부인부 활동, 재동경조선여자청년동맹 대표, 근우회 동경지회에서 활동하였다. 이와 같은 폭넓은 활동은 그의 글 〈여자해방의 잡감〉을 통해 그의 여성관에서 비롯된 행보임을 파악할 수 있다.

Ⅰ. 강평국의 글 〈여자해방의 잡감〉

〈여자해방의 잡감〉 전문을 모두 살펴보겠다. 강평국은 여자해방에 대한 자신의 여러 가지 생각을 잡감(雜感)이라고 표현하고 있다. 강평국은 이글을 일본 벳푸(別付)에서 작성하고 동아일보에 기고하였다. 1925년 6월 1일 4면과 7월 20일 4면에 두 차례 게재되었다.

여자해방(女子解放)의 잡감(雜感)
벳푸(別付) 재(在) 강평국

 이 글을 통해 강평국은 1925년 6월 1일 이전에 일본 벳푸에 있었던 행적을 파악할 수 있다. 그러나 강평국은 이 글을 투고하던 시기에 일본에 정착한 것은 아니다. 벳푸에서 제주도로 돌아왔다가 다시 1926년에 진학하기 위해 일본으로 간 것으로 파악된다.
 강평국이 왜 벳푸에 갔는지 알 수 있는 더 이상의 자료는 찾지 못하였다. 상상해보건대 다음 해에 동경여자의학전문학교에 진학하기 위한 준비차 갔을 가능성 혹은 무슨 일인가로 벳푸에 갔는데 일본을 보고 진학할 마음이 생겨서 다음 해에 다시 일본으로 갔을 가능성 등을 상상해볼 수 있지만 둘 다 확인할 수는 없다.
 벳푸로 가는 경로도 찾아보았다. 일제강점기 한국에서 일본으로 가는 경로로 주요한 것은 부산과 시모노세키(下關) 간의 부관연락선을 이용하는 노선이었다. 1905년 개설된 항로로 일제강점기 물류와 사람의 주요 교류 항로였다. 제주도에서 오사카(大阪)로 가는 항로는 1923년 개설되었다. 1927년 일 년 동안 3만 6천여 명이 이용했다고 할 정도로 제주 사람들이 일본으로 갈 때 이용하는 노선이었다.
 강평국이 일본으로 가는데 이용하였을 것으로 짐작되는 항로는 부산-시모노세키 항로와 제주-오사카 항로이다. 부산-시모노세키 항로를 이용했다면, 오늘날 시모노세키에서 벳푸까지(128㎞) 보통기차로 2시간여 걸리는 거리이다. 시모노세키에서 도쿄(東京)까지(1000여㎞)는 오늘날 초고속열차로 6시간여 걸리는 거리이다. 제주-오사카 항로를 이용했다면 오사카에서 벳푸까지(650여㎞) 오늘날 기차로 4시간여 걸리는 거리다. 다만 그 경로를 상상해 보려고 찾아 보았다.

강평국이 벳푸에서 이 글을 기고했던 1925년은 강평국이 조천공립보통학교 교사[2]로 활동하던 해이다. 그리고 1925년 12월 강평국이 제주도에 있었음도 파악된다. 1925년 12월 26일 제주여자청년회 창립 모임에서 임시의장으로 회의를 진행하고, 사회부 임원으로 조직구성에 참여하였다.[3] 제주여자청년회 강연이 1926년 1월 4일 갑자의숙에서 있었다. 강평국은 강연회의 사회로 행사를 진행하였다.[4] 이를 토대로 강평국의 도일은 1925년 6월 이전이고 7월까지 벳푸에 있다가 그해에 제주도로 귀향하였다고 파악된다. 다시 일본의 학제에 따라 1926년 2월 입학시험 시기에 도일하였을 것으로 추정할 수 있고 4월 개학부터 동경여자의학전문학교에 입학한 것으로 파악할 수 있다.

〈여자해방의 잡감〉의 중심내용을 파악하기 위해 전문을 9개의 절로 임의로 나누어 살펴보고자 한다.

여자는 노예

강평국은 과거로부터 당대까지 세상은 여자를 남자의 노예로 보고 있다고 지적하고 있다. 과거로부터의 이러한 인식은 당대의 도덕일 뿐 아니라 법률을 만드는 기본적 인식이기도 하였다고 지적하고 있다.

> 최형!
> 과거의 역사는 "여자가 남자의 노예이다" 함을 의미한 것에 지나지 아니합

---

2) 「조선총독부 및 소속관서 직원록」, 공립학교(1925년), 국사편찬위원회.
3) 「제주여자청년 강연회 성황」, 『시대일보』(1926. 1. 10.).
4) 「제주여자청년 강연회 성황」, 『시대일보』(1926. 1. 10.).

니다. 그것이 오늘날의 도덕을 아니 법률을 작성하였다고 말하여도 과언이 아닐까 합니다.

〈여자해방의 잡감〉은 '최형'에게 보내는 편지 양식의 글이다. 강평국은 '최형' 혹은 '형님'이라는 호칭을 10여 차례 사용하고 있다. 누구를 특정해서 쓴 개인적 편지글이 아니라 신문 기고문이라는 특성상 다수의 읽는 이를 통칭하는 호칭으로 이해할 수 있겠다. 최형이 누구인지 확정적으로 증명할 근거는 없으나 강평국과 같이 학교를 다니고 함께 활동한 인물로 최정숙(1902년생)과 최은희(1904년생) 등이 있지만 강평국(1900년생)보다는 둘 다 손아래이니 형님이라는 호칭이 이들을 지칭하였다기 보다는 다수의 독자를 그리 표현한 것이 아닌가 싶다.

해외의 약탈혼

강평국은 역사상 그리고 당대에 걸쳐 여전히 남아 있는, 여자를 노예로 보는 인식을 야만적인 행동이라고 표현하며 해외의 여성 약탈혼을 사례로 소개하고 있다. 대삼영(大杉榮)[5]의 『남녀관계의 진화』[6]라는 책을 통해 파악

---

5) 대삼영(大杉榮 오스기 사카에): 1885~1923. 무정부주의자, 사회주의자, 노동운동가. 우리나라 이동휘, 여운형 등과 연대하여 활동하기도 했고, 박열의 흑도회를 후원하기도 한 인물이다. 국가주의를 반대하고 반전운동을 하기도 했고 관동대지진 때 헌병에게 살해당하였다.
6) 『남녀관계의 진화(男女関係の進化)』는 시야루루・루토우루노(シヤルル・ルトウルノ)의 작품으로 1916년 사회학연구회가 번역한 본과 대삼영(大杉榮) 번역본이 있다. 책 서문에 의하면 '원저의 제목은 "L'evolution du Mariage et de la Famille" 즉 『혼인 및 가족의 진화』이며 저자 시야루루・루토우루노(シヤルル・ルトウルノ)는 프랑스인으로 인류학을 기초로 한 사회학을 하는 인물이다.'라고 소개하고 있다. 자료 출처: 일본 국립국회도서관.

하였다고 제시하고 있다. 대삼영(大衫榮)이 번역한 『남녀관계의 진화』 '제6장 약탈혼인과 제7장 매매 혼인 및 복역 혼인' 등의 부분일 것으로 보인다.[7]

형님! 그 역사와 현재에 남아 있는 야만적 행동을 대략 말씀하고자 합니다. 이것은 대삼영(大衫榮)씨의 『남녀관계의 진화』에서 본 것입니다.

강평국은 "타스마니아"[8]와 호주 및 "에라니시아"[9]제도 등의 약탈혼을 소개하고 있다. 이곳에서는 당대에도 약탈혼이 시행되고 있다고 한다. 약탈혼의 목적은 부부가 되기 위한 것이 아니라 남자들이 여자 노예를 많이 갖기 위한 것이 목적이며, 우마 대신 짐을 운반하거나 땔나무나 음료수를 운반하는 등의 노역을 시키기 위한 목적으로 적의 부락으로부터 여자를 약탈해 오고 있다는 것이다.

『타스마니아』와 금일(今日)도, 오히려 각성치 못한 호주(濠洲) 및 『에라니시아』 제도(諸島)의 대부분에서는 약탈혼(掠奪婚)이 시행되는데 그 목적은 부부의 관계에 있지 않고 단지 남자가 여자의 노예를 많이 가지기 위하여 짐(荷物)을 운반(運搬)하는 우마(牛馬) 대신에 여자를 많이 가지기 위하여 땔나무(火木)나 음료수를 운반하는 여자를 얻기 위하여 약탈하는 외에는 아무 목적

---

7) 대삼영(大衫榮)의 번역본은 '대삼영(大衫榮) 전집 제5집 제7권 『남녀관계의 진화(男女關係の進化)』'로 1963년에 원본을 그대로 복각한 자료를 볼 수 있다. 자료 출처: 일본 국립국회도서관.
8) 타스마니아는 오스트레일리아의 태즈메이니아(Tasmania)를 지칭하는 것으로 보인다.
9) 오늘날의 지명이 어디인지 정확히 확정할 수 없으나, 멜라네시아(Melanesia)제도일 가능성이 있어 보인다. 멜라네시아는 호주의 북동쪽 섬들을 일컫는다.

도 없습니다.

약탈해 온 여자들은 주인이 생사여탈의 권리를 장악하고 있을 뿐 아니라 주인의 성욕을 충족시키는 도구이기도 하다고 하였다. 특히 호주에서는 이 약탈을 명예로운 일이라 인식하고 아이들에게 약탈을 연습시키는 놀이를 하고 있는 실정이기도 하다는 것이다. 후에 형식이 좀 변하여 명칭을 약탈이라고는 하지 않으나 여전히 약탈임에 분명하다고 강평국은 보고 있다.

> 이 여자들은 적(敵)의 부락으로부터 약탈해 온 자임으로 생살여탈(生殺與奪)의 권리를 주인이 장악하고 또 주인의 성욕(性慾)을 만족시키는 도구도 됩니다. 특히 호주에서는 이 약탈이 일종의 명예가 되어 아해(兒孩)들은 그 약탈을 연습하는 유희(遊戱)들도 합니다. 그 후에 좀 형식이 변하여 약탈이라고는 하지 않으나 그 명칭뿐이요 약탈입니다.

또 "박크"[10] 섬에서도 약탈혼이 시행되고 있는데 여자의 양친에게 배상을 지불하고 여자를 사오고 있음을 지적하였다. "피지"[11] 섬에서는 추장이 여자를 수백 명 소지하고 있으면서 마음에 드는 여자는 부인으로 삼고 나머지는 첩 혹은 노예나 가축처럼 기르다가 신하들에게 이 여자를 나누어 주어 충성과 용맹의 뜻을 표하기도 한다고 한다.

> 또 『박크』도(島)에서는 역시 약탈혼을 시행하는데 단지 전자와 틀린 것은

---

10) 박크 섬은 오늘날의 인도네시아 비악(Biak) 섬일 가능성이 있다. 인도네시아의 약탈혼 풍습은 오늘날 축제로 재현되고 있다.
11) 피지는 오세아니아의 피지(Fiji)를 일컫는 것으로 보인다.

여자의 양친에게 배상을 지불하는 것이외다. 그리고 『피지』 도(嶋)에서는 추장이 수백 인의 여자를 소지(所持)하여 그중(其中) 적은 수(數少)의 자기의 맘에 곱게 보이는 자를 처(妻)로 정하고 나머지를 첩(妾) 노예(奴隸) 혹은 가축으로 기르다가 때때로 이들(此等)의 여자를 신하에게 주어서 충용(忠勇)의 뜻을 표하기도 합니다.

"카일"[12]에서는 여자를 매매하는 습관이 있는데 연애라는 것은 절대 있을 수가 없다고 하며, 여자 아이들을 아주 어릴 적에 양친으로부터 사들인다고 한다. 추장이나 부자는 돈을 많이 들여 어린 여아들을 많이 사두는 까닭에 시세가 좋아 시장에는 극소수가 나오는 실정이라고 한다. 사들인 여아들은 주인의 노예 혹은 가축으로 인정한다고 한다. 그런데 노예인 이 여자들은 주인이 하루속히 어린 여아를 더 사 올 것을 희망하는데 이는 어린 여아가 들어오면 자기 권리가 더 커지고 자기의 노력을 줄일 수 있기 때문이라는 것이다.

『카일』에서는 여자를 매매하는 습관이 있는데 이곳에서는 연애라는 것은 절대로 인증할 수 없고 여아들은 극히 어린 적에 그 양친으로부터 매수(買收)하게 됩니다. 추장이나 부자는 돈을 많이 들여서 어린 여아를 많이 사두는 까닭에 시세(時勢)가 좋아서 시장에 나오기까지는 아니 되고 만약 시장에 나온다 하여도 극히 소수(少數)입니다. 사 온 여아는 전자(前者)와 같이 주인(所主者)의 노예 혹은 가축과 같이 인정합니다. 그런데 이 남의 노예된 여자들은 (지금의 질시(疾視)와는 정반대로) 주인 즉 남편이 하루 속(速)히 어린 여아 사

---

12) 오늘날의 지명이 어디인지 확정할 수 없었다.

올 것을 희망하게 됩니다. 그는 다름 아니라 그 어린 여아가 들어옴으로 인하여 자기의 권리가 더하고 노력이 감(減)하는 까닭이외다.

강평국은 이러한 사례를 제시하며 당대까지 남자들은 여자를 물건 혹은 가축이나 노예로 보고 있다고 분개하고 있다.

> 형님! 우리 여자는 오늘날까지 남자에게 물건시(物件視)하여 왔으며 가축시(家畜視)하여 왔습니다.

여자에 대한 당대 인식

이어 강평국은 당대 남자들의 여자에 대한 인식을 설명하고 있다. 남자들은 여자가 역사적으로 남자에게 복종해 왔다고 말하거나 혹은 여자는 본래 육체 구조나 두뇌가 남자에 비해 차이가 심하다고 말하기도 하며, 또한 여자는 도저히 가정에 관한 일이나 사회에 대한 문제를 토의할 자격이 없다는 등으로 결론을 내린다고 제시하고 있다. 그래서 여자의 천직은 양모현처로 남편을 잘 봉양하고 시부모를 잘 공경하고 아이를 잘 낳아 기르다 일생을 마치는 것이라고 남자들은 인식하고 있다는 것이다. 이러한 것이 의학상으로 증명되었다는 등 이러한 역할이 역사상으로 이어져 온 것이라는 등 말을 하며 남자들은 여자를 완전한 인류로 인정하지 않고 있다고 지적하고 있다.

> 형님. 현대의 남자는 그렇게 말합니다. 여자는 역사상으로 남자에게 복종(服從)하여왔다 하며 혹은 본래 육체의 구조나 두뇌가 남자에게 비교하여 차(差)가 심하다 하여 도저히 가정상(家庭上)에 관한 일(事)이나 혹은 사회에 대

한 문제도 토의할 자격이 없다고 결론을 내리게 됩니다. 그래서 여자의 천직은 양모현처주의(良母賢妻主義)로 남편을 잘 봉양하고 시부모를 잘 공경하고 아이 잘 낳아서 잘 기르다가 일생을 마치는 것이라고 의학상 증명이니 역사상 유전(遺傳)이니 말하고 완전한 인류로 취급을 하지 않습니다.

그러나 강평국은 역사를 거슬러 문명이 아직 생기기 이전 상고시대에도 남녀의 육체와 두뇌의 차이는 조금도 없었다고 주장하고 있다.

또 한 번 역사를 거슬러 상고시대의 아직도 문명의 사조가 흐르기 전에 남녀의 육체상 관계와 두뇌를 비교해 봅시다. 그때는 남자와 여자 간의 차가 조금도 없었다고 해도 과언이 아닐까 하나이다.

그럼에도 남자는 여자의 생사여탈의 권한을 쥐고 있어 여자는 그간 사실상 노예였다고 강평국은 다시 한번 한탄과 분노를 표현하고 있다.

형님! 사실로 우리 여자는 노예였습니까. 생살여탈의 권을 소지한 남자의 노예였습니다.

노예의 정의

강평국은 노예의 정의를 설명한다. 노예라는 것은 승리자의 포로가 된 패배자를 뜻한다. 승리자는 패배자를 노예로 삼아 죽일 권리와 태워버릴 권리 등을 갖고 있다. 아주 옛날에는 차마 쳐다보지 못할 방법 등으로 포로를 죽이기도 했던 것이 노예의 본원리이다. 그러다 죽이는 것도 싫증이 난 것인지 혹은 농업의 발달로 인한 필요에 의해서인지 죽이는 대신 목숨만 남겨놓고 자기 마음대로 힘든 일을 시키는 것이 지금의 노예이니 그러므로 노예는 산송장에 지나지 않는다고 설명한다.

> 그러면 노예라는 것은 무엇(何)을 의미한 것인가. 이것을 연구하고 노예의 정의를 찾아봅시다. 노예라는 것은 패배자가 승리자에게 포로가 되어 이 포로자인 노예는 승리자가 죽일 권리(權)도 가졌으며 태워버릴 권리(權)도 가져서 상고에는 포로를 어떤 방법에 의하든지 차마 목격(目繫)하지 못할 형식에 의하여 죽인 것이 노예의 본원리(本原理)인가 하나이다. 그러다가 죽이는 것도 싫증이 났던지 혹은 농업의 발달함으로써인지 단지 목숨만 남겨놓고 그 장차(將次) 죽일 자를 자기의 마음대로 고역(苦役)에 취(就)케 한 것이 지금의 노예의 상태외다. 즉 말하면 노예는 산송장에 지나지 않습니다.

강평국의 여성해방운동 선언

강평국은 노예 신세인 여성들이 이제 감옥을 벗어나 복수하려고 하는 시대를 맞이하였음은 당연한 일이라고 생각한다고 표명하고 있다.

> 이 산송장이 그 옥(獄)을 벗어나서 그에 대하여 복수(復讐)하려고 하는 것은 당연한 일일 것이라고 생각하나이다.

강평국은 세계의 사조는 이제 여자들이 자유자재로 생장의 앞길에 서서 춤추고 노래 부르며 진짜 생을 발휘하고자 하는 준비에 바쁜 시대를 맞이하였다고 보고 있다. 여자들은 자기를 고역에 넣어 차마 하지 못할 일을 시키던 남자들을 상대로 복수를 준비하고 있다고 한다. 노예였던 온천하의 여자들은 감옥을 나와 첫걸음을 시작하였으며, 남자의 노예였던 여자들이 잠을 깨고 있다고 파악하고 있다.

> 형님! 세계의 사조는 어떻습니까. 현대는 말랐던 초목이 따뜻한 춘풍을 만나 장차 움을 내여서 초하(初夏)의 날빛이 반짝 비추일 때 자유자재로 생장(生長)의 수도(首途)에 서(立)서 춤추고 노래 부르며 진짜(眞)의 생(生)을 발휘하려고 준비에 분망(奔忙)하고 있습니다. 전에 자기를 고역(苦役)에 넣어서 차마 하지 못할 일을 시키던 승리자를 상대로 하고 복수(復讐) 길을 나아가려고 준비하고 있습니다. 온천하의 노예는 그 옥(獄)을 빠져 나오게(拔出)하여 장차 향할 길의 첫걸음을 시작하였습니다. 남자의 노예였던 여자들은 잠을 깨었습니다.

그러나 조선의 여자들만은 아직도 밤중으로 숙면 상태이며 그대로 옥중 생활을 하고 있는 상황으로 노예 상태에서 벗어나려는 움직임을 보이지 않고 있다고 한탄하며 여성의 각성을 주장하고 있다.

> 그러나 특히 우리 조선여자만은 밤중이외다. 그대로 숙면하고 있습니다. 그대로 옥중 생활을 하고 있습니다.

각성한 여성

강평국은 노예 상태에서 벗어나려 각성한 여자로 "판니"를 내세우고 있다. 영국 기계공장에서 노동하는 공녀 판니가 바로 옥을 빠져나온 각성한 실현자라고 설명하고 있다.

> 형님! 영국에 나타난 기계공장 공녀(工女) 『판니』는 그의 한 실현자외다. 옥

중을 빠져 나오게(拔出)한 여자외다. 각성한 첫 사람이외다.

　판니가 공장주의 아들 "아란"과 이틀 밤을 지냈다는 이유로 부모들은 둘을 강제로 결혼시키려 하였다. 그러나 남자는 그런 여공과 결혼하지 않을 것이라 하고 여자는 자신의 이상적 남자가 아니라고 하였다. 남자는 자연스러운 충동에 의해 자유로이 그 장소의 만족을 구한 것으로 부부를 전제로 한 것이 아니라고 하였고, 여자는 진실된 사랑하는 마음이나 진실된 정이 있었던 것이 아니며 부귀한 자의 부인이 되려는 야심도 없고 하늘을 나는 새처럼 유쾌하고 즐겁게 자유로이 그 장소의 만족을 구했던 것뿐이라고 주장하며 강하게 부모의 결혼 간청을 거절한다.

　　이『판니』는 어느 휴일 근처 해빈(海濱)에서 산보하고 있을 때 우연히 공장주의 자식되는『아란』이라는 자를 만나게 되었습니다. 그래서 그곳에서 같이 산보하다가 결국은 같은 숙옥(宿屋)에서 이일(二日)밤을 지내게 되었습니다. 이러한 사실이 얼마 아니하여 양편 부모에게까지 알게 되었습니다. 그래서『판니』와『아란』을 강제로 결혼시키려고 하였습니다. 그러나 두 남녀는 절대로 거절하였습니다.
　　남자는『우리의 행동은 조금도 부부의 그것과 같은 것이 아니라 자연한 충동에 의하여 자유로 그 장소의 만족을 구한 것에 지나지 않았다. 누가 그러한 여공(工女)과 결혼할 것이냐 하며 여자는 "진(眞)의 연(戀)도 없었고 진(眞)의 정(情)도 없었으며 부귀자의 처(妻)될 그러한 야심도 없었다고 단지 나와『아란』의 관계한 것은 좋은 일도 아니며 좋지 못한 일도 아니라 또 나의 이상(理想)의 연(戀)을 구한 것도 아니라 대공(大空)에 노는 새와 같이 쾌락(快樂)하게 자유로 그 장소의 만족을 구한 것에 지나지 않았다』고 이렇게 주장하며 부모가 그렇게 간청하는 것도 거절하였습니다.

이에 대해 강평국은 자기의 만족을 욕구하는 것은 인간의 자유라는 사상에 의한 것이라고 정리하고 있다. 판니라는 여자는 경제적 독립이 확립되어 있는 사람으로 금전을 요구하는 행위를 하는 것도 아니고 공장주 자식이라는 자산적 배경에 눈이 먼 것도 아니다. 판니는 여자도 남자와 마찬가지인 사람이라는 전제하에 자기 만족을 구하는 것은 인간의 자유이므로 남자와 같은 행동을 해보자고 한 것이다. 이는 판니가 남녀동등권의 사상을 가지고 있음을 말하는 것이라고 평가하고 있다.

> 이 주창의 내용은 『자기의 만족을 욕구(慾求)하는 것은 인간의 자유라』는 사상하(思想下)에서 생긴 것이라고 생각하겠습니다. 이 『판니』는 경제적 독립이 확립한 자로 매소부(賣笑婦)의 행위 (금전(金錢)을 요구하는 것)도 아니며 공장주의 자식인 까닭에 그 자산적 배경에 눈이 먼 것도 아니라 자기의 만족을 구하는 것은 인간의 자유라는 사상하에 남자의 그것과 같이 우리도 사람인 본체로 보아서 남자와 같은 행동을 하여 보자는 그 이면(裏面)에는 남녀동등권의 사상이 있는 것이외다.

강평국은 아란과 판니의 남녀동등 사상은 조선에서는 아직 요원하다고 보고 있다. 조선 사회에 이런 일이 일어났다면 타락했다고 하거나 혹은 매음자(賣淫者: 음란함을 파는 자)라 할 것이고, 남녀동등을 주창하면 정조 관념을 부수는 도덕 위반자 혹은 국가의 질서를 문란케 하는 법률 위반자니 하는 등으로 규정하여 많은 문젯거리를 제공하게 될 것이라고 보고 있다.

형님! 이러한 사실이 조선에 나타났다고 가정하면 조선사회가 이를 용허(容許)하겠습니까? 타락이니 혹은 매음자(賣淫者)이니 또 이러한 주창(主唱)을 하면 정조의 관념을 부스르뜨리는 도덕의 위반자이니 국가의 질서를 문란케 하는 법률의 접촉자(接觸者)이니 하여 많이 떠들 것이며 많은 문제꺼리가 되리라고 생각합니다.

평내(坪內)의 여성관 비판

강평국은 당대 일본의 비평가 평내(坪內)[13]의 여성관을 비판하고 있다. 평내(坪內)의 『인형의 가(家)』[14]에 대한 비평을 분석하여, 노라의 행위를 이해한다고 하면서도 사랑이 타산적인 것이냐는 의문을 제기한 점에 대해 비판하였다.

강평국은 평내(坪內)의 『인형의 가(家)』에 대한 비평을 소개하고 있다. 우선 『인형의 가(家)』의 줄거리, 남편 "헬마"는 이기적이고 비열한 습관으로 "노라"의 저주를 받게 되었는데, 그러자 남편 헬마는 반성하고 개심하겠다고 하였다. 그러나 노라는 남편의 반성에도 불구하고 반항하여 집을 떠났다는 점 때문에 세상의 비평거리가 된 점을 제시하고 있다.

형님! 한 층 더 내려가서 인형의 가(家)의 비평론을 더듬어봅시다.
인형의 가(家)의 내용은 어떠한 것인가 한 것부터 먼저 간단히 말씀하겠습

---

13) 평내 소요(坪內逍遙 쓰보우치 쇼요): 1859~1935. 일본의 극작가이며 소설가, 비평가, 번역가로 활동한 인물이다. 일본에서 신극운동을 주도하여 입센을 일본에 소개하는 등의 활동을 한 인물이다.
14) 헨리크 입센의 『인형의 집』은 여성의 자유를 억압하는 사회의 인습을 주제로 하여 여성해방운동에 많은 영향을 준 작품이다.

니다.

『인형의 가(家)』는 그 가정의 주(主)된 남편 『헬마』라는 자가 그 이기적 본위(本位)인 비열한 습관으로써 처(妻)된 『노라』에게 저주함을 당한 사실이외다. 그래서 남편인 『헬마』는 곧 그로 인하야 반성하고 개심(改心)하겠다는데도 불관(不關)하고 『노라』는 반항하여 집을 떠났다고 해서 세상의 비평거리가 되었습니다.(계속)

〈여자해방의 잡감〉은 7월 20일에 속편으로 이어진다.

강평국의 글은 이어서 『인형의 가(家)』에 대한 평내(坪內) 박사의 평을 제시하고 있다. 평내(坪內) 박사의 지적에 의하면 『인형의 가(家)』 작자는 아내를 때리고 차는 대음주가이며 품행이 나쁜 남편의 폭력을 문제로 취급하고 있는 게 아니라, 여자를 노리개로 취급하는 남자의 생각을 소설의 착안점으로 하고 있다고 짚고 있다. 헬마는 이상적인 신사라서 폭력을 써서 때리고 차는 일은 하지 않지만 여자를 노리개로 취급하는 생각이 있는 인물이다. 작자의 요점은 사랑은 충심으로 하지 않으면 안 되는 것인데 이 남편은 노라를 사랑하는 마음이 없다는 것이 요점이라고 평내(坪內)는 지적하고 있음을 제시하고 있다.

> 이에 대하여 평내(坪內)박사는 말하기를
> 작자(作者)는 이것이 착안점(着眼點)이다. 저 대음주자 즉 불품행(大酒飮者 即不品行)한 자가 처(妻)를 때리고 차는 것은 작자(作者)의 문제(問題) 외(外)라 (『헬마』는 소위 이상(理想)적 신사로 어떻게 속이 상하더라도 결코 폭력을 써서 때리고 차지는 아니하지마는 그러나 오히려 그 이면(裏面)에는 여자를 완

롱물(玩弄物)로 취급하는 생각이 있다. 사랑하는 것은 표면적이고 충심으로 사랑하지 않으면 아니될 동포와 같이 사랑하는 마음이 없다 하는 것이 작자의 요점이라.

평내(坪內)는 『인형의 가(家)』의 작자는 폭력을 쓰는 남편에 중점을 두고 있는 것이 아니라고 평하면서, 세상은 학정을 무서워하고 염증을 내기도 하지만 그것보다도 무서운 것은 온화한 전횡(專橫)으로 이것이 오히려 폭력보다 인간을 타락시키는 것이라고 평한다. 이는 급성적이 아니고 만성적이기 때문에 부지불식 중에 속아서 그 압제를 자각할 수 없는 것이라고 한다. 급성적인 학정은 견디기 어렵고 반항하겠다는 자각이 생긴다. 그러나 교묘한 방법을 사용하여 온화한 태도로써 노리개로 취급하는 것은 몇 년을 지나도 그 희생을 자각할 수 없게 되고 결국 이는 인간의 타락을 의미하게 되는 것이라고 평한다.

> 다른 폭력을 쓰는 남편 같은 것은 그의 안중에 있지 않다. 무릇 세상에는 저 걸시(傑豺)와 같은 학정(虐政)을 무서워하고 그에 대하여 염증(厭症)도 생각하거니와 오히려 그것보다도 무서워할 것은 온화한 전횡(專橫)이라. 이것이 오히려 그것보다도 인간을 타락시키는 것이라. 급성(急性)적이 아니고 만성적인 까닭에 부지불식중에 속아 그 압제(壓制)를 자각할 수가 없다. 급성으로 학정을 시행하면 어떤 순각(純覺)자일지라도 견디기 어렵다고 거기서 반항할 자각이 생기는 것이다. 교묘한 방법을 사용하여 온화한 태도로 완롱물(玩弄物)과 같이 취급하면 몇 년을 지나도 그 희생이라는 것을 자각할 수가 없다. 결국 인간의 타락을 의미하는 것이다.

이러한 의미로 보았을 때 평내(坪內)는 헬마는 나쁜 남편이라고 보았으며, 진짜 문명의 견지에서 보면 이러한 것을 일종의 벌레 즉 기생충 등과 같은 것이라 해석하였다.

이러한 의미로 보면 "헬마"와 같은 남편이 좋지 못한 남편이라고 할 수 있다. 진문명(眞文明)의 견지(見地)로 보면 이와 같은 것이 일종의 유충(類虫)이라 이렇게 해(解)한 것이 작자의 해석이라.

또한 평내(坪內) 박사는 남편이 어떻게 노리개 취급을 하였던지간에 노라에게 아내의 본분을 지키라고 주장하지 않고 있으며, 노력에 대한 보상을 요구하는 것을 이해한다고 하였다. 또한 남편의 노라에 대한 태도가 노라의 남편에 대한 태도와 비교하였을 때 평등하지 못하다는 것을 알고 단연히 자각한 것이라는 것도 이해한다고 하였다. 그러나 평내(坪內)는 사랑이 본래 이렇게 타산적인 것인가 하는 의문을 제기하였다. 남성의 일시적 불안에 의한 실언에 8년간의 사랑을 하룻밤에 던질 수 있는 것이냐고 의견을 표명하였다.

그리고 또 박사는 연(連)하여 말하기를 『노라』는 남편이 어떻게 완롱물(玩弄物) 취급을 하였든 처(妻)된 본분을 어디까지든지 지키라고 주창하는 것은 아니라 그 노력에 대한 하등(何等)의 보상을 구하는 것을 이해한다. 조차서 남편이 자기에 대한 태도가 자기가 남편에게 대한 태도와 동일 평등치 못하다는 것을 알고 전혀 의외로 생각하여 단연(斷然)히 자각한 것이라고 한 것도 잘 이해한다. 그러나 애(愛)의 본래가 과연 이렇게 타산적일 것인가? 남성에 흔히 있는 일시의 불안에 의하여 실언을 상대로 하고 8년의 정교(情交)를 일야

(一夜)에 던지는 것이.

이러한 평내(坪內)의 견해에 대해 강평국은 가정과 개인, 개인과 사회는 분리할 수 없는 밀접한 관계라고 주장하며 평내(坪內)에 대한 대삼영(大杉榮)의 비판을 이어 소개하면서 자신의 의견을 피력한다.

> 가정과 개인, 개인과 사회의 관계는 분리할 수 없는 밀접한 것이 아닌가?

대삼영(大杉榮)의 여성관 동의

강평국은 평내(坪內)의 견해는 모순이라는 입장의 대삼영(大杉榮)의 견해야말로 명철한 판단이라고 보고 있다. 대삼영(大杉榮)의 남자와 여자는 동일한 인간이라는 입장을 지지하고 있다.

대삼영(大杉榮)은 평내(坪內) 박사가 온화한 전횡에 반항하는 것을 이해하였다고 하였으면서도 태도가 일변하여 노라를 타산적이라고 한 것은 모순이라며 비판적 입장을 드러내고 있다.

> 이에 대하여 이지(理智)의 판단이 명철한 대삼영(大杉榮)씨의 비판을 읽어 봅시다.
> 처음 온화한 전횡에 반항할 일도 이해한 박사가 일변하여서 "타산(打算)적일가?"하는 모순은 감히 말하려 하지 아니한다.

대삼영(大杉榮)은 남녀는 동일한 인간임을 전제로 제시한다. 그러나 남녀가 주인과 노예로 나뉘어 소유자와 노리개의 관계로 있으면서, 노예 즉 노리개에 대해 남자는 남편의 도리를 지키지 못하면서 부인은 부인의 본분을 지키는 것이 도덕이라고 하고 있는데, 이는 노예 혹은 노리개 즉 여자에 대한 견디지 못할 모욕이라고 말하고 있다. 이러한 불합리한 도덕을 지킨다면 노예에서 벗어나지 못하고 영원히 노리개가 되는 것이라는 점을 노라는 자각한 것이라고 보았다.

> 동일한 인간의 남과 여가 주인과 노예로 분(分)하고 소유자와 완롱물(玩弄物)의 관계가 있는 동안 노예 또(又)는 완롱물(玩弄物)에게 향하여 남(男)은 남편된 도리를 지키지 못하지마는 처(妻)는 처(妻)된 본분을 지키려는 도덕을 말함과 같은 것은 실로 노예 또(又)는 완롱물(玩弄物)에 대하는 견디지 못할 모욕이라. 이러한 도덕을 지킬 동안 노예를 피(避)치 못할 것이고 완롱물(玩弄物)은 영구히 완롱물(玩弄物)이 아니됨을 얻지 못할 것이라.『노라』의 자각은 여기 있다.

평내(坪內)가 후의를 후의로 갚고, 악의를 악의로 갚으며, 관용을 관용으로, 가혹을 가혹으로 갚는 노라의 행위는 타산적 도덕이라 비방하고 있는데, 그렇게 본다면 노예 또는 노리개는 당연한 권리이며 당연한 의무라고 하지 않겠느냐고 대삼영(大衫榮)은 비판하였다. 더 나아가 이러한 상황이라야 인류 사이의 질서와 평화가 유지되는 것이라고 확대하여 말하지 않겠느냐고 비판적 입장을 제시하였다.

> 『후의(厚意)에 갚을 후의, 악의(惡意)에 갚을 악의, 관용(寬容)에 갚을 관용, 가혹(苛酷)에 갚을 가혹』이라는 타산적 도덕을 비방하였으나 그러면 노예 또(又)는 완롱물(玩弄物)은 당연한 권리이며 당연한 의무라고도 하지 않겠느냐? 일보를 진(進)해서 말하면 이것이 있어서 비로소 인류 사이에 당연한 질서

와 평화가 유지하는 것이라고 하지 않겠느냐?

또한 더 넓게 생각하면 타산적 도덕을 비방하며 원수를 은혜로 갚으라는 도학자의 주장이 있는데, 그 도덕이라는 것도 그것을 자기가 취할 때는 내심 매우 통쾌하고 실제로 현저한 효과가 있는 것처럼 설명하지만 진실은 그와 반대로 마음속 깊이에는 이것 또한 일종의 타산적 도덕이 들어있는 것이라고 대삼영(大衫榮)은 주장하였다. 원수를 은혜로 갚아야 복을 받는다는 생각으로 실천한다면 이 또한 타산적 도덕이라는 말이다.

> 또 널리 생각하면 소위 타산적 도덕을 비방하는 도학자(道學者)의 『원수를 은혜로 갚으라』는 도덕도 그것이 자기에 취(取)하여서는 내심(內心)이 심히 통쾌하고 또 실제에도 무슨 현저(顯著)한 효과가 있는 것 가치 설명하나 그 역(亦) 진실은 오저(奧底)에는 일종의 타산적 도덕이 잠겨 있는 것이라.

그리고 평내(坪內)가 남자에게 흔히 있는 일시적인 분노라고 표현한 것은 주인인 남자가 다년간의 경시와 업신여김으로 노예인 여자를 대하는 데에서부터 나온 것으로 여자에게는 견딜 수 없는 말이라고 평하였다.

> 그리고 남(男)에 흔히 있는 일시의 노(怒)라고 말한 것은 이것이 노예된 여자에게 대한 주인된 남자의 다년(多年) 경모(輕侮)로부터 나온 여자로 있어서는 보아 견딜 수 없는 말이 아닌가?

> 형님. 이외에도 많이 평내(坪內)박사를 비평하였습니다마는 비평은 이것으로 끝을 마치겠습니다.

강평국의 여성해방론

강평국은 대삼영(大杉榮)을 여자를 이해해주는 사람으로 평하고 있다. 『인형의 가(家)』를 예시로 강평국은 노라의 행위에 정당성을 부여하여 여자는 남자의 노예가 아님을 주장하고 있다.

강평국은 이런 대삼영(大杉榮)의 참혹한 죽음에 대해 여자들이 많은 눈물을 흘릴 것이라 하고 있다. 강평국은 대삼영(大杉榮)의 죽음과 관련한 사건을 인지하고 있었음을 알 수 있는데, 대삼영(大杉榮)은 일본의 무정부주의자로 사상가이며 작가, 번역가, 사회운동가로 활동한 인물이다. 한국의 흑도회 박열의 무정부주의 활동과 연관이 있는 인물이다. 사회주의 동맹을 결성하고 노동운동을 하였다. 1923년 9월 16일 헌병대에 연행되어 헌병대 사령부에서 살해되어 우물에 버려졌다. 관동대지진으로 혼란해진 시기 헌병대는 대삼영(大杉榮) 등의 무정부주의자들과 사회주의자들이 유언비어를 퍼뜨리고 있다고 하여 대거 검거하여 살해하였고, 일본 사회는 이 사건으로[15] 떠들썩하기도 했다.

> 이 대삼영(大杉榮)씨는 우리 빈약자 여자를 왜 그리도 잘 이해하여 주는 이지요. 특히 여자는 씨(氏)의 참사(慘死)에 대하여 만곡(萬斛)의 루(淚)를 금치 못할 것이외다.

강평국은 소위 타산적 도덕이라며 비방하는 자 즉 여자를 언제든지 노예

---

15) 아마카스사건(甘粕事件)이라고 한다. 대삼영(大杉榮)을 살해한 육군 헌병 대위 아마카스 마사히코(甘粕正彦)로 인해 벌어진 사건으로 군법회의에서 무정부주의자들이 관동대지진의 혼란을 틈타 정부를 전복하려 할 것이라고 생각해 무정부주의자의 중심인물인 대삼영(大杉榮)을 살해하였다고 진술하였다.

로 취급하려는 자와는 힘이 없고 돈이 없더라도 어려움을 떨치고 싸울 것을 강조하고 있다.

> 이 비평에 있어서는 충분히 이해하실 줄 믿습니다. 소위 그 타산적 도덕을 비방하는 자와는 아니 우리 여자를 언제든지 노예로 취급하려고 하는 자와는 힘이 없고 돈이 없으나마 싸워야 하겠습니다.

또한 여성해방에서 앞서 나아가는 사람의 뒤를 이어 목적지를 향할 준비를 하여야 함을 다짐하고 있다. 더 구체적으로 결혼의 자유, 연애의 자유, 사회에 대한 사교의 자유 등은 여자의 자주독립에 관한 문제로 이는 공상적 이론으로는 해결할 수 없고 오로지 물질적 유물주의인 경제적 독립에 있다고 주장하며 글을 맺고 있다.

> 형님. 우리도 어서 이 모든 선진(先進)자의 뒤를 이어 목적지에 향할 준비를 하여야 하겠습니다.
> 노골로 말하면 소위 결혼자유 연애자유 혹은 사회에 대한 사교 자유 전부 여자의 자주독립에 관한 문제는 공상적 이론에서 해결치 못하고 즉(卽) 물질(物質)적 유물(惟物)주의의 경제적 독립에 있다고 이것으로 우의(愚意)를 표(表)하려 하며 떠나나이다.

강평국의 여성관

강평국은 여성과 남성은 동등한 인간이므로 여성을 노예로 취급하는 시대적 인식으로부터 벗어나려는 자각이 남녀 모두에게 필요하며, 여성해방은 여성의 경제적 독립으로 도달할 수 있다는 신념을 가지고 있었음을 확인하였다.

강평국의 글 〈여자해방의 잡감〉을 통해 강평국은 여성을 남성의 노예 혹은 노리개로 취급하는 시대 인식을 비판하고 있다. 해외의 약탈혼을 예로 제시하거나 당대 일본 지식인의 여성에 대한 인식을 비판하기도 하였다. 또한 조선 여성들의 인식 또한 변화가 필요함을 격한 어조로 강조하고 있기도 하다. 강평국은 여자의 해방은 결혼의 자유, 연애의 자유, 사회에 대한 사교의 자유가 주어질 때 가능한 것으로 이는 여성의 경제적 독립을 통해 이룰 수 있다고 주장하고 있음을 살필 수 있다.

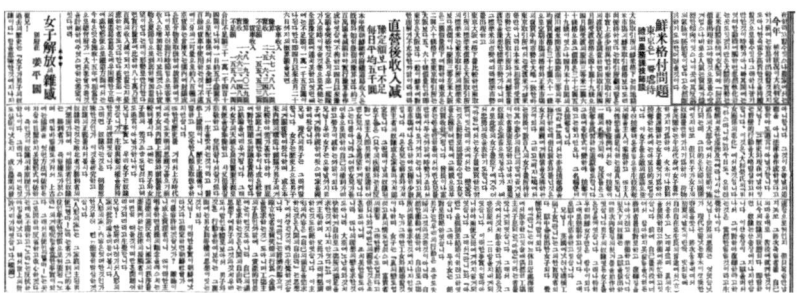

강평국 기고문 〈여자해방의 잡감〉(출처: 동아일보, 1925. 6. 1.)

강평국 기고문 〈여자해방의 잡감(속)〉(출처: 동아일보, 1925. 7. 20.)

여자해방(女子解放)의 잡감(雜感)

벳푸(別付) 재(在) 강평국

최형!

과거의 역사는 "여자가 남자의 노예이다" 함을 의미한 것에 지나지 아니합니다. 그것이 오늘날의 도덕을 아니 법률을 작성하였다고 말하여도 과언이 아닐까 합니다.

형님! 그 역사와 현재에 남아 있는 야만적 행동을 대략 말씀하고자 합니다. 이것은 대삼영(大衫榮)씨의 『남녀관계의 진화』에서 본 것입니다.

『타스마니아』와 금일(今日)도, 오히려 각성치 못한 호주(濠洲) 및 『에라니시아』 제도(諸島)의 대부분에서는 약탈혼(掠奪婚)이 시행되는데 그 목적은 부부의 관계에 있지 않고 단지 남자가 여자의 노예를 많이 가지기 위하여 짐(荷物)을 운반(運搬)하는 우마(牛馬) 대신에 여자를 많이 가지기 위하여 땔나무(火木)나 음료수를 운반하는 여자를 얻기 위하여 약탈하는 외에는 아무 목적도 없습니다.

이 여자들은 적(敵)의 부락으로부터 약탈해 온 자임으로 생살여탈(生殺與奪)의 권리를 주인이 장악하고 또 주인의 성욕(性慾)을 만족시키는 도구도 됩니다. 특히 호주에서는 이 약탈이 일종의 명예가 되어 아해(兒孩)들은 그 약탈을 연습하는 유희(遊戱)들도 합니다. 그 후에 좀 형식이 변하여 약탈이라고는 하지 않으나 그 명칭뿐이요 약탈입니다.

또 『박크』 도(島)에서는 역시 약탈혼을 시행하는데 단지 전자와 틀린 것은 여자의 양친에게 배상을 지불하는 것이외다. 그리고 『피지』 도(嶋)에서는 추장이 수백 인의 여자를 소지(所持)하여 그중(其中) 적은 수(數少)의 자기의 맘에 곱게 보이는 자를 처(妻)로 정하고 나머지를 첩(妾) 노예(奴隸) 혹은 가축으로 기르다가 때때로 이들(此等)의 여자를 신하에게 주어서 충용(忠勇)의 뜻을 표하기도 합니다.

『카일』에서는 여자를 매매하는 습관이 있는데 이곳에서는 연애라는 것은 절대로 인증할 수 없고 여아들은 극히 어린 적에 그 양친으로부터 매수(買收)하게 됩니다. 추장이나 부자는 돈을 많이 들여서 어린 여아를 많이 사두는 까닭에 시세(時勢)가 좋아서 시장에 나오기까지는 아니 되고 만약 시장에 나온다 하여도 극히 소수(少數)입니다. 사 온 여아는 전자(前者)와 같이 주인(所主者)의 노예 혹은 가축과 같이 인정합니다. 그런데 이 남의 노예된 여자들은 (지금의 질시(疾視)와는 정반대로) 주인 즉 남편이 하루 속(速)히 어린 여아 사 올 것을 희망하게 됩니다. 그는 다름 아니라 그 어린 여아가 들어옴으로 인하여 자기의 권리가 더하고 노력이 감(減)하는 까닭이외다.

형님! 우리 여자는 오늘날까지 남자에게 물건시(物件視)하여 왔으며 가축시(家畜視)하여 왔습니다.

형님. 현대의 남자는 그렇게 말합니다. 여자는 역사상으로 남자에게 복종(服從)하여왔다 하며 혹은 본래 육체의 구조나 두뇌가 남자에게 비교하여 차(差)가 심하다 하여 도저히 가정상(家庭上)에 관한 일(事)이나 혹은 사회에 대한 문제도 토의할 자격이 없다고 결론을 내리게 됩니다. 그래서 여자의 천직은 양모현처주의(良母賢妻主義)로 남편을 잘 봉양하고 시부모를 잘 공경하고 아이 잘 낳아서 잘 기르다가 일생을 마치는 것이라고 의학상 증명이니 역사상 유전(遺傳)이니 말하고 완전한 인류로 취급을 하지 않습니다.

또 한 번 역사를 거슬러 상고시대의 아직도 문명의 사조가 흐르기 전에 남녀의 육체상 관계와 두뇌를 비교해 봅시다. 그때는 남자와 여자 간의 차가 조금도 없었다고 해도 과언이 아닐까 하나이다.

형님! 사실로 우리 여자는 노예였습니까. 생살여탈의 권을 소지한 남자의 노예였습니다.
그러면 노예라는 것은 무엇(何)을 의미한 것인가. 이것을 연구하고 노예의 정의를 찾아봅시다. 노예라는 것은 패배자가 승리자에게 포로가 되어 이 포로자인 노예는 승리자가 죽일 권리(權)도 가졌으며 태워버릴 권리(權)도 가져서 상고에는 포로를 어떤 방법에 의하든지 차마 목격(目擊)하지 못할 형식에 의하여 죽인 것이 노예의 본원리(本原理)인가 하나이다. 그러다가 죽이는 것도 싫증이 났던지 혹은 농업의 발달함으로써인지 단지 목숨만 남겨놓고 그 장차(將次) 죽일 자를 자기의 마음대로 고역(苦役)에 취(就)케 한 것이 지금의 노예의 상태외다. 즉 말하면 노예는 산송장에 지나지 않습니다.
이 산송장이 그 옥(獄)을 벗어나서 그에 대하여 복수(復讐)하려고 하는 것은 당연한 일일 것이라고 생각하나이다.

형님! 세계의 사조는 어떻습니까. 현대는 말랐던 초목이 따뜻한 춘풍을 만나 장차 움을 내어서 초하(初夏)의 날빛이 반짝 비추일 때 자유자재로 생장(生長)의 수도(首途)에 서(立)서 춤추고 노래 부르며 진짜(眞)의 생(生)을 발휘하려고 준비에 분망(奔忙)하고 있습니다. 전에 자기를 고역(苦役)에 넣어서 차마 하지 못할 일을 시키던 승리자를 상대로 하고 복수(復讐) 길을 나아가려고 준비하고 있습니다. 온천하의 노예는 그 옥(獄)을 빠져 나오게(拔出)하여 장차 향할 길의 첫걸음을 시작하였습니다. 남자의 노예였던 여자들은 잠을 깨

있습니다.

그러나 특히 우리 조선여자만은 밤중이외다. 그대로 숙면하고 있습니다. 그대로 옥중 생활을 하고 있습니다.

형님! 영국에 나타난 기계공장 공녀(工女) 『판니』는 그의 한 실현자외다. 옥중을 빠져 나오게(拔出)한 여자외다. 각성한 첫 사람이외다.

이 『판니』는 어느 휴일 근처 해빈(海濱)에서 산보하고 있을 때 우연히 공장주의 자식되는 『아란』이라는 자를 만나게 되었습니다. 그래서 그곳에서 같이 산보하다가 결국은 같은 숙옥(宿屋)에서 이일(二日)밤을 지내게 되었습니다. 이러한 사실이 얼마 아니하여 양편 부모에게까지 알게 되었습니다. 그래서 『판니』와 『아란』을 강제로 결혼시키려고 하였습니다. 그러나 두 남녀는 절대로 거절하였습니다.

남자는 『우리의 행동은 조금도 부부의 그것과 같은 것이 아니라 자연한 충동에 의하여 자유로 그 장소의 만족을 구한 것에 지나지 않았다. 누가 그러한 여공(工女)과 결혼할 것이냐 하며 여자는 "진(眞)의 연(戀)도 없었고 진(眞)의 정(情)도 없었으며 부귀자의 처(妻)될 그러한 야심도 없었다고 단지 나와 『아란』의 관계한 것은 좋은 일도 아니며 좋지 못한 일도 아니라 또 나의 이상(理想)의 연(戀)을 구한 것도 아니라 대공(大空)에 노는 새와 같이 쾌락(快樂)하게 자유로 그 장소의 만족을 구한 것에 지나지 않았다』고 이렇게 주창하며 부모가 그렇게 간청하는 것도 거절하였습니다.

이 주창의 내용은 『자기의 만족을 욕구(慾求)하는 것은 인간의 자유라』는 사상하(思想下)에서 생긴 것이라고 생각하겠습니다. 이 『판니』는 경제적 독립이 확립한 자로 매소부(賣笑婦)의 행위 (금전(金錢)을 요구하는 것)도 아니며 공장주의 자식인 까닭에 그 자산적 배경에 눈이 먼 것도 아니라 자기의 만족을 구하는 것은 인간의 자유라는 사상하에 남자의 그것과 같이 우리도 사람인 본체로 보아서 남자와 같은 행동을 하여 보자는 그 이면(裏面)에는 남녀동등권의 사상이 있는 것이외다.

형님! 이러한 사실이 조선에 나타났다고 가정하면 조선사회가 이를 용허(容許)하겠습니까? 타락이니 혹은 매음자(賣淫者)이니 또 이러한 주창(主唱)을 하면 정조의 관념을 부스러뜨리는 도덕의 위반자이니 국가의 질서를 문란케 하는 법률의 접촉자(接觸者)이니 하여 많이 떠들 것이며 많은 문제꺼리가 되리라고 생각합니다.

형님! 한 층 더 내려가서 인형의 가(家)의 비평론을 더듬어봅시다.

인형의 가(家)의 내용은 어떠한 것인가 한 것부터 먼저 간단히 말씀하겠습니다.

『인형의 가(家)』는 그 가정의 주(主)된 남편 『헨마』라는 자가 그 이기적 본위(本位)인 비열한 습관으로써 처(妻)된 『노라』에게 저주함을 당한 사실이외다. 그래서 남편인 『헨마』는 곧 그로 인하야 반성하고 개심(改心)하겠다는데도 불관(不關)하고 『노라』는 반항하여 집을 떠났다고 해서 세상의 비평거리가 되었습니다.(계속)

『동아일보』(1925. 6. 1.)

여자해방(女子解放)의 잡감(雜感) 속(續)

벳푸(別付) 재(在) 강평국

이에 대하여 평내(坪內)박사는 말하기를

작자(作者)는 이것이 착안점(着眼點)이다. 저 대음주자 즉 불품행(大酒飮者 卽不品行)한 자가 처(妻)를 때리고 차는 것은 작자(作者)의 문제(問題) 외(外)라(『헬마』는 소위 이상(理想)적 신사)로 어떻게 속이 상하더라도 결코 폭력을 써서 때리고 차지는 아니하지마는 그러나 오히려 그 이면(裏面)에는 여자를 완롱물(玩弄物)로 취급하는 생각이 있다. 사랑하는 것은 표면적이고 충심으로 사랑하지 않으면 아니될 동포와 같이 사랑하는 마음이 없다 하는 것이 작자의 요점이라.

다른 폭력을 쓰는 남편 같은 것은 그의 안중에 있지 않다. 무릇 세상에는 저 걸시(傑豺)와 같은 학정(虐政)을 무서워하고 그에 대하여 염증(厭症)도 생각하거니와 오히려 그것보다도 무서워할 것은 온화한 전횡(專橫)이라. 이것이 오히려 그것보다도 인간을 타락시키는 것이라. 급성(急性)적이 아니고 만성적인 까닭에 부지불식중에 속아 그 압제(壓制)를 자각할 수가 없다. 급성으로 학정을 시행하면 어떤 순각(純覺)자일지라도 견디기 어렵다고 거기서 반항할 자각이 생기는 것이다. 교묘한 방법을 사용하여 온화한 태도로 완롱물(玩弄物)과 같이 취급하면 몇 년을 지나도 그 희생이라는 것을 자각할 수가 없다. 결국 인간의 타락을 의미하는 것이다.

이러한 의미로 보면 "헬마"와 같은 남편이 좋지 못한 남편이라고 할 수 있다. 진문명(眞文明)의 견지(見地)로 보면 이와 같은 것이 일종의 유충(類虫)이라 이렇게 해(解)한 것이 작자의 해석이라.

그리고 또 박사는 연(連)하여 말하기를 『노라』는 남편이 어떻게 완롱물(玩弄物) 취급을 하였든 처(妻)된 본분을 어디까지든지 지키라고 주창하는 것은 아니라 그 노력에 대한 하등(何等)의 보상을 구하는 것을 이해한다. 조차서 남편이 자기에 대한 태도가 자기가 남편에게 대한 태도와 동일 평등치 못하다는 것을 알고 전혀 의외로 생각하여 단연(斷然)히 자각한 것이라고 한 것도 잘 이해한다. 그러나 애(愛)의 본래가 과연 이렇게 타산적일 것인가? 남성에 흔히 있는 일시의 불안에 의하여 실언을 상대로 하고 8년의 정교(情交)를 일야(一夜)에 던지는 것이.

가정과 개인, 개인과 사회의 관계는 분리할 수 없는 밀접한 것이 아닌가?

이에 대하여 이지(理智)의 판단이 명철한 대삼영(大衫榮)씨의 비판을 읽어 봅시다.

처음 온화한 전횡에 반항할 일도 이해한 박사가 일변하여서 "타산(打算)적일가?"하는 모순은 감히 말하려 하지 아니한다.

동일한 인간의 남과 여가 주인과 노예로 분(分)하고 소유자와 완롱물(玩弄物)의 관계가 있는 동안 노예 또(又)는 완롱물(玩弄物)에게 향하여 남(男)은 남편된 도리를 지키지 못하지마는 처(妻)는 처(妻)된 본분을 지키려는 도덕을 말함과 같은 것은 실로 노예 또(又)는 완롱물(玩弄物)에 대하는 견지지 못할 모욕이라. 이러한 도덕을 지킬 동안 노예를 피(避)치 못할 것이고 완롱물(玩弄物)은 영구히 완롱물(玩弄物)이 아니됨을 얻지 못할 것이라. 『노라』의 자각은 여기 있다.

『후의(厚意)에 갚을 후의, 악의(惡意)에 갚을 악의, 관용(寬容)에 갚을 관용,

가혹(苛酷)에 값을 가혹」이라는 타산적 도덕을 비방하였으나 그러면 노예 또(又)는 완롱물(玩弄物)은 당연한 권리이며 당연한 의무라고도 하지 않겠느냐?

일보를 진(進)해서 말하면 이것이 있어서 비로소 인류 사이에 당연한 질서와 평화가 유지하는 것이라고 하지 않겠느냐?

또 널리 생각하면 소위 타산적 도덕을 비방하는 도학자(道學者)의 『원수를 은혜로 갚으라』는 도덕도 그것이 자기에 취(取)하여서는 내심(內心)이 심히 통쾌하고 또 실제에도 무슨 현저(顯著)한 효과가 있는 것 가치 설명하나 그 역(亦) 진실은 오저(奧底)에는 일종의 타산적 도덕이 잠겨 있는 것이라.

그리고 남(男)에 흔히 있는 일시의 노(怒)라고 말한 것은 이것이 노예된 여자에게 대한 주인된 남자의 다년(多年) 경모(輕侮)로부터 나온 여자로 있어서는 보아 견딜 수 없는 말이 아닌가?

형님. 이외에도 많이 평내(坪內)박사를 비평하였습니다마는 비평은 이것으로 끝을 마치겠습니다.

이 대삼영(大衫榮)씨는 우리 빈약자 여자를 왜 그리도 잘 이해하여 주는 이지요. 특히 여자는 씨(氏)의 참사(慘死)에 대하여 만곡(萬斛)의 루(淚)를 금치 못할 것이외다.

이 비평에 있어서는 충분히 이해하실 줄 믿습니다. 소위 그 타산적 도덕을 비방하는 자와는 아니 우리 여자를 언제든지 노예로 취급하려고 하는 자와는 힘이 없고 돈이 없으나마 싸워야 하겠습니다.

형님. 우리도 어서 이 모든 선진(先進)자의 뒤를 이어 목적지에 향할 준비를 하여야 하겠습니다.

노골로 말하면 소위 결혼자유 연애자유 혹은 사회에 대한 사교 자유 전부

> 여자의 자주독립에 관한 문제는 공상적 이론에서 해결치 못하고 즉(卽) 물질(物質)적 유물(惟物)주의의 경제적 독립에 있다고 이것으로 우의(愚意)를 표(表)하려 하며 떠나나이다.
>
> 『동아일보』(1925. 7. 20.)

II. 유흥가 여성 구출 활동

강평국은 경성여자고등보통학교 학생으로 박희도의 비밀서클에서 활동하며 유흥가에 팔린 여성을 구출하는 활동을 전개하였다. 여학생 시절부터 여성의 권익에 눈을 뜨고 여성을 위한 활동에 앞장서는 모습이다. 최은희 회고록을 통해 살필 수 있다.[16]

> 김숙자·이덕순·이양전·고수선·강평국·김일조·이남재·최정숙·노순열·이은·이덕요·이정의·유재룡 등으로 기억한다. 서클 인원이 20여 명으로 늘었을 때였다. 8월 한가위를 전후한 어느 일요일 전과 같이 영신학교에 모여 박희도 씨의 강연이 있은 다음 그는 '월하에 체읍하는 두 미인'이라는 제목의 기사가 실려 있는 매일신보를 내게 주어 읽게 하였다.

매일신보에 실린 기생 해주 출신 문월선과 유복동의 처지를 읽고 활동을 시작하였다.

---

16) 최은희, 『여성 전진 70년』 (추계 최은희 문화사업회, 1991.), 58~59쪽.

'17세의 해주 소녀 유복동이 집이 가난하여 홀어머니를 여의고 감당할 도리가 없어 청루에 몸을 팔아 뜻 아닌 생활을 하다가 고향의 소학 동창인 권번 기생 문월선(본명 응신)을 만나 달 밝은 인천 해안에서 신세타령을 하며 하염없이 눈물을 흘렸다.'는 내용이었다.

최은희가 회고하는 '월하에 체읍하는 두 미인'이라는 제목의 매일신보 기사는 다음의 기사로 확인된다. 문월선은 본명이 문응신이다. 유복동은 유상옥이다.

> 월하에 대읍(對泣)하는 박명의 2 미인
> 전일에는 학교 동창 지금은 같은 화류계
> 인천 화개동 앞바다에 찬물결의 소리는 높고 동편도 산으로부터 내려 부는 추야의 바람은 소슬한데 중천에 걸린 음력 팔월 초칠일 반달이 서편 하늘에 약 삼십도 가량이나 기울어진 야반에
> ◆화개동 한 모둥이 우모의 주가에서 서로 손목을 붙잡고 신세를 자탄하며 슬피 우는 두 여자가 있어 행인으로 하여금 걸음을 멈추게 하였는데 그 두 여자의 과거의 역사를 잠시 들은즉 참으로 가긍하더라. 한 여자는 우모의 집 작부 류상옥『柳相玉』(17)이라 하고 다른 여자는 해주 기생 문응순『文應順』(18)이라 하는데 상옥은 본래 경성 태생으로 거금 오 년 전에 부모를 따라 해주로 이사하여
> ◆삼 년동안 거주 할 때에 동지 공립보통학교에 통학을 하였는데 그 때 전기 응순이도 또한 한 학반에서 학임으로 자연 정숙하게 지내었더라. 그 후 두 여자는 정이 들던 일 년만에 응순은 가세가 졸지에 극난하여 부득이 중도 퇴학 하고 기생영업을 시작하게 되었더라. 상옥은 응순의 가련한 정상에 동정

을 표하고 눈물로 위로하여 주며 백방으로 박명한 응순을 구원코저 하였으나

◆아무 효력이 없었다. 그 후 상옥이도 가세로 인하여 정든 해주를 이별하고 고향되는 경성으로 돌아왔는데 한 달이 못 되어 한 무리 사나운 바람은 이때까지 행복으로 지내던 상옥의 몸을 음습하여 그 신세를 다정다한한 구계로 떨어트렸더라. 그것은 상옥의 모친 박씨가 작년 춘 사월부터 회춘치 못할 병을 얻어 열 달 동안 병석에 누웠다가 금년 이월에 황천길로 떠나가매 넉넉치 못한 집안에서

◆감당할 도리가 망연하여 상옥의 부녀는 하늘을 우러러 부르짖었다. 나중에는 하릴없이 상옥은 자기 부친과 의논한 후 일백팔십 원에 몸을 팔기로 계약하고 겨우 초종을 치른 뒤에 내려와서 전기 화개동에서 한숨으로 아침을 맞으며 눈물로 저녁을 보내고 있었으나 그 가슴에는 항상 응순의 생각이 간절하였었다는데 근자에 응순은 해주에서 정낭을 따라 구경차로 인천에 와서 두류하는 중 산보차로 정낭과

◆화개동을 갔다가 잠시 쉬기 위하여 상옥의 집에 들어간 것이 의외에 우연한 연분이 되어 상옥을 보고 첫 번에는 의아하다가 자세 자세 본 후 틀림없는 상옥인 줄 알고 그 내력을 묻고 크게 놀라며 인생의 조석화복을 알 수 없음을 슬피 생각하고 남도 부끄러운 줄 모르고 서로 악수 체읍을 한 것이라 하며 상옥은 용모도 어여쁘고 보통학교는 졸업하였다더라.[17]

유상옥과 문응순은 해주의 보통학교 친구였다. 문응순은 가세가 기울어 인천의 기생으로, 유상옥도 가세가 기울어 180원에 인천 화개동 우모 주가의 기생으로 팔려갔다는 사연이다.

---

17) 「월하에 대읍(對泣)하는 박명의 2 미인」 『매일신보』(1918. 9. 19.).

비밀서클의 강평국, 최은희 등은 매일신보의 이 기사 속 류상옥(유복동)을 구출하기 위해 교내에서 모금운동을 시작하였다. 현금을 갹출하고, 은반지 등의 귀금속을 모으거나 수예품 등을 모아 팔아서 1백 70원을 만들었다.

> 우리들은 너무도 감동하여 흑흑 느껴 울며 즉석에서 그녀를 구해 주자는 결의를 하였다. 교내에서 모금운동이 일어나 최고 3원, 최저 20전까지 갹출되었으며, 김일조의 은 간자시(일본식 수식품)를 비롯, 은 반지·은 염통핀·나비핀 등 여학생들의 액세서리와 김숙배의 수 돌띠를 비롯, 수 주머니·수 염낭·수 밥상보·비단 조각 밥상보·타레 버선·수 골무 등 여러 가지 수예품·자수품이 많이 걷히었다.
> 우리는 그 물품들을 교회 유지들에 팔아 현금과 합하여 총계 1백 70원을 만들었다. 나는 현금 2원과 변변치 않은 수예품들을 내놓았다.

비밀서클을 주도하던 박희도와 학생대표 김숙자가 인천 우창루로 가서 몸값 50원을 주고 유복동을 데려왔다. 박희도와 윤치호의 도움으로 배화학교를 졸업하게 했다.

> 1주일 만에 우리는 박희도 씨와 학생 대표로 가장 연상인 김숙자를 인천 우창루로 보내어 그 소녀를 찾아왔다. 주인이 비록 청인이지만 우리들의 성의를 감명 깊게 받아들여 몸값의 절반인 50원만 받았다.
> 우리는 남대문 역까지 나가 그녀를 맞이하다가 그날 오후 4시 중앙 예배당에서 인실반진(仁實返眞) 환영회를 열고 기념 촬영을 하였다. 그녀는 우리가 지어 보낸 검정 통치마, 흰 저고리와 검정 가죽 경제화를 신고 말 없이 허리를

굽혀 감사한 뜻을 표했을 뿐이었다. 인실은 인천서 얻은 열매라는 표현의 개명이요 , 그날부터 그녀는 박희도 씨 댁에서 숙식을 하고 윤치호 씨의 학비 부담으로 배화학교를 졸업하였다.

우리는 비로소 동족애의 발로로 아름다운 첫 꽃씨를 뿌렸던 것이다. 이 일로 인해 젊은 여성들의 가슴에는 무언가 크고 넓은 희망에 부푸는 앞날이 나타나는 듯하였다. 우리는 그 여파로써 동지 10여 명을 더 얻게 되었다.

강평국 등의 이 활동은 당대 여성들을 자각시키는 영향을 끼친 것으로 확인된다. 문응선(문월선)은 해주에서 기생들을 규합하여 1919년 4월 1일 태극기를 배포하고 만세 시위를 주도하여 6개월 형을 받았다.[18] 문월선과 같이 활동한 기생 김성일, 문재민, 옥채주, 김해중월 등이 독립유공자로 서훈되어 있다.

황해도 해주(海州)에서 만세운동이 일어나자, 기생들을 규합하여 태극기를 배포하고 독립만세시위를 주도하다 붙잡혀 옥고를 치렀다. 1919년 3월 10일 해주에서도 만세운동이 일어나자, 문응순은 3월 하순, 김성일, 김용성(金用性, 海中月), 문재민(文載敏, 예명 馨姬), 옥운경(玉雲瓊, 예명 彩珠) 등과 거사를 논의한 후 4월 1일 이를 실행하기로 하였다. 김성일과 문응순이 직접 한글로 독립선언서를 지어 5천장을 인쇄하는 한편, 태극기를 손수 제작하여 준비를 마쳤다.

4월 1일 오후 2시경 문응순을 비롯한 해주 기생들은 남문 쪽을 향해 나가며 태극기를 흔들고 전단을 뿌리면서 대한독립만세를 외쳤다. 이 소식을 듣

---

18) 「소요 기생 공판」『매일신보』(1919. 7. 1.).

고 동료 기생들을 비롯한 군중들이 모여들여 행렬은 3,000여 명에 달하였다.

문응순은 1919년 6월 26일 해주지방법원에서 소위 보안법 위반으로 징역 6월을 받고 1919년 12월 28일 출감할 때까지 약 9개월간 옥고를 치렀다. 정부는 고인의 공훈을 기려 2010년에 건국포장을 추서하였다.[19]

또한 문월선은 화류계 여성들의 교육활동을 지원하고 있기도 하다. 문월선은 이후 동료 기생들을 공부하도록 하는 역할을 하였음을 확인할 수 있는 기사가 있다. 경성이나 동경으로 가서 공부하여 여성사회에서 정신적 인물이 될 수 있다는 격려로 동료 성양대운을 진학시키고 있다. 강평국 등의 유복동 구출과 학교 진학을 도와주었던 활동의 파급이었을 것으로 생각된다.

> 수년래 기생들의 향학열도 많은 듯
> 수년 이래 경향을 물론하고 기생 중에서 학교로 들어가는 일이 빈빈하여 일반사회에서는 도리어 의심치 못할 현상이라 하는데 지나간 12일 해주군 … 생략… 그 자세한 것을 듣건대 자동차를 타고 멀리 큰 목적을 가지고 떠나가는 미인은 원래 해주권번 기생 서양대운(徐陽臺雲)(20)이요 전별하던 두 미인도 현금 해주권번 취체 기생에 문월선과 동권번 기생 옥채주라서 양대운은 평소에 항상 기생됨을 한하며 사람된 이상에 사람의 행위를 못하고 악마 굴혈에서 신음하게 됨을 통탄하여 어찌하면 이 비인도의 화류계를 벗어나서 사람답게 살며 우리 부인사회에 정신적 인물이 되어 낙원의 문으로 들어가볼까 하는 생각을 오매간에도 잊지 아니하던 바 마침 기회가 있어 열 두해나 정 깊

---

19) 독립유공자 공훈록, 국가보훈부.

이 든 삼촌 숙부모의 가정을 떠나 수양산을 등지고먼 길을 향하였다. 그래서 이래서는 못쓸 일이라 악몽을 깨치고 내가 이 비루한 기생노릇을 하며 청년 자제의 돈을 빼앗아서 먹는 것은 반드시 앙화를 받을 지라 지금 회개하지 아니하면 후일 부울지탄이 있으리라 생각하여 경성을 가던지 또는 동경으로 가서 공부를 하였으면 좋겠다 하였다. 그럴 때마다 동무들은 위로를 하며 동경하여 아무쪼록 목적을 달하기를 바란다는 이야기가 종종 교환되었다는데 그는 백년을 홀로 늙을지언정 도덕상 죄인은 다시 아니 되리라는 결심이라더라 (해주)[20]

강평국 등의 경성여자고등보통학교 학생들의 유복동 구출 활동은 여성의 역할에 대한 신여성들의 자각의 일면을 보여주는 활동 중의 하나라 할 수 있다. 신식교육을 받은 신여성으로서 기존의 여성관과 다른 새로운 가치를 추구하고 활동하는 여성 강평국의 일면을 보여주는 사례이다. 강평국은 여성의 경제적 독립을 추구하고 여성의 역할을 고민하며 행동하였으며 자신의 의사를 적극적으로 표현하며 사회 활동을 하는 여성을 추구하였다. 강평국의 활동은 당대 여성들을 자극하여 영향을 끼치고 있었음을 확인할 수 있다.

Ⅲ. 제주여자청년회를 통한 강평국의 여성운동

강평국은 제주여자청년회를 결성하였다. 제주여자청년회는 여성해방을

---

[20] 「화류계의 향학열」, 『매일신보』(1922. 3. 21.).

위한 단체임을 선언하였고, 교육을 통해 여성해방으로 다가설 수 있다는 인식으로 활동하였다. 제주여자청년회가 추구했던 여성해방의 목표는 사회적 역할을 하는 여성이었다고 정리할 수 있다.

1925년 결성되었고 1929년까지 활동 기록을 남기고 있는 제주여자청년회는 여성에 대한 전통적 인식을 바꾸기 위한 강연 활동, 여성의 실력 양성을 위한 교육 활동 등을 시행하였다. 여성과 연관 분야 활동만 한 것이 아니라 제주도의 수해 구제 활동과 같은 제주 사회의 현안에 참여하는 활동을 비롯하여 전국을 활동 범위로한 활동에 참여하는 데에도 적극적이었다. 근우회, 조선사회단체중앙협의회, 조선민흥회와 뜻을 함께하여 활동하기도 하였고, 만주 동포를 응원하기 위한 재만동포옹호동맹 활동 등에도 참여하였다. 이러한 모습은 여성의 사회적 역할을 중점으로 두고 활동하려 했던 모습이라 할 수 있다. 제주여자청년회가 사회 개혁을 위해 활동한 행보는 독립운동의 일환이 되어 제지당하기도 하였다.

제주여자청년회 활동을 살펴보면 1920년대 제주 여성의 사회 활동 참여 모습을 살필 수 있다. 실력 향상을 바탕으로 하여 사회 개혁을 추구하고자 했던 제주 여성의 사회 참여 활동, 나아가 여성의 고전적 역할 인식의 틀에서 벗어나 사회 주체로서의 여성의 역할을 추구하였던 1920년대 제주 여성들의 활동 양상을 살필 수 있을 것이다. 이는 강평국이 염원했던 여성상이었다.[21]

---

21) 한금순의 발표 논문(「1920년대 제주여자청년회의 성격과 활동」『제주도연구』제56집, 제주학회, 2021.)을 수정 보완하였다.

1. 1920년대 한국 여성운동의 특징

우리나라 여성운동은 여성들이 3.1운동에 직접 참여한 경험으로 인해 큰 특징이 결정되었다 할 수 있다. 3.1운동 참여는 여성도 남성과 다르지 않은 사회적 역할을 할 수 있음을 자각하는 계기가 되었고, 이로 인해 우리나라 여성운동이 서양의 여성운동 전개 양상과 다른 특징을 띠게 했다 할 수 있다. 서양의 여성운동이 연애나 결혼의 자유로부터 시작하여 법적 남녀평등을 요구하는 양상으로 전개되었던 것과 비교하면 우리나라 여성운동의 특징은 여성의 사회적 역할을 주장하는 특징이 추가되어 시작되었다. 우리나라 여성운동은 민족해방을 위한 시대적 요구를 인식하며 출발한 여성운동으로서 사회적 역할을 하는 여성을 추구하는 양상이 큰 특징이 되었다 할 수 있다.

여성이 사회적 역할을 하기 위해서는 여성의 실력 향상이 필요하다고 인식하고 여성의 문맹 퇴치와 생활 개선을 위한 교육 활동을 적극적으로 전개하였다. 국권 상실이라는 현실은 우리 사회 전반의 많은 분야의 활동을 실력양성론에 근거하여 계획하고 추진하게 하였다. 나라를 뺏긴 것은 실력이 없기 때문이었다고 파악하고, 실력을 쌓는 것이야말로 약육강식의 세계에서 살아남는 방법이라는 인식이 여러 분야에 적용되었다. 실력을 키우는 방법은 교육이라고 판단하여 교육운동이 각종 분야에서 활발해졌다.

1920년대는 각종 대중운동이 활성화되는 시기인데 여성단체도 1920년대 초반부터 전국에서 활발히 조직된다. 1920년대 초반에 145개의 여성단체와 98개의 여성 종교단체가 구성되고 지방에서도 1923년까지 68개 단체가 조직되기에 이르렀다. 여자청년회와 부인회 등의 이름을 단 단체들은 야학과 강연회 등을 통해 문맹 퇴치와 교양을 중심으로 한 여성 교육 활동을 펼쳤다. 1924년부터는 사회주의 여성단체가 등장하였고 1927년 근우회가 결성되면서 여성운동의 주요 흐름을 이끌기도 하였다.

　실력을 쌓아야 나라를 되찾을 수 있다는 활동은 독립운동의 일환이 되었으며, 여성의 실력 양성을 위한 활동도 독립운동의 행보가 되었다. 일제는 이러한 활동이 항일 활동과 무관하지 않다는 인식으로 탄압하였다.

　초창기 여성단체로는 조선여자교육회, 조선여자청년회 등이 있었다. 조선여자교육회는 야학강습소의 운영과 전국 순회 강연으로 여성 문제를 주제로 활동하여 지방의 여성운동에 영향을 끼쳤다. 1921년 조선여자교육회 순회강연단은 제주도에서도 강연회를 가졌다. 이 순회 강연 제1일에는 제주도의 청년단체와 제주부인회 등의 환영인파가 사, 오백 명이었고, 제2일 강연회에는 이천여 명의 청중이 모여드는 호응이 있을 정도였다.

> 여자순강단 제주 착
> 　조선여자교육회 순회 강연단 일행은 지난 17일 오전 1시경 제주에 도착한 바 제주청년수양회, 동아일보제주지국, 제주야소교회, 제주부인회 단체 등의 환영 인사가 4, 5백 명에 달하였다. 동일 오후 3시부터 당지 공립보통학교 내에서 김문형 씨 사회하에 강연회를 개최하였으며, 제2일에는 야소교회당 내에서 개강하였는데 매일 정각 전부터 모여든 남녀청중은 이천 인 이상에 달하여 대성황을 이루었으며, 최종일 하오 8시부터는 당지 일반 남녀 인사의 주최로 환영회가 있어 빈주(賓主)간의 감상담(感想談)이 유하고 폐회하였는데 양일간 연제와 연사의 씨명은 여좌.[22]

---

22)「여자순강단 제주 착」『동아일보』(1921. 8. 27.).

조선여자교육회 순회강연단의 활동 내용을 살펴보면 교육회의 사업 소개, 강연, 공연 등으로 이루어졌다. 김미리사[23]의 '가정은 인생의 낙원', '봉사'와 김순복의 '시간은 생명' 등의 교양 강연이 확인된다. 김미리사는 조선여자교육회를 설립하고 부인야학강습소를 열어 여성의 문맹 퇴치 활동 등을 주도한 인물이다.

조선여자청년회도 강연회, 여자야학 활동, 부인견학단 조직 등을 통한 여성 교육 활동을 하였다. 강연회를 통해서는 가정생활의 개선, 아동의 교육, 위생, 미신타파, 조혼폐지 등을 주제로 교육이 이루어졌다.

지방에서도 같은 흐름의 여성의 지식계발과 풍습개량 등의 계몽 활동이 이루어지는데, 제주도에서도 제주부인회, 제주여자청년회 등이 활동하여 제주도의 여성운동도 1920년대 우리나라 여성운동과 같은 흐름의 모습이 었음을 확인할 수 있기도 하다.

2. 제주여자청년회의 성격

제주여자청년회는 여성해방을 위한 활동을 선언한 단체였다. 여성해방을 위해서는 무엇보다 여성의 실력이 필요하다는 인식으로 여성 교육 활동을 펼쳤다. 1925년 12월 26일 창립하였는데 창립 당시의 선언과 강령 등을 통해 제주여자청년회의 성격을 파악할 수 있다.

제주여자청년회 창립총회는 제주 성내 불교포교당에서 임시의장 강평국의 진행으로 선언, 강령, 규약 등을 통과시켰고, 회원 교양, 문맹 퇴치, 풍

---

23) 김미리사(1879~1955) : 본명은 차미리사이다. 1905년 미국 유학을 하였고, 남편 성을 따라 김미리사로 활동하였다. 조선여자교육회를 설립하여 여성의 교육을 위해 활동한 독립운동가이다. 건국훈장 애족장(2002년)에 서훈되었다.(국가보훈부).

속 교정 등에 대해 결의하였다. 시대일보 기사를 통해 제주여자청년회가 추구하고자 했던 바를 파악해 보겠다.[24]

> 여자청년회 창립자 제주 여성의 신기치
> 힘써 배우고 굳센 단결로 삶의 권리와 자유를 찾고자
> (제주) 제주도 성내에 있는 신여성 몇 분이 모여 제주여자청년회를 발기하였다 함은 기보하였거니와 지난 12월 26일 오후 7시 반부터 제주 성내 불교포교당에 모여 창립총회를 개최하였다. ■■■[25] 조선여성 ■■■■■■■■
> 임시 의장 강평국 씨가 등단하여 선언, 강령, 규약 등을 통과시키고 토의 사항에 들어가 회원교양 문맹퇴치 풍속교정 타파에 관한 건을 일사천리의 세■■■한 뒤 동 7시 반에 폐회하였다.[26]

---

24) 제주여자청년회 창립에 관한 기사가 더 있다.
「제주여청 창립」『조선일보』(1926. 1. 3.).
"제주에는 여성운동 기관이 없었던 바 강평국 장선희 양 외 유지의 발기로 제주여자청년회를 조직키 위하여 거 26일 창립총회를 개최하였는데 강령과 당일 피선된 위원은 여좌하더라.
◇강령
一. 우리는 우리의 해방운동에 힘쓰자
一. 제1 강령을 실현하기에 필요한 지식을 흡수하자
◇집행위원
서무부 윤진실 홍태옥, 교양부 장선희 송혜영, 사회부 강평국 김계숙 홍보영, 운동부 홍숙자 김경희(제주)」
「제주여청 창립」『동아일보』(1926. 1. 9.).
"제주에서 여자청년회를 창립하였다 함은 기보한 바와 같거니와 거 12월 26일 오후 7시에 성내 불교포교당에서 제주여자청년회 창립총회를 개최하였다.(제주)"
25) ■는 원본에서 훼손된 부분이다.
26) 「여자청년 창립자 제주여성의 신기치」『시대일보』(1926. 1. 3.).

제주여자청년회는 여성해방 운동을 위한 단체임을 선언하였다. 도덕과 법률은 남자를 위해 마련된 것이며 여자는 남자의 장난감 혹은 소유물이거나 아이 낳는 기계이며 노예로 취급당하고 있다고 지적하고, 이러한 세상을 바로 잡으려면 여성들이 삶의 권리와 자유를 찾기 위해 배우고 단결해야 한다고 주장하고 있다.

> 도덕은 누구를 위하여 만든 것이며 법률은 또한 누구를 위하여 마련된 것이냐 보라! 여자는 짓밟힌 자이다. 남자의 장난감으로, 권리 있는 자의 보배로! 아이 낳는 기계로! 안방과 부엌지기 노예로! 과연 이 세상은 한편에 기울어졌다. 잘못되었다. 그러면 우리는 무엇으로 삶의 권리와 자유를 찾으리? 힘써서 배움과 굳센 단결로! 이에 공명하는 동무야 나아와 모이라![27]

제주여자청년회의 강령은 여성해방 운동과 그 실현을 위한 지식 습득에 힘쓰자는 것이었다.

◇ 강령
-. 우리는 우리의 해방운동에 힘쓰자
-. 우리는 제일 강령의 실현에 필요한 지식을 흡취하자[28]

제주여자청년회는 여성해방을 목적으로 여성의 지위 향상을 위해 교육 활동에 힘쓸 것을 선언하였다. 서무부, 교무부, 사회부, 체육부로 조직을

---

27) 「여자청년 창립자 제주여성의 신기치」, 『시대일보』(1926. 1. 3.).
28) 「여자청년 창립자 제주여성의 신기치」, 『시대일보』(1926. 1. 3.).

제주여자청년회 창립 기사
(출처: 시대일보 1929. 1. 3.)

구성하고 활동하였다. 강평국은 사회부에 소속되었다. 또한 제주여자청년회 회원은 제주청년회 회원처럼 "18세이상 40세 이내"[29]의 여성이었을 것으로 짐작된다.

제주여자청년회의 활동 방향은 당대 우리나라 여성운동의 주요 흐름과 맞닿아 있다. 여성의 문제는 도덕과 법률 등의 사회적 제도에서의 불평등에서 비롯하고 있다고 인식하고 있으며, 여성의 권리를 찾는 일은 여성의 각성을 통한 스스로의 노력이 필요함을 주장하고 있다.

제주여자청년회 1928년 제4년 차 정기총회의 기록을 통해서도 제주여자청년회의 활동 모습을 살필 수 있다.

> 제주여자청년 정총
> 제주여자청년회 제4년 제1회 정기총회는 예정대로 지난 29일 하오 일시부터 합동회관에서 열고 회원 점명이 있은 후 임시 집행부를 선정하니 의장 최정숙 서기 고혜영 씨가 피선되어 회무를 진행하다. 경과보고 회계보고가 있은 후 의안에 들어가 격렬한 토의가 있은 후 다음과 같이 결의하였으며 신임

---

29) 「제주청년 창립」, 『동아일보』(1924. 7. 9.).

집행위원은 다음과 같다더라(제주)

    의안

    1. 교양에 관한 건

    1. 선전에 관한 건

    1. 근우회 지지의 건

    1. 야학 확장에 관한 건

    1. 폐풍교정(弊風矯正)에 관한 건

    1. 소녀지도에 관한 건 …생략…30

제주여자청년회 4년 차 정기총회 의안으로, 운영하던 야학을 확장할 것을 결의하였다. 여성해방을 위해서는 여성의 교육이 바탕이 되어야 한다는 인식의 활동일 것이다. 폐풍교정은 기존의 여성에 관한 낡은 인식을 새롭게 하기 위한 일련의 활동을 의미한다고 이해된다.

또한 제주여자청년회는 근우회를 지지하기로 결의하고 있다. 근우회는 1927년 여성운동의 통일 조직으로 설립한 60여개 지회의 삼천여 명 회원을 둔 전국적인 단체이다. 여성의 지위 향상을 위한 단결된 활동을 강령으로 하였으며, 여성의 해방과 일제 침략으로부터의 민족해방을 운동의 목표로 제시하였다. 근우회는 여성 문제와 민족의식 개선을 위한 활동, 여성의 문맹 퇴치 활동을 비롯하여 사회적 이슈에도 적극적으로 참여하여 여공의 파업이나 학생운동 지도 및 후원 활동과 해외 동포 구호 활동 등의 사업을 하였다. 제주여자청년회는 이러한 근우회의 활동에 대한 지지를 결의하여 여성운동과 민족운동 노선을 같이함을 밝혔다.

---

30) 「제주여자청년 정총」, 『동아일보』(1928. 5. 5.).

중앙에서 활동하는 근우회 주요 인물인 유각경, 최은희 등은 앞에서도 살핀 바와 같이 제주여자청년회를 주도한 강평국, 최정숙, 고수선 등과 인연 있는 인물이기도 하다. 유각경은 강평국, 최정숙, 고수선의 경성여자고등보통학교 교사였던 유철경과 쌍둥이 자매이다. 유철경과 유각경은 3.1만세운동에 참여하여 서대문형무소에 감금되었다 풀려난 강평국 등 경성여자고등보통학교 학생들을 집으로 초대하여 점심을 대접한 인물이다. 고수선은 유각경 집에서 3월 5일 만세운동에 사용한 머리동이를 만들었다.[31]

근우회의 최은희는 강평국, 최정숙, 고수선과 경성여자고등보통학교 친구이고, 함께 3.1운동에 참여하여 수감되었던 사이이다. 제주여자청년회 주요 인물들의 이러한 인연이 근우회 활동을 함께 할 수 있었던 요인 중 하나이기도 한 것으로 보인다.

제주여자청년회의 근우회 제주지회 활동

제주여자청년회는 근우회 제주지회로 역할을 하였던 것으로 보인다. 1928년 근우회는 창립 1주년 기념으로 전조선대표자대회를 개최하는데 전국 22개 지회에 제주를 포함시키고 있다.

> 조선여성의 단일당인 근우회 대표대회
> ◇5월 16, 17 양일에 개최◇
> 전조선 회원 이천여 명
> 1. 조선 여자의 공고한 단결을 도모함
> 1. 조선여자의 지위향상을 도모함

---

31) 최은희, 『여성을 넘어 아낙의 너울을 벗고』(문이재, 2003.), 18쪽.

위와 같은 2대 강령으로 작년 5월 27일에 창립을 보게된 조선 여성운동의 단일당인 근우회가 그동안 각 방면으로 비상한 활약을 하여 사회에 다대한 공헌을 끼친 것은 새삼스레 여기 말할 바도 없거니와 자체의 융성함도 실로 장족의 진전을 보게 되어 벌써 전주, 김천, 목포, 담양, 대구, 진주, 군위, 김해, 제주, 밀양, 하양, 라남, 신고산, 명천, 평양, 춘천, 함흥, 경성, 웅기 등과 멀리 동경, 대판, 경도에까지 도합 스물두 곳의 지회를 설치하게 되었고 방금 지회 설치 준비중에 있는 곳이 적지 않으며 지금까지의 전국에 널려 있는 회원이 이천여 명에 달하였다. 이제 창립 일주년을 기하여 제1회 전조선대표자대회를 열고 동회의 진흥방침을 토의하기로 결정[32]

또한 1929년 근우회 지방 순회 강연 기사를 보아도 근우지회 소재지가 있는 곳과 지회 발기 중인 지방을 순회한다고 하고 있는데 제주도가 포함되어 있다.

근우 순회 강연
전조선을 네 선으로 나눠
래 12일부터 출발
시내 근우회 본부에서 지방 순회단을 파견한다 함은 기보하였거니와 순회 예정지는 지회 소재지와 지회 발기 중에 있는 지방에 한한다는 바 순회원과 순회 지방의 예정지는 다음과 같다더라. 생략
◇호남선= 심은숙
청주, 대전, 익산, 이리, 군산, 전주, 담양, 광주, 제주도, 출발 5월 13일 =

---

32) 「조선여성의 단일당인 근우회 대표대회」 『조선일보』(1928. 4. 17.).

제1착 청주[33]

　근우회 제주지회 설립에 관한 별도의 기록은 찾을 수 없으나 위 기사에 의하면 근우회 본부는 제주지회가 있었던 것으로 여기고 있는 활동을 하고 있다. 제주여자청년회는 근우회 지지를 표명하고 있었으며, 사실상 근우회 제주지회로 활동할 수 있는 인물은 강평국 등의 제주여자청년회 인물들이었던 상황으로 미루어 보면 근우회 제주지회는 제주여자청년회가 그 역할을 하였을 것으로 짐작된다.

제주여자청년회 활동 시기

　제주여자청년회 활동 기록으로 찾을 수 있는 마지막 것은 1929년 1월 15일 기사가 마지막이다. 제주여자청년회는 "1925년 12월 26일 창립 시 회원 50명 1929년 1월 현재 회원 80명 대표 고수선"[34]이었다. 이후 제주여자청년회가 언제까지 활동하였는지는 확실하지 않다.

　1925년 12월 창립한 이후 1929년경까지의 활동 기록을 남기고 있는 제주여자청년회는 여성해방과 민족운동을 목표로 했던 단체로 그 성격을 규정할 수 있다. 제주여자청년회의 활동 양상을 살펴보면 그 성격을 구체적으로 파악할 수 있다.

---

33) 「근우 순회 강연」, 『동아일보』(1929. 5. 8.).
34) 「십년 일람 현저히 발달된 찬연한 지방문화 13」, 『동아일보』(1929. 1. 15.).

3. 제주여자청년회의 활동

1) 여성 교육 활동

제주여자청년회는 여성의 교육을 위해 제주부인회와 함께 제주여자학술강습소를 운영하였다.[35] 당대 한국 여성운동이 여성 교육을 통해 여성해방을 추구하는 활동과 같은 흐름이다. 운영 경비를 지역 유지들의 의연금으로 마련하거나,[36] 제주여자청년회가 신춘음악대회를 개최하고 모은 수입금을 제주여자학술강습소 경비로 사용하기도 하였다.

> 제주신춘음악 수입은 여자학술강습소에
> 기보 제주여자청년회에서 신춘음악대회를 예정보다 1일 늦게 거 13일 야에 당지 갑자의숙 대강당에서 동회 위원장 홍태옥 여사의 개회사로 1부 2부의 이십여 종목의 주악 독창 합창 가극 등을 연(演)하여 운집한 수백의 관중으로 하여금 여광여취(如狂如醉)케 하여 공전의 대성황리에 폐회하였는데 입

---

35) 제주여자학술강습소는 야학으로 운영되었을 것으로 보인다. "제주부인야학을 경영"(『동아일보』, 1926. 10. 28.) 한다는 기사는 제주여자학술강습소가 야학으로 운영되었음을 말해준다. 제주여자청년회는 "야학 확장"을 결의하고 있는(『동아일보』, 1928. 5. 5.) 등으로 야학 운영에 힘을 쏟고 있었음을 파악할 수 있다.
36) 「제주여자 강습 의연」 『동아일보』(1927. 7. 12.).
"제주부인회와 제주여자청년회에서 경영하는 제주여자학술강습소는 그 성적이 매우 좋으나 항상 경비가 부족하여 곤란이던 바 이번에 유지의 의연금이 다음과 같이 있었답니다.
▲ 이십 원 홍금조 ▲ 사십 원 박원방직회사 여공 일동 ▲ 십 원 김병호 김병돈 김병윤 김병온 ▲ 오 원 박우상 고태종 김상훈 삼원 김성종 신경순 고암산 ▲ 이 원 고문기 홍두옥 이달근 송두옥 ▲ 일 원 임창국 무명 씨 2명".

장료와 기부금은 잡비를 제하고 동회와 제주부인회에서 공동 경영하는 제주 여자학술강습소의 경비에 충용한다더라(제주)[37]

제주여자청년회는 여성 문제에 관한 강연회를 통해 여성에 대한 기존 인식과 제주 지역의 폐습 교정에 관해 교육하는 활동도 하였다. 사회는 강평국이었다.

제주여자청년 강연회 성황

[제주] 제주 성내에 있는 ■■ 여자 청년들이 모여 제주여자청년회를 조직하였다 함은 기보하였거니와 동회의 목적을 실행함에는 우선 선전과 ■■이 급선무인데 동시에 역사가 산출한 금일의 부인문제와 현주(現住)한 지방의 폐습 교정에 관한 것을 ■■ 및 일반 부인에게 알리기 위하여 동회 주최로 지난 4일 오후 7시부터 성내 갑자의숙에서 강연회를 열게 되었는데 겨울 밤의 추위를 불구하고 열렬 부인들은 예전에 없이 많이 모여 장내는 대만원으로 정각이 되자 동회 위원 강평국 씨의 사회를 비롯하여 회원의 합창도 간간이 있었고 강연회는 성황리에 이십사 경에 폐회하였는데 연제와 연사의 씨명은 여좌하다고.

=연제와 연사=

1. 부인 문제의 개관   송종현
2. 나의 느끼는 바 하나 둘   김태민[38]

---

37) 「제주신춘음악」 『조선일보』(1927. 3. 21.)
38) 「제주여자청년 강연회 성황」 『시대일보』(1926. 1. 10.).

제주여자청년회 강연회에는 지역 인사들이 함께 하였다. 강연회의 연사 송종현은 제주도에서 청년 활동을 했던 인물이다. 명신학교 교사, 신유의숙 교사 그리고 신인회 활동, 제주도야체이카 활동, 1927년 신간회 제주도지회장으로 활동하였고 1928년 조선공산당 활동으로 체포되었다. 1925년 출판법 위반으로 금고 6개월 형, 1930년 12월 치안유지법 위반으로 징역 3년 형을 받기도 하였던 항일 인사이다. 김태민은 1924년 제주청년회 창립 활동, 제주청년연합회 의장으로 활동한 인물이다. 제주청년회는 제주 사회의 청년, 교육, 노동, 농민, 여성 등 여러 분야의 다양한 현안에서 활동하였던 단체이다.

제주여자청년회에서는 제주부인시찰단 모집 활동에 참여하였는데, 여성에게 새로운 문물을 접하게 하는 교육의 기회로 제공하고자 하였던 활동으로 생각된다. 제주부인시찰단은 1926년 11월 11일부터 목포에서 개최되는 전남물산공진회를 시찰하는 활동이었다.

◎제주부인시찰단 모집

래(來) 11월 11일부터 목포에서 전남물산공진회가 개최됨을 기회로 제주부인회, 제주여자청년회, 제주기자단에서는 부인시찰단을 모집 중이라는데 누구를 물론하고 다수 참가를 바라며 상세는 본월 말일까지 주최 측에 와서 문의하는 것이 좋다더라.[39]

물산공진회는 조선물산공진회로 1915년 처음 시작되었다. 일제는 조선 통치 5주년을 기념하여 산업(농업, 임업, 수산업, 공업 등), 교육, 위생, 토

---

39) 「호남지방」 『동아일보』(1926. 10. 14.).

목, 교통, 경제 등에 관한 시설 및 통계를 망라한 전시행사를 마련하였다. 당시 조선 총독 사내정의(寺內正毅)는 공진회의 개최 취지를 "널리 조선 물산을 수집 진열하고 산업 개량 진보의 실적을 명시해서 일반 조선인의 분발심을 환기시키고 신구 시정(施政)의 비교 대조를 밝혀서 조선 민중에게 신정(新政)의 혜택을 자각하게 하겠다."[40]고 밝혔다.

1915년의 조선물산공진회만도 총 관람 인원이 백 십육만여 명에 달하였다고 하며[41] 이후 물산공진회는 지방에서도 개최되는 등의 성황을 이루는데 이는 선진 문물을 경험한다는 계몽운동의 목적으로 여러 기관에서 참가하였던 측면도 있었기 때문이었다고 보인다.

제주여자청년회도 시찰단을 모집했던 전라남도물산공진회 행사를 위해서는 제주 목포행 선박이 매일 운항하였음을 알 수 있는 기사가 있기도 하다.

> 임시 선차(船車) 증발(增發) 공진회 관객 위해
> 래(來) 11일에 목포에서 개최되는 전라남도 주최인 전라남도물산공진회와 조선면업공진회의 일반 관람객을 위하여 회기 중에 이리 목포 간 1 왕복과 학교 목포 간 1 왕복과 송정리 목포 간 4 왕복으로 기차의 증발(增發)이 유(有)하다 하며 제주행 기선(汽船)도 매일 1회 발선(發船)이 유하며 목포 근해 항로의 각 기선도 각각 증발이 유하다더라(목포)[42]

전남물산공진회 시찰단 모집은 제주여성에게 전국적인 선진 문물을 견

---

40) 주윤정, 「조선물산공진회와 식민주의 시선」, 『문화과학』 33(문화과학사, 2003.), 147쪽.
41) 주윤정, 「조선물산공진회와 식민주의 시선」, 『문화과학』 33(문화과학사, 2003.), 159쪽.
42) 「임시 선차(船車) 증발(增發) 공진회 관객 위해」, 『동아일보』(1926. 11. 6.).

학하게 하는 계몽 활동의 일환이라 할 수 있다.

2) 사회 현안 참여 활동

(1) 제주도내 활동

제주여자청년회는 제주도의 각종 사회 현안에 참여하는 활동을 하였음을 확인할 수 있다.

수해구제활동
1927년 제주여자청년회는 제주도의 수해 구제 활동에 나섰다. 1927년 8월 11일 대폭풍우로 사망자 23명과 부상자가 발생하였고 가택과 가축 유실, 막심한 농작물 피해 등 대참사가 발생하였다.

> 지난 십일 일에 제주도에는 대폭풍우로 미증유의 대참사가 있어서 사망자가 이십삼 인이요 그 외 부상자 가택 가축의 유실이 다수이며 농작물의 손해가 막심하다 함은 기보한 바어니와 당시에 집과 의복을 전부 유실하고 길가에 방황하는 가족이 많은데 각 사회단체와 일반유지가 합력하여 그들을 구제하기에 노력 중이라는데 그중 제일 심한 제주 성내에서는 지난 십이 일에 제주청년회 제주여자청년회를 위시하여 각 단체가 연합하여 조사와 구제에 착수하고 구제금품 모집에 극력 활동 중에 돌연 경찰 측의 간섭으로 충분한 활동을 하지 못하고 현금 일백여 원과 기타 곡물을 모집하여 피해자에게 분배하였다더라.[43]

제주여자청년회는 여러 단체와 연합하여 수해 피해 상황을 조사하고 구제금품 일백여 원과 곡물 등을 모집하고 분배하는 등의 구제 활동을 주도하였다. 일제 경찰이 이를 방해하였음도 파악된다.

학생 지원 활동

1928년 7월 말에는 유학생 회합을 주도하였다. 외지에 유학하는 학생과 제주농업학교 학생을 초대하여 만남의 시간을 제공하였다.

> ◇제주=제주여자청년회 제주공립보통학교졸업생동창회 제주청년회 3단체 주최로 지난 7월 29일 하오 2시부터 성내 갑자의숙 강당에서 외지에서 유학하는 중등학교 이상의 일반 학생과 당지 제주농업학교 학생 전부를 초대하고 간친회를 개최하였던 바 당일은 다수 청년 학생 래참으로 근래에 보기 드믄 회합이었다 하며 간담에 들어서는 경찰 측으로부터 여러 번 금지를 받았고 흥미진진한 여흥으로 폐막 산회하였다더라(제주)[44]

(2) 전국 활동

재만동포옹호동맹 활동

제주여자청년회는 제주도내만이 아니라 전국 활동에도 참여하였다. 1927년 12월 제주여자청년회는 재만동포옹호동맹 활동에 참여하였다. 재만동포옹호동맹 활동은 1927년 만주 지역 우리 동포들이 중국 당국으로

---

43) 「수해구제도 간섭 제주경찰 태도」, 『동아일보』(1927. 9. 24.).
44) 「유학생의 회합」, 『동아일보』(1928. 8. 3.).

부터 학대와 박해를 받고 있는 상황에 맞섰던 전국적인 움직임이다. 조선일보의 사설로 그 내용을 파악할 수 있다.

   각계 협력이 긴요 보복 수단은 이르다
   1. 12월 9일 경성에 있는 사회 각계의 단체를 대표할 만한 사녀(士女) 백여 인은 만주에서 핍박받고 구축(驅逐 : 몰아서 내쫓다) 당하는 동포를 위하여 그 대책을 신중 토의한 결과 우선 각 방면 단체와 뜻 있는 인사를 망라하여 재만동포옹호동맹을 조직하고 이에 대하여 만주정부 당국자와 및 기타 일반 관계처에 성명서를 발표할 것과 대표를 파견하여 모든 사정의 조사와 및 적당한 대책으로써 교섭 절충을 행하게 하기로 하였다. 만주동포의 압박 받는 일이 이번 뿐 아니오 또 그다지 단순한 바도 아니지마는 목하의 절박한 사태에 대하여서는 도저히 묵과할 수 없다 하여 필경은 이러한 처치를 보게 된 것이다.
   2. 만주동포의 곤란한 사정이 한 두 가지 아니다. 조선에서 못살고 만주에 가는 동포가 자금이 없고 사정을 잘 모르고 언어가 통하지 못하고 기능도 부족함이 있어서 평시에 받는 바 모멸 손실 고통도 상상에 넘는 바이다. 이에 대하여서도 일정한 대책을 강구 및 실행하여야 하려니와 이제 압박 및 쫓겨나는 경로를 일별컨대 조선인으로써 일본제국주의의 앞잡이로 보는 데에 많은 문제가 일어나니 조선인의 만주 이주는 곧 일본 북진세력의 전초가 된다는 것 조선인이 다수 이주하는 곳에는 일본의 영사분관이 설치되어 특수 임무를 집행하는 책원지(策源地)가 된다는 것 등으로 조선인을 배척 쫓아내는 것이다. 이리하여 토지의 매수, 소작과 거주 이주에 많은 간섭 및 구박을 가하고 필경 쫓아냄을 단행하게 된다.[45]

---

45) 「재만동포옹호동맹」 『조선일보』(1927. 12. 11.).

조선에서 살지 못하여 만주로 이주한 우리 동포들은 만주정부는 일본의 앞잡이로 보고 배척하고 쫓아내고 있을 뿐 아니라 토지 매수 등의 경제 활동과 거주 이주 등에도 간섭을 받거나 쫓겨나고 있었다. 이러한 상황에 항의하는 움직임으로 재만동포옹호동맹을 결성하였고 전국적으로 호응이 일어났다.

제주도에서도 재만동포옹호동맹을 창립하고 임원을 선출하고 제주불교포교당에 사무소를 마련하여 만주 지역 동포를 도울 방안을 실천하였다.

> 제주 각단 연합 옹호동맹 조직
>
> 재만(在滿) 동포가 중국 관헌에게 갖은 박해를 당한다는 소식을 접한 제주청년연합회 주최로 거 24일 하오 2시에 성내 이도리 향사에서 제주청년회 제주기자단 제주기독교회 산지청년회 제주부인회 제주여자청년회 제주학우회 제주공보동창회 제주음사 등의 대표 20인이 모여 재만동포옹호동맹 발기회를 개최하고 해(該) 동맹 창립대회 준비위원 11인을 선출하여 준비에 노력하던 바 거월 26일 하오 3시에 성내 제주유치원에서 재만동포옹호동맹 창립대회를 개최하고 의장 최남주 씨 서기 김적내 씨를 선거한 후 한상호 씨의 진상보고가 유한 바 장내가 극도로 긴장한 가운데 강령 및 규약을 통과하고 토의로 옮겨 좌기와 여히 결의하였으며 실행 위원 19인을 선거하고 동맹의 경비에 대하여는 즉석에서 모집된 의사가 5원 10전이었음으로 이로써 충당하기로 하고 사무소를 제주불교포교당으로 정한 후 자유 연단을 개(開)하여 소감을 말하기로 했던 바 임석 경관이 중지를 명하였으므로 할 수 없이 하오 5시 경에 폐회하였다더라(제주)[46]

---

46) 「제주 각단 연합 옹호동맹 조직」, 『동아일보』(1928. 1. 7.).

재만동포옹호동맹은 조선총독부에 진정을 넣거나 중국 정부에 항의하는 활동을 결의하고 우리 동포를 위한 격려문 발송과 물질적 도움 등의 활동을 결의하였다.

> 결의
> 一. 근본 방침
>   적극적 행동은 절대로 피하고 온건한 수단으로 문제를 원만히 해결할 것
> 一. 실행방침
>   1. 조선총독부에 진정할 것
>   2. 재경총동맹과 제휴하여 중국 관계당국인 북경정부 경성총영사관 봉천 및 길림성에 항의할 것
>   3. 재락(在洛) 중국인의 노력을 촉진시킬 것
>   4. 재만 조선인 구축 대책강구회에 격려문을 발송할 것
>   5. 물질적으로 동정할 것[47]

제주여자청년회는 제주청년회, 제주부인회 등의 단체와 연대하여 만주의 동포를 위한 활동에 참여하였다.

관북수해제주구제회 활동

제주여자청년회는 제주청년회와 연합하여 1928년 관북지방의 수재민을 돕기 위한 활동에도 나섰다. 관북지방의 수해 구제 활동은 함경남북도를 돕기 위한 활동으로 전국적으로 기금이 모금되었다.

---

47) 「제주 각단 연합 옹호동맹 조직」, 『동아일보』(1928. 1. 7.).

관북 수해 구제 구호대 모집 황주 금주단에서

　　근년 미증유의 수재로 인하여 다대한 생명과 재산을 손실하고 아사 선상에 방황하는 함경남북도 일대의 이재민을 구제하고자 분기한 …생략… 금번 관북 일대에서 생긴 미증유의 대수재로 인하여 많은 사망자를 내는 동시에 잔존한 생령들은 일 일이라도 불가결할 의복주(儀服住) 삼자를 일야 홍수에 유실하고 굶주린 배를 부둥켜안고 니해(泥海)중에서 비호(悲號)하는 중인데 …생략…[48]

제주도에서도 8개의 단체가 관북수해제주구제회를 조직하고 희사금과 구제미 등의 의연금 모집 활동을 계획하였다.

　　참담한 한수재(旱水災)와 각지 동포의 뜨거운 동정
　　제주는 금지
　　제주 성내에서는 거 14일 오후 3시에 재성(在城) 8개 사회단체 합동위원회를 합동회관에서 개최하고 관북 수해 구제에 관하여 토의하였는데 동 합동위원회로도 구제의 기능을 발휘할 수 있으나 활동을 조직적으로 기민하게 하기에는 조직체를 정하는 것이 호책(好策)이라 하여 즉석에서 관북수해제주구제회를 조직하고 의연금 등 모집은 당국에서 간섭할 줄로 인하여 가장 온당한 방책으로 희사금 및 구제미 수집, 동정음악회 등을 결의하고 위원으로 30인 대표 고명우를 선거하고 동 7시에 폐회하였는데 그 익일에 위원 대표 고명우 씨를 제주경찰서에서 호출하여 여하한 방법으로거나 여러 단체가 공동하여 금품 등을 모집하는 것은 절대 금지라는 선언을 받고 제반으로 교섭을 하나

---

48) 「관북 수해 구제 구호대 모집 황주 금주단에서」, 『동아일보』(1928. 9. 8.).

결국 수포로 귀하고 그 후 즉시 동정음악회 계출을 했었던 바 또한 금지를 시킴으로 서로 얼굴만 바라보며 하는 수 없이 별도의 방침을 강구하기로 했으며 근일 제주에서는 모든 집회는 물론 심지어 회순에 기타 사항까지도 절대 토의하지 못하게 함으로 일반 사회단체에서는 두통거리가 된다더라(제주)[49]

의연금 모집 활동은 경찰의 제지로 금지되었다. 제주여자청년회를 비롯한 단체들의 이와 같은 사회 참여 활동은 일제 경찰의 제지 대상이었음을 파악할 수 있기도 하다. 경찰의 금지에도 불구하고 단체별로 십원을 갹출하여 동참하였다.

> 참담한 한수재(旱水災)와 각지 동포의 뜨거운 동정
> 제주 관북수해동포 구제에 대하여 제주청년동맹의 주최로 각단체 합동위원회에서 수해동포구제회를 조직하고 활동하고자함은 당지 경찰의 금지를 당하였다함은 기보한 바어니와 그 후 동 청년동맹에서는 각 세포단체와 협의하여 일단체에서 최저 십 원을 회원이 갹출하기로 하였다는 바 일반 인사들도 자진 동정하리라더라(제주)[50]

제주여자청년회의 활동은 여성을 위한 활동으로만 범주가 국한되는 것이 아니라, 사회적 역할을 하는 여성을 지향하여 제주 지역 내의 각종 사회현안과 전국적 범위에서 활동하였음을 보여주고 있다. 이는 제주여자청년회를 설립하며 여성운동의 범위가 여성에 관한 사회제도의 모순을 여성 스

---

49) 「참담한 한수재(旱水災)와 각지 동포의 뜨거운 동정」, 『동아일보』(1928. 9. 24.).
50) 「참담한 한수재(旱水災)와 각지 동포의 뜨거운 동정」, 『동아일보』(1928. 9. 29.).

스로 나서서 해결하겠다는 의지를 표명하였음과 같은 맥락의 활동으로 파악할 수 있다.

(3) 단체 연대 활동

제주여자청년회는 창립 이후 다른 단체들과 연대하여 활동하였다. 사회적 현안이 생길 때마다 함께 활동하는 모습을 보인다. 그중 몇 단체의 성격을 살펴 제주여자청년회의 성격을 미루어 짐작해 보고자 한다.

① 제주부인회 연대 활동

제주여자청년회는 제주부인회와 제주여자학술강습소 활동,[51] 제주부인 시찰단 활동[52] 등을 함께 했다.

> 사회단체
> ◇부인회 및 여자청년회
> 제주부인회는 거금 8년 전에 창립되었는바 제주청년회와 제휴하여 사회사업에 노력하였는바 특히 부녀야학을 경영하여 부녀 계급의 계몽운동에 주력하였으며, 여자청년회는 작년 겨울에 여성해방을 절규하여 창립되었는데 교양에 치중하여 부인회와 협력으로 제주부인 야학을 경영한다.[53]

1926년 10월의 위 기사에서 제주부인회는 8년 전에 창립되었다고 하였

---

51) 「제주여자강습 의연」, 『동아일보』(1927. 7. 12.).
52) 「호남지방」, 『동아일보』(1926. 10. 14.).
53) 「순회 탐방(120) 풍광이 명미한 남국의 정서〈2〉」, 『동아일보』(1926. 10. 28.).

다. 1929년 1월 기사에서는 제주부인회는 1921년 11월 28일 회원 80명으로 창립하였고 1929년 1월 현재 회원 60명으로 활동하고 있다는 기록이 있다.[54] 그러나 제주부인회가 1921년 8월 조선여자교육회 순회강연단을 맞아 강연회에 함께 참여한 기록이[55] 있어 1921년 11월 창립은 오류일 것으로 보인다. 이로 보아 제주부인회는 1918년경부터 창립되어 활동을 시작하였다고 볼 수 있다.

또한 제주부인회는 제주여자청년회보다 회원수가 더 많았음도 확인된다.

> 귤 익은 남쪽 나라 제주도를 보고 온 이야기
> 제주청년연합회(9 단체 합동, 천여 명) 제주소년연맹(17단체 600명) 제주청년회(150명) 제주여자청년회(40명) 제주부인회(100명) 제주기자단(15명) 제주신인회(9명)[56]

회원의 규모는 제주부인회는 다양한 연령의 여성이 활동할 수 있는 단체였고, 제주여자청년회는 제주청년회처럼 18세 이상 40세 이내의 여성을 대상으로 하였을 것이라는 점에서 회원의 범위가 제한적이었던 이유 때문 혹은 제주부인회는 "여성 계몽운동에 주력하고자 하였으며, 제주여자청년회는 여성해방을 절규하여 창립"[57]했다는 단체의 취지에서 비롯되는 것일

---

54) 「십 년 일람 현저히 발달된 찬연한 지방문화 13」, 『동아일보』(1929. 1. 15.).
55) 「여자순강단 제주 착」, 『동아일보』(1921. 8. 27.).
56) 강제환, 「귤 익은 남쪽 나라 제주도를 보고 온 이야기」, 『별건곤』제4호(개벽사, 1927. 2. 1.), 한국사데이터베이스.
57) 「순회 탐방(120) 풍광이 명미한 남국의 정서〈2〉」, 『동아일보』(1926. 10. 28.).

수도 있다고 짐작할 수 있다.

1925년 제주부인회는 제주청년회 등 십여 단체와 함께 제주기근구제회를 조직하고 물품 모집 활동을 하였다.

> 제주에도 기근구제회 십여 단체 발기로 조직
> 당지 각 단체에서는 기근 구제 방침에 대하여 백방으로 고려하여 오던 바 구 정초를 기하여 거 1월 31일 하오 3시에 각 단체 대표가 제주청년회관에 회집하여 제주기근구제회를 조직하고 원래 제주에서는 금전 등은 모집하기 어려우므로 회원 전부가 총출동하여 가마니 전대 등을 둘러메고 촌촌 가가로 돌아다니며 맥속곡류의 의연을 구하기로 결의하고 …생략…
> ▲발기단체
> 제주청년회 제주부인회 제주불교협회 제주기독청년회 중앙탐흥회 갑자제흥회 용진회 소년돈목회 소년신명회 소년광명단 소년보인회 조선일보제주지국 시대일보제주지국 본사제주지국[58]

위 기사에서 참여 단체를 보면 제주여자청년회 결성 이전에는 제주부인회가 제주도의 여성 활동을 대표하고 있었다 할 수 있다.

1925년 제주부인회에서 전제주소년소녀현상웅변대회를 후원한 기사도 있다.

> 제주소년 웅변 성황리에 종료
> 기보=조선 본보 양 지국 주최 전제주소년소녀현상웅변대회는 예정과 같이

---

58) 「제주에도 기근구제회 십여 단체 발기로 조직」 『동아일보』(1925. 2. 9.).

지난 11일 하오 2시 반에 당지 보교 대강당에서 개최하고 고원옥 군의 개회사를 비롯하여 각 연사는 현하의 웅변을 토하여 장내에 운집한 수 천의 청중으로 하여금 환호를 하게 하였는데 김은애 양의 "조선 사람은 경제의 파멸을 받아 북으로 만주와 서백리아로 간다"는 말이 불온하다 하여 임석하였던 김 경부(警部)가 주의를 연발하다가 중지를 명함에 장내의 공기는 긴장하여 "이유를 대라" "무지한 경관(警官) 주의" 등 외치는 소리에 일대 수라장을 이루었다가 겨우 진정되어 순조로 진행되고 …생략… 연제 및 연사 …생략… 의연방명록 …생략… 제주부인회 김영선 김두규 …생략…[59]

1925년 전제주단체정구대회와 전제주축구대회에도 제주부인회가 후원하였다.

탐흥군 우승

제주청년회 주최 제2회 전제주단체정구대회는 제주부인회 후원으로 지난 6일 상오 8시부터 제주 성내 갑자의숙 코트에서 김태민 씨 개회사로 …생략… 수 천의 관중은 열광하였고 최후로 제주선봉군과 탐흥군이 대전하다가 선봉군이 기권하였으므로 우승은 결국 탐흥군에 귀하였다고(제주)[60]

제주 3회 축구 우승은 화북군

영주학생친목회 주최와 제주청년회 제주부인회 제주축구단 조선 본보 양 지국의 후원인 제3회 전제주축구대회는 예정대로 지난 7, 8 양일 남성 외 광

---

59) 「제주소년 웅변 성황리에 종료」 『동아일보』(1925. 8. 18.).
60) 「탐흥군 우승」 『동아일보』(1925. 8. 18.).

장 운동장에서 열리었는데 …생략… 우승기는 화북군이 차지하기로 되고 오후 3시 경에 폐회하였다고.(제주)[61]

제주여자청년회가 결성된 이후 제주부인회는 재만동포옹호동맹 활동, 관북지방 수재민 구호활동 등을 함께 하였다. 그 외에도 제주여자청년회의 청소년을 위한 활동과 행보가 같음을 확인할 수 있기도 하다.

② 제주청년회 연대 활동

제주청년회는 1924년 6월 결성되었다. 제주청년수양회, 탐라협회, 단풍회 등의 기존 청년단체들의 활동이 미미하다는 인식에서 조선 민중 해방운동의 선구가 되기를 선언하고 결성하였다.[62] 제주청년회는 야학을 통한 교육 활동을 비롯하여 제주 사회의 각종 현안에 참여하여 활동하였다.

제주청년회 창립 10주년 정기총회 기사를 통해 청년, 여성, 소년, 교육 등 분야의 활동을 확인할 수 있다. 이 회의는 제주여자청년회도 방청하였다.

---

[61] 「제주 3회 축구 우승은 화북군」 『동아일보』(1925. 8. 22.).
[62] 「제주청년 창립」 『동아일보』(1924. 7. 9.).
"종래 제주에는 통일적 청년의 집회기관이 없었고 노소(老少) 혼동한 소위 수양회이니 탐라협회이니 단풍회이니 등 여러 집회가 당지 사회의 중견될 것을 선언하였으나 도시 활동이 박약한 가운데 점차 무능력하여져서 기관 자체의 유무를 변식키 어려운 간판 만 있을 뿐이더니 조선 민중 해방운동의 선구가 되기를 기도한 18세 이상 40세 이내 청년의 통일 단결로써 지난 6월 제주 삼성사 내에서 제주청년회 창립총회를 개최하고 규약 통과가 유한 후 좌와 여히 임원으로 선거 하였다.
간사장 김태민, 서무부 박종식 문재창, 지육부 최남식 한상호, 덕육부 신금석 김창언, 체육부 양창보 이창빈, 의사장 이한철, 의사 박교훈 외 7인".

사상단체 해체를 제주청년 토의

제주청년회 창립 제10주년[63] 제1회 정기총회는 예정과 같이 지난 24일 상오 10시에 당지 불교포교당 내에서 개최하였는바 출석회원 64인으로 고명우 씨 사회하에 회록 낭독 경과보고 규약수정 예산안 통과 등을 종료한 후 신임 위원을 선거하고 좌기 각항의 토의에 들어갔는 바 현하 "조선사회 운동방향 전환" "사상단체 해체" "청총(靑總) 분규" 등에 관하여 집행위원회에 장시간 질문이 유하였으며 의사는 순조로 진행되어 하오 3시에 무사 폐회하였는데 특히 제주여자청년회원의 다수의 방청자가 유하였음은 당지 여성운동을 위하여 참으로 경하불이(慶賀不已)이며 토의 사항은

一. 청년문제에 관한 건
一. 여성문제에 관한 건
一. 소년문제에 관한 건
一. 중학 기성 촉진에 관한 건
一. 문맹퇴치에 관한 건
一. 회관 건축 완성에 관한 건
一. 재성(在城) 각 단체협의기관 설치의 건
一. 부로(父老) 단체조직 촉성의 건
一. 청년문고 확장에 관한 건 등이더라(제주)[64]

각 지역의 청년회들이 연합하여 1925년 9월 23일에 제주청년연합회를 창립한다. 청년, 소년, 여성, 사상, 노동, 농민 분야의 운동을 위한 단

---

63) 이 기사는 제주청년회 창립 10주년이라고 보도하고 있다. 이전의 청년 활동을 이어 새롭게 조직을 구성한 제주청년회의 특징을 말하고 있는 것으로 이해할 수 있다.
64) 「사상단체 해체를 제주청년 토의」, 『동아일보』(1927. 4. 28.).

체였다.

제주청년연합회 창립대회 원만히 종료

기보 제주청년연합회 창립대회는 일기의 불순한 관계로 부득이 예정보다 3일을 연기하여 지난 23일 하오 3시 제주 성내 갑자의숙 강당에서 개최하였는데 준비위원 김태민 씨의 개회사로 비롯하여 단체 대표 점명(點名) 경과보고가 끝난 후 의장을 선거하니 김태민 씨가 당선되어 임시 서기를 선거하고 조선청년총동맹, 서울청년회, 경성화공(靴工)청년동맹 기타 각지에서 답지한 축전 축문을 낭독한 후 좌기 각 항을 결의하였는 바 참가 단체와 집행위원의 씨명은 여좌하다고.(제주)

一. 결의 사항

一. 청년운동에 관한 건

一. 여성운동에 관한 건

一. 사상운동에 관한 건

一. 노농(勞農)운동에 관한 건

一. 소년운동에 관한 건

一. 청년기념일에 관한 건

一. 청총(靑總) 가맹에 관한 건

一. 기관지 발간에 관한 건

一. 수해구제에 관한 건

一. 회관 설치에 관한 건[65]

---

65)「제주청년연합회 창립대회 원만히 종료」『동아일보』(1925. 10. 1.).

제주청년연합회의 활동을 조금 더 자세히 들여다보면 우선 청년운동 분야에서는 운동의 근본 방침을 교양·선전·조직·체육 문제로 설정하고 활동하였다. 사회운동 부문에서는 여성운동의 문제와 소년·노동·농민·사상운동을 범위로 하고 활동하였다. 그 외에도 제주 사회의 당면 문제들에 대해서도 입장을 표명하였는데 농촌계몽운동 및 지방문화 발전에 관한 관심과 당대 제주사회에서 문제가 되고 있던 미륵불교에 관한 건에 적극적으로 대처할 것을 결의하기도 하였다.[66]

　제주청년연합회는 제주기근구제회 활동, 수해 구제, 학술강연 강습회, 전제주소녀현상웅변대회, 전제주정구대회, 전제주축구대회, 제주시민대운동회 등을 주도하며 활동하였다.

　연합회가 구성되기는 하였으나 여전히 기존 고유의 청년회 단체명으로 활동하는 모습이 이어짐을 파악할 수 있어서 기존의 단체를 모두 해체하고 구성한 조직은 아니었음이 확인된다.

　제주여자청년회는 1926년 제주청년연합회 가맹단체가 되어[67] 제주청년회와 1927년의 수해 구제 활동, 유학생 회합 주최 활동, 관북지방 수재민 구호 활동 등을 함께 하였다.

③ 전국 단체 연대 활동

　제주여자청년회는 제주청년연합회 가맹단체가 되어 전국 단체 활동에 함께 하였다. 제주청년연합회는 전국 단체인 경성의 조선사회단체중앙협의회에 가입하였다. 조선사회단체중앙협의회는 민족주의 진영과 사회주

---

66) 「제주청년연합회」 『동아일보』(1926. 8. 28.).
67) 「제주청년연합회」 『동아일보』(1926. 8. 28.).

의 진영의 조선 사회운동의 각 부문 단체를 망라하여 모아낸 상설 협의체로 가입단체 874개 회원 2만여 명의 단체였다. 사회운동 분야로 사상, 청년, 노동, 농민, 여성 부문 등의 이론과 정책을 수립하고 각 부문별 연계 활동을 위해 설립하였다.[68] 일제는 전민족적인 단일당 결성을 통해 민족해방을 목적으로 하고 있다고 판단하여 활동을 금지하였다.

제주청년연합회는 1926년 조선사회단체중앙협의회 가맹을 결의하였고,[69] 조선사회단체중앙협의회 창립 준비위원회에서는 "제3회로 가입단체 자격심사를 완료하고 제주청년연합회 5개 단체 연합"을 가입시켰다.[70]

또한 제주청년연합회는 조선민흥회 관련한 안건도 논의하였다. 조선민흥회는 1926년 사회주의 계열의 서울청년회와 조선물산장려회가 주축이 되고 종교계와 교육계 민족주의 인사들이 참여한 민족협동전선 단체로 준비되었으나 신간회로 흡수된 단체이다.

> 단일 전선기관으로 조선민흥회 발기
> 유지들이 물산장려회에 모여 각 방면 망라한 민흥회를 발기
> 조선 사회운동자와 및 민족운동자들은 근래에 이르러 서로 제휴하여 공동 전선을 유지하려는 노력이 보이는데 최근 수일 전에는 민족적 단일전선을 목표로 하고 조선민흥회라는 단체가 발기되었는 바 그는 명제세 김종협 씨 등 외 십수 인이 부내 황금정 1정목 조선물산장려회에 모여서 조선민족 유일전

---

68) 「조선사회단체 중앙협의회」 『동아일보』(1926. 2. 20.).
69) 「제주청년연합회」 『동아일보』(1926. 8. 28.).
70) 「심사된 단체는 394단」 『동아일보』(1927. 2. 7.).
조선사회단체 중앙협의회는 1926년 2월 17일 발기회, 4월 11일 창립 준비위원회를 시작으로 가입단체를 모집하면서 1년 1개월여의 준비 끝에 1927년 5월 10일 창립대회를 개최하였다.

선의 기관이 될 『조선민흥회』를 발기한 것으로 그 취지와 및 결의와 준비위
원은 아래와 같다더라

◇취지

조선민족의 공동 이익을 위하여 분투 노력함에는 반드시 전민족적인 각계
급의 역량을 총집중한 조직력의 활동으로서야 가능할 것임으로 조선민족의
중심 세력이 될 유일한 조직체를 완성하기 위하여 조선민흥회 발기준비회를
조직하기로 함

◇결의

一. 실업 교육, 노동, 농민, 언론, 종교, 여자, 청년, 형평, 학생, 사상, 노동
등 각계를 총망라하여 조선민흥회를 조직하기로 하고 준비위원을 선정하여
각 계급에 교섭하여 기성회를 조직하기로 함

一. 기성회의 일자는 추후 발표함

一. 조선민흥회의 회명은 공중의 토의에 의하여 기성회 또는 창립대회에서
변경할 수 있음

一. 임시사무소는 시내 황금정 1정목 44번지 조선물산장려회관 내에 둠

◇준비위원 …생략…[71]

조선민흥회는 "실업, 교육, 노동, 농민, 언론, 종교, 여자, 청년, 형평, 학
생, 사상, 노동 등 각계를 총망라하여" 조직하였다. 제주청년연합회가 조
선민흥회와 관련하여 어떠한 활동을 하였는 더이상 자료가 없어 상세히 알
수 없으나 조선민흥회의 취지와 함께 하겠다는 제주청년연합회의 성격을
짐작할 수 있다.

---

71) 「단일 전선기관으로 조선민흥회 발기」 『조선일보』(1926. 7. 10.).

제주여자청년회는 전국 여성단체로 여성의 지위 향상을 위한 활동을 하는 근우회와도 뜻을 같이하였음을 앞에서 살폈다. 이러한 제주여자청년회의 활동 모습은 당대 한국 여성운동의 활동 범주 속에 있음을 확인할 수 있다. 당대 한국의 여성운동은 여성해방이 사회적 제도 개선에서 비롯된다고 인식하고 이를 위해 여성의 자각과 여성의 활동이 필요하다는 주장으로 활동하였다. 제주여자청년회의 결성도 전국적인 여성단체 결성 흐름 속에서도 이해할 수 있다. 1922년 조선여자청년회 결성 이후 여성단체가 전국적으로 조직되고 제주도에서도 같은 흐름으로 여성단체들이 결성된다. 제주도의 여성단체로 파악되는 것으로는 제주부인회, 조천부인회, 함덕여자청년회, 조천여자청년회, 신촌여자청년회, 월정리여자신진회, 제주여성동우회 등이 여성 덕성의 함양, 교육 보급, 생활개선 등을 표방하며 활동하였다.

제주여자청년회는 제주도의 다른 단체 혹은 전국 단체와 함께 활동하며 여성의 권익은 물론이고 제주 사회의 여러 현안에도 적극적으로 참여하는 활동을 하였음을 확인할 수 있었다.

제주여자청년회의 야학 운영과 강연회 개최, 견학단 구성 등을 통한 여성 교육 활동 그리고 운동회 개최, 수해 구제 활동 등 사회적 현안 참여 등의 활동 모습은 우리나라 여성 운동의 큰 흐름과 같은 맥락임을 확인할 수 있다.

제주여자청년회의 주요 활동을 다음의 표로 정리할 수 있다.

〈표 4〉 제주여자청년회의 주요 활동 상황

일시	활동 내용		비고
1925. 12. 26	창립	여성해방 운동 목표	강평국 임시의장
		여성 지위 향상을 위한 교육 활동 실천	
1926. 1. 4	강연회	주제 : 당면 여성 문제와 폐습 교정	강평국 사회
1926. 8	제주청년연합회 가입	각 지역 청년단체 연합	연대 활동
		청년, 여성, 사상, 노동, 농민, 소년 운동 활동	
1926. 8	조선사회단체 중앙협의회 가맹	전민족 단일당, 민족해방 목적 활동	전국 활동
		청년, 노동, 농민, 여성, 사상 등 분야 사회 운동	
		제주청년연합회 등 공동 활동	
1926. 9	제주여자학술강습소 운영	제주부인회와 공동 운영	교육 활동
1926. 11	제주부인시찰단 모집	새로운 문물 시찰을 통한 교육 활동	교육 활동
		전남물산공진회 시찰	
		제주부인회와 공동 활동	
1927. 7	제주여자학술강습소 의연금 모집	지역 유지 금전적 도움으로 운영	교육 활동
1927. 9	수해 구제 활동	제주도내 대폭풍우로 인한 수해	사회 활동
		구제금품 모집	
		제주청년회 등 공동 활동	
1927. 12	재만동포옹호동맹 활동	중국 관헌의 재만 동포 박해	전국 활동
		조선총독부 진정, 중국 정부 항의 활동	
		동포 격려문과 물질적 도움 활동	
		제주청년회 등 공동 활동	
1928. 5	제4년차 정기총회	야학 확장 결의	교육 활동 최정숙 의장
		소녀 지도 및 폐풍 교정 결의	
		근우회 지지 표명	
1928. 7. 29	학생 간친회 마련	외지 유학생과 제주농업학교 학생을 위한 간친회	교육 활동 연대 활동
		제주청년회 등 공동 활동	
1928. 9	관북 수해 구제 활동	함경남북도 수재 구제 활동	전국 활동
		관북 수해 제주구제회 조직	
		제주도내 8개 단체 연합 활동	
1929. 1	회원 80명		고수선 대표

4. 제주여자청년회 활동 주요 인물

강평국은 제주여자청년회 대표 인물이다. 강평국이 일본으로 건너간 이후에는 홍태옥, 최정숙, 고수선이 제주여자청년회를 주도한다. 강평국은 제주여자청년회를 창립시킨 인물이며, 홍태옥[72]은 1927년 위원장,[73] 최정숙은 1928년 회의에서 의장, 고수선은 1929년 제주여자청년회 대표였음이 확인된다. 여성운동과 교육운동을 함께 했던 제주도를 대표하는 신여성으로 여성계몽을 위한 활동을 한 인물들이다.

그 외에 제주여자청년회 활동을 했던 여성들의 이름을 다음과 같이 파악할 수 있다.

> 제주여청 창립
> …생략…
> ◇집행위원
> 서무부 윤진실 홍태옥
> 교양부 장선희 송혜영
> 사회부 강평국 김계숙 홍보영
> 운동부 홍숙자 김경희(제주)[74]
>
> 제주여자청년 정총

---

72) 홍태옥은 제주여자청년회 창립 당시부터 집행위원으로 서무부에 소속되어 활동한 인물이다.(「제주여청 창립」, 『조선일보』, 1926. 1. 3.).
73) 「제주 신춘 음악」, 『조선일보』(1927. 3. 21.).
74) 「제주여청 창립」, 『조선일보』(1926. 1. 3.).

제주여자청년회 제4년 제1회 정기총회는 …생략… 신임집행위원은 다음
과 같다더라(제주)
　◇의안 …생략…
　◇집행위원
　서무부 김병원 송혜영 김초생
　교양부 고혜영 고인원 고인식
　사회부 고수선 송순호 고백선
　체육부 김계아 김양휘[75]

강평국은 제주여자청년회와 조천부인회를 조직해내는[76] 주역으로 여성운동을 하였다. 강평국의 여성운동은 사회적 역할을 하는 여성을 목적으로 한 여성해방운동이었는데, 이를 위해 여성의 실력 향상이 필요하다는 관점에서 여성 교육에 중점을 두었다. 각종 제주 사회의 현안에 그리고 한국 사회의 여러 현안에도 참여하였던 모습을 남기고 있다.

Ⅳ. 근우회 동경지회 활동

강평국은 근우회 동경지회의 중심 인물이다. 근우회는 여성의 지위 향상

---

75) 「제주여자청년 정총」, 『동아일보』(1928. 5. 5.).
76) 「청년 기타 집회」, 『동아일보』(1924. 3. 23.).
　"▲조천부인회 조직 제주도 신좌면 조천리에서는 부인의 수양기관이 무함을 유감으로 여기던 중 강평국 김시숙 이재량 외 제씨의 발기로 거 팔 일에 당지 공립보통학교 내에서 부인회를 조직하였다는데 그 회원은 백여 명에 달하였다더라.(제주)"

과 민족 해방을 운동 목표로 활동한 당대 한국 여성운동을 대표하는 단체로서 여성들의 민족운동의 중심으로 역할을 하였다. 강평국은 근우회 동경지회 발기회 개회사를 하였고 설립대회 의장으로 대회를 이끌었다.[77]

근우회의 성격

근우회는 1927년 5월 여성 단체를 통일한 활동을 목적으로 전국 60여 개의 지회와 일본과 만주에도 지회를 조직한 대표적인 여성 단체이다. 근우회는 여성 계몽운동과 민족의식 고취를 목표로 부인 강좌와 순회 강연을 마련하였고 야학 운동 등으로 여성들의 문맹 퇴치 운동과 남녀평등 의식 계몽 활동에 주력하였다.

근우회 전국대회 행동강령을 보면, 교육의 성별 차별 철폐 및 여자의 보통교육 확장, 여성에 대한 봉건적·사회적·법률적 차별의 철폐, 봉건적 인습과 미신 타파, 조혼 폐지 및 혼인·이혼의 자유, 인신매매 및 공창의 폐지, 농민 부인의 경제적 이익 옹호, 부인 노동자의 임금 차별 철폐 및 산전산후 2주간의 휴양과 임금 지불, 부인 및 소년 노동자의 위험노동 및 야간작업 폐지, 언론·집회·결사의 자유 등을 내세워 여성의 권익을 위주로 활동한 단체임을 확인할 수 있다. 근우회는 이러한 목표를 이루기 위해 야학과 강연회 등을 통해 계몽활동을 하며 여성의 지위 향상을 목표로 한 활동을 전개하였다.

---

77) 한금순, 「강평국의 일본에서의 민족운동」 『제주도연구』 제58집(제주학회, 2022.), 117~124쪽의 내용을 수정 보완하였다.

근우회 동경지회 발기회

일본에는 동경지회, 경도(京都)지회, 대판(大阪)지회가 조직되어 활동하였다.[78] 근우회 동경지회는 먼저 1927년 12월 27일 발기회를 가졌다. 근우회 동경지회 발기회는 강평국의 개회사로 개회하였다. 발기회에서는 근우회의 취지와 강령을 설명하고 설립을 위해 강평국, 지경숙 등 16명의 준비위원을 선정하였으며 1928년 1월에 설립대회 소집을 의결하였다.

> 근우회 동경지회 지난 이십칠 일에 발기회, 창립대회는 일월 중순경
> 과거의 조선 부인운동이 일부 지식 분야에 국한되었던 사상운동으로부터 비약하여 전조선 여성의 이익을 대표하여 싸워나갈 여성 단일당 근우회가 창립되자 전 조선 각지에서 그 지회가 뒤를 이어 발기되는 이때에 동경부 하호총정 취방(東京府 下戶塚町 諏訪) 일백구십구 번지 신간 동경지회 회관에서 발기인회를 열었다는데 당일 이십일 인이 출석으로 강평국(姜平國) 씨의 의미 있는 개회사로 개회하여 의장 박화성 서기 김영애 양씨가 피선된 후 발기 취지 설명과 본회 선언, 강령의 설명이 있은 후 설립대회를 준비하기 위하여 십육 명의 준비위원을 선정하고 폐회하였다는 바 당선된 위원 씨명과 결정 사항은 아래와 같다더라(동경)
> 위원장 박화성 서무부 김순실
> 결정 사항
> 1. 설립대회는 1928년 1월 중순으로 소집할 것
> 1. 회원을 적극적으로 모집할 것
> 위원 씨명 강평국, 지경숙 …생략…[79]

---

78) 「조선여성의 단일당인 근우회 대표대회」 『조선일보』(1928. 4. 17.).

근우회는 전조선 여성의 이익을 대표하는 단체로 동경에서도 지부 개설을 위한 발기인회를 신간 동경지회 회관에서 개최하였고 강평국 등 21명이 출석하였다.

설립대회 준비위원 명단도 파악할 수 있다. 서무부, 재무부, 선전부 등의 부서로 구분하여 설립을 준비하였고, 강평국은 서무부에 속했다.

> 동경 근우지회 발기회
> 설립대회는 이달 중순에
> 거 27일 오후 한 시부터 동경부 하호총정 취방 190번지 신간회 동경지회관에서 근우회 동경지회 발기인회가 열리었다는 바 당일에 참석한 인원은 21인이었으며 발기 취지 설명 및 동회의 선언 강령 등에 대한 설명이 있은 후 동경 근우지회 설립대회 준비위원으로 16명을 선정하였다 하는데 설립대회는 1월 중순경으로 정하고 그 안에 회원 모집을 적극적으로 할 터이라 하며 당일에 당선된 위원은 다음과 같다더라.
> 위원장 박화성
> 서무부 김순실 강평국 지경숙
> 재무부 양봉순 최동희 김영애 김은숙 김분옥 김오남
> 선전부 김정희 김계선 임효정 김현실 이완구[80]

근우회 동경지회 설립

근우회 동경지회는 1928년 1월 22일 설립하였다.[81] 강평국은 박화성과

---

79) 「근우회 동경지회 지난 이십칠 일에 발기회」, 『중외일보』(1928. 1. 6.).
80) 「근우 동경지회 발기회」, 『동아일보』(1928. 1. 8.).

함께 대회 의장으로 선임되어 설립대회를 이끌었다. 회원 60여 명이 참석하였고 이백여 명의 방청객이 참여하였다. 일본부인동맹과 신간회 동경지회 등 십여 단체의 축사가 있었고, 운동 방침을 토의하고, 노동부인운동과 인신매매 관련하여 활동 방침을 결의하였다.

근우회 동경지회 설립대회 이십일 일[82]에

동경에서 근우회 동경지회 설립 중에 있다 함은 기보한 보와 같거니와 제반 준비가 종료되어 설립대회를 거 이십 일 정오부터 본향구 추분정 제대(本鄕區 追分町 帝大) 기독청년회관에서 열었는데 각층을 망라한 육십여 명 회원이 출석하고 방청객이 이백여 명이나 되어 대성황을 이루었다. 박화성 씨의 의미심장한 개회사를 비롯하여 의장으로 박화성 강평국 양씨가 당선되고 서기로 김현실 양봉순 양씨를 선거한 뒤 계속하여 우의 단체로부터 온 축사 및 축문 축전 낭독이 있었는 바 제일착으로 일본부인동맹과 신간회 동경지회를 위시하여 내외국의 각종 단체 십여 개소에서 열렬한 축사가 있었으며 의안 토의에 들어가 격렬한 이론 투쟁이 장시간 계속한 끝에 아래와 같이 위원과 의안이 결의 선정 되었다더라.

---

81) 동아일보, 중외일보, 조선일보 신문 기사를 종합해 보면, 근우회 동경지회 설립은 1928년 1월 22일이다. 중외일보(1928. 1. 21.)에서는 근우회 동경지회 발립일을 22일로 보도하고 있고, 조선일보(1928. 1. 21, 1. 30.)에서는 창립대회일을 1월 22일로 보도하고 있다. 동아일보(1928. 2. 1.)는 동경지회 설립대회 제목을 21일이라고 하면서 기사 내용에서는 "22일 정오부터 본향구 추분정 제대기독청년회관에서 열었다."고 하였다. 세 기사를 종합하면 1928년 1월 22일이 근우회 설립일이라고 확인할 수 있다. 『한국민족문화대백과사전』(한국학중앙연구원)의 〈근우회(도쿄)〉 항목에서 설립일을 1928년 1월 21일로 보고 있는 것은 오류라고 보인다.
82) 원문에 "이십일 일에"라고 기사 제목이 쓰여 있다. 기사 본문에서는 22일로 보도하고 있다.

◇ 결의사항

일. 선언 강령 규칙

일. 운동 방침에 관한 건

일. 부인운동[83]에 관한 건

일. 인신매매에 관한 건

일. 신간회 지지에 관한 건

일. 일본부인동맹과 제휴의 건

일. 교양에 관한 건

일. 대중신문 지지에 관한 건

일. 회 유지 및 기타

◇ 위원 씨명

▲위원장 박화성 ▲서무부 이완구, 김순실, 김현실, …생략… ▲선전조직

근우회 동경지회 설립(출처: 동아일보, 1928. 2. 1.)

---

83) 조선일보에서는 이 항목을 "노동 부인"으로 보도하고 있다.(『조선일보』, 1928. 1. 30.).

부 양봉순, 김정희 ⋯생략⋯ ▲정치문화부 강평국, 김길례, 김영애 ▲재무부 김분옥 ⋯생략⋯ ▲출판부 윤성상 ⋯생략⋯ ▲조사정보부 지경숙 ⋯생략⋯[84]

설립대회를 통해 근우회 동경지회는 신간회 지지, 일본부인동맹 제휴를 결의하였다. 위원장에 박화성, 강평국은 정치문화부 위원으로 선임되었다. 근우회 동경지회의 활동 범주가 곧 강평국의 일본 활동의 특징으로도 볼 수 있다.

근우회 동경지회 설립으로 활동을 통일할 필요성에서 동경 조선여자청년동맹 회원들이 근우회로 가입하기로 결의하였다.

> 재동경 조선여청 해체를 결의해
> 거 22일 임시총회에서
> 재동경 조선여자청년동맹은 거년 일월에 창립되어 여성운동에 많은 공헌이 있던 바 현금에 있어서는 여성의 이익을 총대표할 근우회 동경지회가 임의 성립되었으며 또한 재동경 조선청년동맹에서 부녀부를 설치하였으므로 여성이 독립적으로 존재할 필요가 없다 하여 거 2월 22일 하오 7시에 동회관에서 양봉순 씨 사회하에 임시총회를 개최하고 여러 가지 토의가 있은 후 해동맹의 해체를 선언하는 동시에 좌기 사항을 결의하고 동 10시에 폐회하였다더라(동경)
> ◇결의문
> -. 여자청년동맹 해체에 관한 건

---

84) 「근우회 동경지회 설립대회 이십일 일에」 『동아일보』(1928. 2. 1.).

(가) 본 동맹은 존재의 필요가 무함을 인정하고 해체를 결의함
(나) 본 동맹의 해체 선언을 내외 각지에 발표할 일[85]

근우회가 동경 조선여자청년동맹과 같은 맥락의 여성 이익을 위한 활동단체라는 인식이 바탕이 되었고 재동경 조선청년동맹 부녀부 설치로 별도 조직이 필요하지 않다고 협의하여 해체하였다. 동경 조선여자청년동맹은 해체하면서 "(다) 본동맹원으로서는 근우회 동경지회에 가입할 것 (라) 본동맹원으로서는 재동경조선청년동맹 부인부에 가맹할 자격이 있는 이는 속히 가맹할 것"[86]도 결의하였다.

근우회 참여 인물들이 동경 조선여자청년동맹 활동도 하고 있었던 점이 요인이 되기도 한다. 동경 조선여자청년동맹은 1927년 1월 16일 조선여자청년의 경제적 사회적 이익과 지위 향상을 위해 결성한 단체로 근우회원인 강평국을 비롯 심은숙, 양봉순, 김순실, 김정희 등이 활동하였다.

강경 노선의 동경지회

근우회 동경지회는 강경한 노선으로 활동하였던 것으로 파악된다. 1928년 근우회 전국대회 개최를 금지한 경찰에 대응하는 문제로 본부와 동경지회가 대립하였고, 본부는 동경지회를 정권시키기에 이를 정도로 동경지회는 강경한 입장을 표명하였다.

근우회 본부는 4월부터 준비위원회를 구성하여 전국대회를 준비하였다. 5월 26, 27일 양일간 개최하기로 준비하였다.

---

85) 「재동경 조선여청 해체를 결의해」 『동아일보』(1928. 2. 28.)
86) 「동경조선여청 해체 발표」 『조선일보』(1928. 2. 28.).

근우전국대회 준비위원회

근우회 전국대회 준비위원회에서 지난 3일 오후 7시 밤부터 해회 본부내에서 제2회 준비위원회를 열었는 바 다음과 같은 결의가 있었다더라.

—. 대회는 5월 26, 7 양일간 오후 7시부터 중앙기독청년회관에서 개최
—. 의안 작성위원으로서 정종명 허정숙 양씨를 보선
—. 의안은 래 8일까지 작성하여 각 지회에 공포하기로 함
—. 선전포스터를 작성할 일
—. 마크 및 회 깃발의 고안자로서 정종명, 차사백 양 씨가 피선
—. 지회 건의안 접수 기한은 5월 20일까지[87]

그런데 경찰이 대회를 금지시켰다. 대회 의안 내용이 불온하다는 이유였다.

근우대회 금지
의안이 불온하단 이유로
오는 26, 7 양일간 경성에서 개최될 근우회 전조선대회는 그간 준비위원까지 선정하여 제반 준비를 진행중이던 바 소관 종로서에서 대회 의안 여하를 알지 못하고는 동대회를 허가할 수 없으니 미리 의안을 작성하여 가져오라 함으로 동준비위원회에서는 대체를 작성하여 갖다 보였더니 내용이 불온하다는 이유로 동대회를 금지한다 하여 동준비위원회에서는 12일 오전 9시에 허정숙 정종명 양 씨를 교섭위원으로 종로경찰서장과 교섭하여 토의안 전체를 그만두고 위원 개선과 교양 문제 만이라도 허하여 달라 하였더니 지금까

---

87) 「근우전국대회 준비위원회」 『동아일보』(1928. 5. 5.).

지의 근우회 정신이 어디 있는지 몰랐으나 이번 의안으로 보아 동회의 정체를 알았으므로 금후의 대회는 절대로 금지할 것이오 겸하여 앞으로 동회의 정신을 고치지 않으면 해산까지라도 할런 지 모르겠다 하여 동회의 금년 대회는 금지되고 말았는다는 바 동회의 지회는 해내외에 24개소요 회원이 이천여 명이라 하며 금번 대회에 출석할 대의원이 이백여 명으로 제반 준비가 다 된 이 때에 돌연 금지를 당한 동회 간부들은 선후책을 강구 중이라더라.[88]

경찰의 대회 개최 금지 조치에 대해 교섭위원은 종로경찰서장과 교섭하며 위원 개선과 교양문제 만 다루겠다며 허가를 요청하는 과정이 있었으나 경찰에서는 이번 대회는 절대 금지이며 오히려 근우회를 해산시킬 수 있다고 협박까지 하였다. 결국 의안 없이 임시대회를 하기로 협의하게 되었다.

근우대회 임시로 개최

근우회 전국대회를 지난 5월 26일과 27일 양일간 개최코저 만반 준비까지 하였다가 의안이 불온하다 하여 경찰의 금지로 부득이 중지하였다 함은 이미 보도한 바이니와 그동안 그 준비위원회에서는 경찰 측에 재삼 교섭한 결과 의안 없이의 임시대회가 허가되어 불일간 동대회를 열고자 다시 준비에 분망하는 중이라더라.[89]

근우회 동경지회는 본부가 경찰 탄압에 적극적으로 대응하지 못하고 있다고 성명문을 발표하며 본부와 대립하였다. 신간회 동경지회와 근우회 동

---

88) 「근우대회 금지」 『동아일보』 (1928. 5. 13.).
89) 「근우대회 임시로 개최」 『동아일보』 (1928. 6. 5.).

경지회가 연합 명의로 "근우회 임시대회에 임하여"라는 성명서를 신문 등에 발표하였다.

> 근우 임시대회
> 각지에서 대의원이 운집
> ◇금 십사일로 개최
> 근우회 정기대회는 지난 4월 중에 열려다가 의안이 불온하다 하여 경찰의 금지를 당한 후 교섭위원으로 하여금 경찰 당국과 교섭한 결과 조건부로 임시대회를 열기로 되었다 함은 루보하였거니와 동회 본부에서는 임시대회 준비로 분망 중 제반 준비가 완료되어 금 14일 밤 일곱시에 시내 경운동 천도교 기념관에서 열기로 작정하였다 하며 13일 밤 여덟 시부터 동 본부의 마지막 집행위원회를 열고 극히 긴장한 가운데 동경 신간회 지회와 동경 근우회 지회의 연합명의로 "근우회 임시대회에 임하여"라는 성명서 사건으로 장시간 토의하다가 다음과 같은 결의와 대회 순서를 결정하였다 하며 삼십여 지회로부터 대의원들이 벌써 사오십 명이나 입경하여 남북의 여성운동자들이 총집중하는 중이라더라
> 일. 동경지회 성명서에 관한 건
> 일. 대의원 환영회를 십오일 오후 3시에 시외 청량사에서 개할 것[90]

동경지회는 본부가 경찰의 탄압으로부터 본래의 대회를 지켜내야 한다며 전국대회의 금지에 대한 전민족적 항거운동을 주장하는 성명을 발표하였고, 본부는 동경지회의 성명서가 본부를 무시하는 행동이라 하여 대립

---

90) 「근우임시대회」 『동아일보』(1928. 7. 14.).

하였다.

본부위원회는 동경지회 정권(停權)을 결정하였다. 동경지회는 1928년 7월 14일 임시전국대회에서 정권을 항의하여 의사 진행이 중단되기도 하였다.[91]

임시전국대회 회의 중에 동경지회 대표는 항의를 계속 표명하였다. 결국 전국대회 석상에서 동경지회 정권 처분에 대한 토의가 있었고, 대회 본부는 동경지회 대표가 본부 및 성명서에 표기한 간부에 대한 사과를 가결하였다.

동경지회 사과 정권문제 해결
검속된 사람은 즉시 석방되어
◇12시 반에 폐회

이렇게 동경지회 대표의 질문이 그칠 줄 모르게 됨에 개회 벽두부터 장내가 소란토록 문제되던 동경지회 성명서 문제로 본부위원회에서 동 지회 정권 처분시킨 전말을 박호진 씨가 대회석상에 보고하고 동경지회장 김순실 씨의 동사건에 대한 답변적 진술이 있자 장내는 비상히 긴장되어 동경지회원의 부르짖는 언권 달라는 소리, 조용하라는 사찰의 소리로 시간을 보내다가 결국 대회 본부에서 동경지회에 대한 처분은 당연한 것으로 인정하는 동시에 동경지회 대표로 하여금 일반 사회에 대하여는 성명서 또는 신문지상으로 전번에 발포한 성명서 중 "xx간부의..."란 것을 사과적으로 취소하고 동대회와 본부 간부에 대하여 사과할 것 등을 만장일치로 가결하게 되었다. 이에 동경지회 대표 양봉순 씨가 등단하여 간단한 사과의 말을 진술한 결과 문제 많던 동경

---

91) 「남북 각 처 대표 참석 조선여성 초유 회합」 『동아일보』(1928. 7. 16.).

지회 사건은 일단락을 지은 후 오전 열두시 반 경에 제일일 회의는 마치었는데 당일 동경서 나온 김모 외 한 사람이 잠깐 검속을 당하였다가 즉시 방면되었다더라[92]

동경지회 양봉순 대표가 사과하고 결국 문제가 해결되었으나 동경지회의 강경함을 확인할 수 있다.[93]

근우회 전국임시대회(출처: 동아일보, 1928. 7. 16.)

---

92) 「동경지회 사과 정권 문제 해결」, 『동아일보』(1928. 7. 16.).
93) 「동경 근우지회 정권처분을 당해」, 『중외일보』(1928. 7. 14.), 「정권된 동경지회 의원 자격 문제로」, 『중외일보』(1928. 7. 16.).

1928년 2월 신간회 전국대회가 금지되었을 때에 동경지회는 전중(田中) 수상과 조선총독부에 항의하는 활동을 결의하였다. 근우회 전국대회에서와 같은 강경한 노선의 동경지회의 모습이다.

> 동경 근우지회 상무위원회
> 동경 근우지회에서는 지난 20일 해 회관에서 긴급 상무위원회를 개최하고 다음과 같은 사항을 결의하였다더라(동경)
> —. 신간회 전국대회 금지에 관한 건
> —. 동 대회 금지에 대하여 전중(田中) 수상과 조선총독부에 항의할 일
> —. 동회에 격려문을 발송할 일[94]

또한 1929년에도 다시 한 번 동경지회가 정권 당한다. 목포지회에 분규가 생겨 근우회 본회가 목포지회 해산을 의결하자 동경지회가 목포지회를 지지하는 성명서를 발표하였다. 이에 근우회 본회는 상무집행위원회를 열어 동경지회를 다시 한 번 정권시켰다.

> 근우위원회
> ◇지난 9일에 시내 공평동 근우회 본회에서는 상무집행위원회를 열고 다음과 같은 이유로써 동회 동경지회를 정권시키었다더라
> ◇이유= 목포지회 해산에 대한 동경지회 성명서는 반동 행동을 취하는 목포지회와 일치한 행동을 취하여 중앙집권제를 무시하는 것임으로 취소를 요구하였으나 오히려 개전의 빛이 없이 도리어 항의문을 제출하여 반항함으로

---

94) 「동경 근우지회 상무위원회」 『동아일보』(1928. 2. 27.).

그 과오를 반성할 때까지 정권을 명함[95]

근우회 제2회 전국대회에서 복권되었다.

> 동경 목포 양 지회 재조직과 복권
> 분규문제는 원만 해결돼
> 근우대회 제2일
> 　근우회 제2회 전국대회 제1일 오후도 오전에 계속하여 각 지회의 경과보고와 각 부 경과보고가 끝나자 목포지회의 해산문제와 동경지회 정권 문제로 왈시왈비하다가 끝이 나지 아니하고 동일 오후 일곱 시 반에 휴회하였고 동 대회 제2일인 작 28일 오전 열 시부터 속회하였는데 속회 벽두부터 제1일에 문제 되던 해산문제와 정권문제로 극도 긴장한 가운데 토의하다가 목포지회의 해산은 본부에서 취한 태도를 시인하고 동 지회 대표로 상경한 고연우 한국혜 양의 과거의 잘못을 사과하고 목포지회 재조직을 결정하는 동시에 재조직위원으로 최채금 씨를 파견키로 하고 동경지회 정권문제도 동경지회 대표 이현욱 씨의 동 지회를 대표하여 과거의 잘못을 사과하고 복권을 시켜 의장석에서 동경지회 대의원을 방청석으로부터 대의원 석에 열좌케 하니 만장의 박수 중에 이년 여를 두고 떠들던 목포지회 사건과 동경지회 사건은 원만히 해결지었고 동일 오후부터는 규약 수정과 건의안 토의 각 지회 건의안 토의에 들어가게 되었더라(오후 한 시 기)[96]

---

95) 「근우위원회」, 『동아일보』(1929. 7. 20.).
96) 「동경 목포 양 지회 재조직과 복권」, 『동아일보』(1929. 7. 29.).

근우회 전국대회(출처: 조선일보, 1929. 7. 28.)

본부에 강경하게 입장을 표명하던 근우회 동경지회 활동을 파악할 수 있다.

근우회 동경지회의 활동

근우회는 여성들이 중심이 되어 활동하면서 여성 관련 문제만이 아니라 사회의 다양한 사안에 참여하는 활동을 수행하였다. 그러나 지속적인 일제의 탄압으로 활동이 위축되었고 1929년 11월 광주학생운동 이후 1930년 1월 여학생 시위를 주도하는 활동으로 인한 중앙 간부들의 검거로 조직에 타격을 받는 상황이 되면서, 근우회는 정치적 투쟁을 포기하고 문맹 퇴치 등의 계몽운동으로 운동 방침을 전환해야 한다는 내부 공방이 일어나더니 급기야 근우회 해소론이 대두하였고, 근우회는 1931년 해체되었다. 근우회 동경지회는 1929년까지의 활동 상황을 파악할 수 있고, 1929년경에 해소된 것으로 연구되고 있다.[97]

근우회 동경지회는 일본 내에서 조선 여성의 차별에 맞서며 조국의 해방을 위한 항쟁 활동을 펼쳤다. 근우회 선전주간의 운영과 여성문제 강연회 활동 등을 통해 근우회 동경지회의 활동 면모를 살필 수 있다. 본국의 근우회는 선전주간을 두어 적극적으로 근우회의 취지를 선전하여 조직을 확대시키기 위해 활동하였고, 부인강좌를 통해 여성운동을 적극적으로 수행할 여성운동가 양성을 위해 노력하였다. 근우회 동경지회도 같은 활동을 행하고 있다.

근우회 동경지회는 3월 8일 국제부인일[98]을 기념하는 행사를 준비하고 여성 문제 관련 강연을 개최하였다. 본부도 마찬가지지만 동경지회도 선전주간을 두고 있는데 이는 초기 여성 활동의 특징을 생각하면 이해할 수 있을 것이다. 근대 이전의 상황을 기준으로 변화하기 시작한 사회에서 이제 여성들이 중심이 되어 여성을 위한 활동을 하고 있다는 것을 선전하는 활동을 중요시했던 시기였음을 말하고 있다 할 것이다.

    국제부인일과 동경 근우 결의
    부인 강좌와 선전일 문제 결의

---

97) 국사편찬위원회, 『한민족독립운동사』8권(1990.).
98) 1911년 유럽 4개국에서 기념하기 시작한 날이다. 국제무산부인데이로 불렸으며, 여성노동자의 권익을 위한 활동에서 시작하였다. 일제강점기 여성 단체들은 여성 노동자 외에 여성의 결혼, 여성의 사회적 지위, 여성의 경제적 지위 등과 관련한 활동으로 기념하는 날이었다. 1975년 UN은 세계여성의 날로 지정했다.

근우회 동경지회에서는 지난 26일 오전 11시에 집행위원회를 그 회관에서 열고 아래 쓰인 사항을 만장일치로 결의하였다더라

1. 국제부인데이에 관한 건

본 지회에서는 3월 8일 국제부인데이를 의회(議會)하여 노총부인부와 청년동맹 부인부와 3단체가 연합하여 강좌를 개최하고 간담회를 개최할 것

2. 선전주간데이에 관한 건

본 지회에서는 3월 12일부터 18일까지 선전주간데이로 정하되 프로그램은 좌와 여함

12일 삐라 발행, 13일 포스터 발행, 14 15 16일 호별 방문, 17일 삐라 발행 18일 대연설회[99]

동경지회 선전주간은 18일부터 23일까지 유인물과 포스터를 발행하여 호별로 방문하면서까지 선전 활동을 하고 있고, 23일에는 여성 문제 대강연회를 개최하였다. 봉건 유습의 타도, 노예적 교육정책 반대, 여성 차별에 대한 항쟁, 압박당하는 전조선 여성의 단결을 주제로 하였다.

근우 동경지회 여성문제 강연

삼월 이십삼 일에

근우회 동경지회에서는 삼월 십팔 일부터 근우회 선전주간을 결행하였는데 최종일인 이십삼 일에는 "봉건적 유습을 타도하자! 노예적 교육정책에 반대하자! 여성에 대한 일체 차별대우에 항쟁하자! 전조선 피압박 여성은 단결하자" 등의 슬로건을 걸고 여성문제 대강연회를 본향 3정목 제대(本鄕 三丁

---

99) 「국제부인일과 동경 근우 결의」, 『조선일보』(1928. 3. 5.).

目 帝大) 불교청년회관에서 김순실 씨의 사회하에 개최했는데 근우 동경지회의 여류 투사 지경숙 최동희 양봉순 김영애 김길례 노남교 이경원 김재황 김정희 김장출 이양전 최성실 등 제씨의 열렬한 부르짖음과 재일노총을 비롯하여 신간회 동경지회, 동경노동조합, 동경학우회, 프로예술동맹 동경지회, 신흥과학연구회, 청년동맹, 삼총해금동맹 등의 우의 단체의 후원 연설이 있었는데 근 삼십 명의 연사는 전부 "중지 중지"로 일관하여 장내는 입추의 여지도 없이 대성황을 이루었다. 일찌기 동경의 여성 단체로서는 보지 못하던 대성황의 강연회이었다더라.(동경)[100]

근우회 동경지회는 여성의 권익을 위한 활동을 하며 "전조선 피압박 여성은 단결하자"는 슬로건을 내걸고 있음을 주목할 수 있다. 조국은 피압박 상태에 있음을 공공연히 드러내며, 일본에서 활동하는 동경지회가 전조선을 상대로 촉구하고 있어 근우회 동경지회의 민족적 성격을 드러내고 있음을 확인할 수 있다.

또한 "노예적 교육정책에 반대하자"라고 당대 교육정책에 대한 항의 활동을 주장하고 있다. 당대의 교육은 "오직 강자에게 충성스러운 자 되라는 유일한 조건으로 지도하고, 오직 강자의 명령에만 기계적으로 잘 복종하도록 마련되었다."[101]는 당대 인식이 있었다. 근우회 동경지회의 여성문제 강연회에는 일본에서 활동하는 한국인 단체들이 함께 참여하였다. 재일본 노동총동맹, 신간회 동경지회, 동경노동조합, 청년동맹 등 단체의 삼십여 명의 연사의 후원 연설이 있었고 청중이 천여 명[102]에 이르러 대성황을 이

---

100) 「근우 동경지회 여성문제 강연」, 『동아일보』(1928. 4. 14.).
101) 「현대교육제도」, 『조선일보』(1925. 12. 12.).

루었고 경찰관의 주의와 중지가 이어지는 대회였다. 연사들의 열정과 참여자의 열기와 근우회 동경지회의 기세를 미루어 짐작할 수 있다.

근우회 동경지회는 경성의 근우회 본부 활동에도 참여하였다. 1928년 7월 14~15일 경성에서 열리는 근우 임시 전국대회에 참석하였고, 대회 중인 7월 15일에는 신간회 동경지회와 함께 여성문제 강연회를 주최하여 실시하였다. 전국의 여성이 한 마당에 모인 것을 기회로 여성운동의 전략과 전술을 충분히 알리고 교육 시킬 필요가 있다는 인식으로 마련한 강연회였다.

> 여성문제 강연회
> 신간 근우 양 동경지회 주최 래 십오일 경성 천도교 기념관에서 개최
> …생략… 전국 여성 투사의 대의원 다수가 이렇게 한 마당에 모이게 됨을 기회 삼아 여성운동의 전략과 전술을 충분히 이해 선전시킬 필요가 있음을 느낀 근우회 동경지회와 신간회 동경지회의 두 단체는 공동 주최 하에 여성문제 강연회를 열게 되어 모든 준비가 진행되어 오던 바 시일 장소 연제 연사는 다음과 같으며 겸하여 신간회 본부와 근우회 본부와의 특별한 응원이 있기를 바란다 하며 당일 지정 연사의 강연이 끝난 후 근우회 대의원 중 다수 등단을 환영하리라더라.
> ◇연제 및 연사
> 일. 근대 여성운동의 두 가지 조류 강영순 군
> 일. 현 계단의 부인운동 이현욱 양

---

102) 총독부 학무국에서 일본에 유학하는 조선 학생을 조사하는데, 합계 3,861명, 동경 2,898명, 지방 963명으로 파악하였다. 일본에 유학한 강평국과 함께 활동한 학생의 규모가 대단했음이 확인된다.(「일본 유학생 통계」『동아일보』, 1928. 7. 14.).

> 일. 경제사관에 나타난 여성의 지위변천과 현 과정에의 그것 비판 이종률 군 외 근우회 연사 수 명[103]

여성운동의 흐름과 경제사관에서 보는 여성의 지위에 대한 강연이 마련되었다.

1929년 9월 23일 근우회 중앙상무위원회는 재일 조선노동자 추방에 대해 근우회 동경지회에서 직접 활동하도록 결의하였다. 국내 근우회 본부 소속으로 동경지회 활동이 이루어지고 있음을 파악할 수 있다.

> 근우위원회
> 근우회에서는 지난 23일 동회관에서 중앙상무위원회를 열고 아래와 같은 사건을 결의하였다더라
> 一. 재일 조선노동자 방축(放逐)에 대하여 내무성에 항의문을 발송하고 동경지회로 하여금 직접 활동하게 할 것[104]

1929년 대공황으로 경기가 침체되고 실업율이 증가하자 일본은 동경의 조선인 노동자를 한국으로 추방하였다. 동경시만 해도 "실업구제책으로 동경 시내에 거주하는 이만여 명의 조선노동자를 조선으로 돌려보내기로 결정"[105]하였다. 이에 대해 근우회 동경지회는 신간회와 함께 항의 활동을 하였다. "조선인 노동자의 추방은 민족적 차별이며 실업자의 증가는 일본 경제의 결함으로 인한 것인데 조선인 노동자를 추방하는 것은 정치 사회

---

103) 「여성문제 강연회」 『동아일보』(1928. 7. 11.).
104) 「근우위원회」 『동아일보』(1929. 9. 25.).
105) 「재동경 조선노동자 이만 명 강제 귀환」 『조선일보』(1929. 9. 15.).

인도적으로 잘못된 정책임을 지적하고 동경시장과 내무대신 및 내각총리대신에 항의"[106] 활동을 하였다.

근우회 동경지회 단체 연계 활동

근우회 동경지회는 국내 근우회 본부의 하부 조직으로써 본부 활동과 연관된 활동과 함께 다른 단체들과도 연계하여 활동하였다. 그중 신간회 동경지회와는 많은 활동을 함께하였다. 설립대회에서부터 신간회 지지를 선언하기도 하였고, 독립운동이 어려워지는 상황이 되면서 민족주의 계열과 사회주의 계열 운동의 통합 활동을 추구하였던 민족 단일당 조직 움직임의 상황에서 신간회와 밀접하게 연관되어 활동하였다. 신간회 동경지회와는 사무실을 함께 사용하기도 하였다.

설립 직후 1928년 1월 27일 근우회 동경지회는 신간회 동경지회 등과 함께 삼총해금(三總解禁) 관동동맹을 조직하여 활동하였다. '삼총'이란 조선노동총동맹과 조선청년총동맹 및 조선농민총동맹이라는 세 개의 총동맹 단체를 말한다. 노동자와 농민 청년이 활동하는 이 3단체에 대해 내려진 일제의 집회 금지 조치의 해제를 요구하는 해금 활동을 위해 조직된 단체이다.

> 삼총해금(三總解禁)동맹
> 실행위원 9명을 선거해
> ◇동경 각 단체 연합
> 지난 이십칠 일 오후 여섯 시부터 신간 동경지회 회관에서 조선총독 ○○

---

[106] 「동포 노동자 송환에 신간회 항의 발전」 『조선일보』(1929. 9. 18.).

○○ 반대 관동지방[107] 동맹 제창으로 재동경 조선청년동맹, 재일본 조선노동총동맹, 동경 조선노동조합, 재동경 조선유학생 학우회, 신간회 동경지회, 근우회 동경지회, 신흥과학연구회, 프로예술동맹 동경지부 등 각 단체가 삼총해금관동동맹(三總解禁關東同盟)을 조직하고 실행위원을 선거하여 다음과 같은 각 부서를 결정하였다더라(동경)[108]

삼총해금운동은 국내에서 신간회 중심으로 활동하고 있었고[109] 동경에서 신간회 동경지회와 근우회 동경지회를 비롯 8개 단체가 함께 참여하여 활동한 것이다.

또한 1928년 신간회 전국대회를 종로 경찰서장이 사회 질서를 해칠 염려가 있다 하여 대회를 금지시킨 건에 대해[110] 1928년 2월 20일 근우회 동경지회는 긴급 상무위원회를 열어 신간회 전국대회 금지에 대해 수상과 조선총독에게 항의하는 활동을 하였다.[111]

근우회 동경지회는 동경 조선노동조합과도 함께 활동하였다. 1929년 3월 9일 동경 노동조합 제3회 정기대회에 참석하였다가 근우회 대표도 검

---

107) 필자 주: '관동(關東)'은 일본의 간토(關東) 지방으로 동경 인근 지역을 말한다.
108) 「삼총해금(三總解禁)동맹」, 『동아일보』(1928. 2. 4.).
109) 「삼총해금운동」, 『조선일보』(1928. 2. 6.).
110) 「내 15일에 개최될 신간대회 돌연 금지」, 『동아일보』(1928. 2. 8.).
"보안법 제2조를 적용하여 거거익심(去去益甚)한 집회 취체
경찰 당국 경계
혹은 무슨 운동이 있을까 봐, 전조선에 118처의 지하를 두고 이만여 명의 회원을 둔 신간회대회는 2월 15일로 결정되었던 바, 종로경찰서장은 사회의 안녕질서를 해할 염려가 있다고 보고 보안법 제2조에 의지하여 소화 3년도 대회를 금지한다는 …생략…"
111) 「동경 근우지회 상무위원회」, 『동아일보』(1928. 2. 27.).

거되기도 하였다.[112]

근우회 동경지회는 활동 중 경찰 수색을 당하거나 잡혀가 취조당하기도 하였다.

> 동경 근우회원 경찰이 인치
>
> 근우회 동경지회의 위원이며 동경 노동조합의 부인부 책임자인 김순실과 근우회원인 이원도 등 두 사람은 지난 십삼 일 오후에 호총(戶塚) 서원(署員)이 돌연히 검속하여 취조중이라는데 사건 내용 여하는 일체 발표치 아니함으로 사건 정체는 오리무중이나 시국이 시국인만큼 경찰의 신경이 날카로워질 때임을 별다른 중대 사건은 아니라고 관측되더라[113]
>
> 경시청 돌연 활동 조선인 각 단체 수색
> ◇사건내용은 극비밀에 부쳐◇
> 주요 인물 다수 검거
> 지난 달 이십구 일 새벽부터 동경 경시청에서는 무슨 큰 단서나 얻은듯이 대활기를 띠고 각서의 응원을 얻어가지고 신간회 동경지회, 재일노동총동맹, 재일조선청년동맹, 근우회 동경지회 기타 각 단체의 회관과 각 중요 간부의 가택을 엄중히 수색한 후 신간 동지(東支) 총무간사 이상현 동 전영기 동 김동훈 외 수인을 인치하고 방금 엄중 취조 중이라는데 작년 모 중대 사건의 취

---

112) 「팔백여 군중으로 동경노조의 대회」 『조선일보』(1929. 4. 7.).
  "재일본 조선노동총동맹 동경노동조합 제3회 정기대회 …생략… 의사에 들어 일반 운동 방침 각종 보고 반X동맹 XX철폐를 토의하던 중 근우회 대표 외 이십여 명이 현장에서 검속"
113) 「동경 근우회원 경찰이 인치」 『동아일보』(1929. 1. 26.).

조를 마치고 예심에 회부한 후 다시 이와 같은 대검거풍이 불어옴으로 일반은 사건의 내용을 매우 궁금히 생각하는 중이라더라(동경)[114]

근우회 활동 기간 중 활동 현장에 경찰이 임석하여 강연과 대회를 중지시키는 일이 자주 발생하였고 근우회 인물들을 검거해가기도 하였다.

이상 살핀 근우회 동경지회 활동 범주 속에 동경지회 주도 인물이었던 강평국의 활동이 있다. 일본에서 활동하면서도 조국의 일을 소홀히 하지 않았고, 여성과 노동자, 청년의 권익을 위한 활동에 강경한 입장으로 사안을 앞서 끌고 나갔던 치열함을 확인할 수 있다.

강평국은 근우회 창립 이전에는 신간회 동경지회에서 활동하였음이 확인되기도 한다. 신간회는 식민지정책 반대 운동에 앞장서 노동과 임금의 민족적 차별 철폐 등의 활동을 한 단체이다. 신간회 동경지회는 1927년 5월 7일 설립되었다. 설립대회에서 "약소민족 해방 만세를 삼창"하기도 하는 등으로 성격을 드러내었다. 동경에서 조선총독○○정치 폭로연설회를 해산시키는 경찰과 충돌하여 경관 십여 명의 부상, 파출소 파괴 등의 활동에 참여하는 등으로 격렬히 활동한 단체이다.

신간회 동경지회 위원회
각부로 나누어 준비위원 두어
신간회 동경지회에서는 명년 대회를 준비하기 위하여 특별히 준비위원회를 조직하였는 바 그 위원은 아래와 같다더라.
▲위원장 윤길현 ▲서무부 부장 류원우 ▲부원 오희병 김성숙 강소천 강평

---

[114] 「경시청 돌연 활동 조선인 각 단체 수색」, 『동아일보』(1929. 2. 4.).

국 ▲경리부 부장 장지형 ▲부원 정익현 전영기 이상조 유영복 박형주 최동희 지경숙 임무 …생략…[115]

신간회 동경지회 1928년도 대회를 준비하면서 여성들이 준비위원회 조직에 참여하였다. 근우회 동경지회 창립 이진에는 여성들도 신간회 활동에 함께 하였음을 알게 해주는 자료이다. 강평국과 근우회 활동을 함께 하게 될 최동희, 지경숙 등의 이름도 확인된다.

여성운동가 강평국

강평국은 여성을 위해 활동하였다. 강평국이 희망한 여성은 실력 있는 여성으로 사회적 역할을 하는 여성이었다. 실력 있는 여성을 양성하기 위한 교육 활동을 위해 공립보통학교 훈도, 야학의 교사로 활동하였다. 여성의 사회적 역할을 위해 제주여자청년회를 조직하고 활동하였다.

강평국 주도로 창립한 제주여자청년회는 사회적 역할을 하는 여성을 추구하는 여성해방을 표방하고 사회의 여러 현안에 참여하여 여성의 사회 활동을 주도하였다. 창립총회 강령을 통해서 지식 습득이 여성해방을 위한 길임을 선언한 제주여자청년회는 여성해방은 실력이 바탕이 되어야 한다는 인식으로 여성 교육 활동에 주력하였다. 여성을 위한 학술강습소를 운영하였고, 여성 문제와 옛 관습 교정을 주제로 한 강연회, 시찰단을 통한 신문물 견학 등을 통해 여성의 지식을 향상하기 위해 노력하였다.

또한 제주여자청년회는 제주청년회 혹은 제주부인회 등과 연대하여 제주 사회의 여러 현안에 참여하여 활동하였다. 제주의 폭풍우로 인한 수해

---

115)「신간회 동경지회 위원회」『조선일보』(1927. 11. 27.).

구제 활동, 제주의 학생들을 위한 모임 주최를 비롯한 소년운동 분야, 노동운동과 농촌계몽운동, 사회운동 분야까지도 함께하였다.

제주여자청년회의 활동 범위는 제주도만이 아니라 전국이 범위였다. 재만동포옹호동맹 활동으로 만주의 우리 동포를 지원하는 활동을 하였고, 관북지방 수해 구제 활동, 조선사회단체중앙협의회 활동, 근우회 지원 활동 등의 기록이 있다.

제주여자청년회는 여성해방은 여성의 사회 활동에서 나온다는 인식으로 여성의 실력 양성을 위한 교육 활동을 하며 제주 사회 당대 현안에 적극적으로 참여하여 여성의 사회적 역량을 키우기 위해 활동하였던 단체로 그 성격을 파악할 수 있다. 강평국은 제주여자청년회를 통해 여성의 교육과 여성의 사회적 역할을 위해 노력하였다.

일본에서는 근우회 동경지회 활동을 통해 강경한 입장으로 활동하였다. 여전히 여성의 권익과 민족적 차별에 대한 항의 활동으로 사회구성원으로서 역할을 다하는 노력의 연속이었다.

제5장.
노동운동가 강평국,
경제적 자립으로
독립된 여성을 희망하다

제5장. 노동운동가 강평국, 경제적 자립으로 독립된 여성을 희망하다

강평국은 1926년 봄 이후 일본에서 민족운동을 하였다. 동경여자의학전문학교 학생으로 동경에서 생활하며 민족과 여성을 화두로 활동하며 여성노동의 차별과 조선인 노동에 대한 차별에 대항하는 활동을 하였다.[1]

동경여자의학전문학교 유학생 강평국은 일본에서 동경 조선여자청년동맹과 동경 조선노동조합 동부지부의 임원으로 활동하며, 여성과 노동자의 권익을 위한 활동과 민족 해방을 위한 활동을 하였다. 재일본 조선노동총동맹과 동경 조선인단체협의회에서 공동 활동을 하기도 하였다.

일본에서 강평국은 청년 단체 활동(동경 조선여자청년동맹 소속으로 활동하는 분야)과 노동 단체 활동(동경 조선노동조합, 재일본 조선노동총동맹 활동 분야) 그리고 여성 단체 활동(근우회 동경지회)을 했다. 일본에서 활동은 그의 글 '여성해방의 잡감'에서 드러낸 바와 같이 여성의 해방은 경제력을 기본으로 해야 한다는 인식을 바탕으로 하고 있으며, 사회적 역할을 다하는 여성을 추구하던 강평국의 활동 모습이라 할 수 있다. 각 분야에서의 그의 활동은 곧 민족운동의 일환이기도 하였다.

강평국은 여성의 경제적 이익과 사회적 지위 향상을 목표로 활동하는 동경 조선여자청년동맹의 임원이었고 동경 조선인단체협의회와 공동 활동도 하였다. 동경 조선노동조합 동부지부 부인부 위원과 재일본 조선노동

---

1) 학술논문으로 발표된 한금순의 「강평국의 일본에서의 민족운동」(『제주도연구』, 제58집, 제주학회, 2022.)을 토대로 수정 보완한 글이다.

총동맹의 부인부 위원, 근우회 동경지회 임원 활동 등으로 조선인 노동자의 권익을 위한 활동은 물론이고 민족 차별에 대한 항의 활동 등을 하였다.

강평국의 일본에서의 활동은 청년 단체 활동, 노동 단체 활동으로 구분하여 살피도록 하겠다. 여성 단체 활동에 대해서는 제4장 근우회 동경지회 활동 편에서 실폈다.

서로 다른 단체에서 활동하고 있으나 강평국이 지향하는 바는 동포의 권익 옹호, 여성의 사회 참여, 노동자의 권익 보호와 민족 해방으로 확인할 수 있다.

Ⅰ. 강평국의 청년 단체 활동

1. 동경 조선여자청년동맹 활동

강평국은 여성의 사회적 역할을 목표로 하는 동경 조선여자청년동맹에서 위원으로 활동하였다. 전조선 여성을 위해 보다 적극적인 활동을 위해 기존의 삼월회를 해체하고 동경여자청년회로 재조직하였다.

> 삼월회 해체
> 여청 조직키로
> 재동경 여성운동
> 작년 12월 29일 오후 한 시에 동경 정교정 백목에 있는 조선여성 사상단체 삼월회 회관에서는 임시총회를 열고 이십여 명이 출석하여 토의한 바가 있었다는데 내용을 듣건대 현재로 조선의 모든 운동은 전환기에 있음으로 지금까지의 하여온 협의적(狹義的) 태도를 버리고 전조선 여성을 위하여 단연히 해

체하고 적극적으로 노력을 하는 동시에 여자청년회를 조직하여 향상 발전책을 강구하기로 되었다더라(동경)[2]

동경 조선여자청년동맹은 1927년 1월 16일 창립하였다. 동경 조선여자청년동맹의 강령은 여성의 경제적 사회적 이익과 지위 향상 그리고 조선 여자 청년의 조직 구성을 목표로 하여 활동하는 것이었다. 창립 총회에서 강평국은 체육부 위원으로 선임되었다.[3]

재동경 조선여청 창립

재동경 조선 여성 사상 단체 삼월회[4]가 그의 역할 종언의 종소리를 치자마자 그들은 다시 각 방면의 여성 청년 오십여 명을 망라하여 지난 16일 동경부 하하호총 107번지에서 임시 의장 심은숙 씨 사회하에 재동경 조선여자청년동맹 창립총회를 개하였는데 각 우의 단체 대표의 축사가 있은 중 특히 「여성 해방은 무산계급 해방이 아니면 안된다」는 전일본 무산청년동맹 부인 대표 이등(伊藤) 여사의 열변은 일반 청중으로 하여금 일층 긴장케 하였으며 순서

---

[2] 「삼월회 해체」, 『동아일보』(1927. 1. 10.).
[3] 김찬흡은 "1927년 1월 16일 창립된 조선여자청년동맹 초대 집행위원장이 되어"라고 기술하였다.(김찬흡 편저, 『제주항일인사실기』, 북제주군 북제주문화원, 2005, 136쪽). 필자는 이 부분의 근거를 찾지 못하였다. 『조선일보』의 기사(「재동경 조선 여청 창립」, 1927. 1. 29.)에는 재동경 조선여자청년동맹 초대 집행위원장은 심은숙이다.
[4] 삼월회는 1925년 동경에서 조선 무산계급과 여성해방을 위한 활동을 목적으로 설립된 여성 단체이다. 사회주의운동 계열의 사상 단체로 황신덕, 정칠성 등이 주도하였다. 소준(小樽)고등상업학교에서 조선인과 무정부주의자를 가상의 적으로 설정하여 야외 군사훈련을 한 사건에 대해 동경의 단체들과 연합하여 '가상 적(敵) 문제 규탄 대연설회'를 개최하여 일본 정부를 성토하는 등의 활동을 하였다.(국사편찬위원회, 『신편 한국사』 47, 2002.).

에 따라서 다음과 같은 선언 강령 및 규약 의안을 통과하고 위원을 선거한 후 무사 폐회하였더라.

　◇강령

　一. 본 동맹은 조선 여자청년 대중의 경제적 사회적 이익의 획득과 지위의 항상을 기함

　一. 본 동맹은 본 조직된 조선 여자청년 대중의 조직의 촉성을 기함

　一. 본 동맹은 조선 여자청년 대중의 계급적 교육훈련을 기함

◇선언 략(略)

◇의안

　一. 회원모집에 관한 건

　一. 회원교양 문제에 관한 건

　一. 대외 문제에 관한 건

　一. 회비 문제에 관한 건

　一. 회관 문제에 관한 건

　一. 기관지에 관한 건

　一. 체육 문제에 관한 건

◇역원 씨명

▲집행위원장 심은숙 ▲교양부 한신광 양봉순 …생략… ▲체육부 강평국 김순실(동경)[5]

집행위원장 심은숙이 강평국과 함께 활동하고 있다. 심은숙은 1929년 근우회 지방 순회 강연으로 제주도 강연을 한 인물이다.[6]

---

5) 「재동경 조선여청 창립」 『조선일보』(1927. 1. 29.).

동경 조선여자청년동맹 설립(출처: 동아일보, 1927. 1. 29.)

창립 총회에서 일본무산청년동맹 부인 대표의 '무산계급 해방으로 여성 해방을 해야 한다'는 연설이 있었다. 동경 조선여자청년동맹은 사회주의 계열의 활동 단체 특징을 파악할 수 있다. 이러한 단체의 특징은 곧 강평국 활동의 특징을 보여주는 것이기도 하다.

그 외에 동경 조선여자청년동맹은 동경 조선청년동맹, 학우회, 신흥과학연구회 등의 청년단체들과 동경 조선청년단체협의회를 설립하여 활동하였고 강평국은 여자청년동맹을 대표하여 기성위원으로 선임되기도 하였다.

---

6) 「근우 순회 강연」, 『동아일보』(1929. 5. 8.).

재동경청년단 합동위원회 간담

재동경 조선청년동맹과 학우회의 주최로 재동경청년단체 합동위원 간담회를 지난 10일 오후 한 시에 삼조암에서 개최하고 각 단체대표로부터 장시간 간담을 한 후 청년단체협의회의 창립이 필요하다 하여 만장일치로 가결한 후 다음과 같은 기성위원을 각 단체별로 신거하고 동 오후 5시에 폐회하였다더라

▲학우회 박경채 ▲청년동맹 송재홍 ▲천도교청년당 김병순 ▲기독청년회 이선정 ▲신흥과학연구회 이병호 ▲여자청년동맹 강평국 ▲프로레타리아예술동맹동경지회 조중곤[7]

동경 조선여자청년동맹은 근우회 동경지회와 동경 조선청년동맹 부녀부에 가입하여 활동을 집중하기로 하여 1928년 2월 22일 해체를 결의하고 1년여의 활동을 마무리하였다.

동경 조선여청 해체 발표
근우회로 모두 가입

동경에 있는 조선여자청년동맹은 지난 1월에 창립되어 여성운동에 많은 활동을 하여오던 중 지금에 이르러서는 여성의 이익을 총대표할 근우회가 이미 성립되었고 또 조선청년동맹에 부인부를 설치하게 되었으므로 여청이 독립적으로 존재할 필요가 없다하여 지난 2월 22일 오후 일곱 시에 동회관에서 임시총회를 열고 다소 토의가 있은 후에 전기 동맹의 해체를 선언하는 동시에 다음과 같은 결의를 하고 동 열시에 폐회하였다더라(동경)

---

7) 「재동경청년단 합동위원회 간담」, 『동아일보』(1928. 1. 18.).

◇결의사항

一. 여자청년동맹 해체에 관한 건

(가) 본 동맹은 존재의 필요가 무함을 인정하고 해체를 결의함

(나) 본 동맹의 해체 선언을 내외 각지에 발표할 일

(다) 본 동맹원으로서는 근우회 동경지회에 가입할 것

(라) 본 동맹원으로서는 재동경 조선청년동맹 부인부에 가맹할 자격이 있는 이는 속히 가맹할 것[8]

동경 조선여자청년동맹의 활동 방향과 활동 인물이 근우회로 이어지고 있음을 확인할 수 있다. 동경 조선여자청년동맹은 일 년여의 활동 기간이었으나 여러 분야에서 활동을 수행하였다.

2. 동경 조선인단체협의회 활동

동경 조선여자청년동맹은 동경 조선인단체협의회에서 공동 활동하였다. 동경 조선인단체협의회는 각각의 단체들의 개별 활동을 연합하여 공동으로 하고자 하는 뜻을 모아 1927년 2월 19일 결성하였다. 민족의 공동 이익을 위해 공동 행동을 취하고자 함을 취지로 표방하였다.

전민족의 공동이익을 위하여 공동행동을 취하자

각 단체 대표자 삼십여 명이 출석하여

공동행동을 취할만 한 상설기관 조직

---

8) 「동경 조선여청 해체발표」, 『조선일보』(1927. 1. 29.).

재동경각단협의회 성립

지난 1월 하순경 동경 학우회의 제안으로 재동경조선인 각 단체 협의회를 상설기관으로 설치하자는 토의가 있었던 바 지난 2월 19일 오후 여섯시 반 경에 동경부하 호총정 취방 164번지에서 역시 학우회의 소집으로 동경에 있는 조선인 각 단체의 대표지 회의를 열고 약 삼십여 인이 출석한 기운데 김상혁 씨의 사회로 동경 있는 조선인 각단체 협의회를 상성기관으로 조직하여 두기로 결정을 한 후 그 외 좌기한 바와 같은 여러 가지 사항을 결의하고 폐회하였다는데 그 취지는 "계급적으로나 사상적으로나 서로 같은 처지 같은 환경에 있으므로 따라서 대외적 관계가 동일함을 알고 과거에 상서롭지 못하던 것을 모두 일시에 포기하고 전조선 민족의 공동 이익을 얻기 위하여 공동행동을 취하고자 하는 것이라"더라(동경)

일. 정강현(靜岡縣) 사건으로 조사대 파견에 관한 건

일. XX운동 XX에 관한 건[9] …생략…

◇서무부: 천도교청년당, 기독청년회, 신흥과학연구회, 협동조합운동사, 동부노동조합, 학우회

◇조사부: 교육학우회, 형운회, 북부노동조합, 흑우회, 을축구락부, 서부노동조합

◇사교부: 청년동맹, 고려공업회, 남부노동조합, 조선여자청년동맹, 무산학우회[10]

---

9) 『조선일보』는 앞에 인용한 『동아일보』의 내용과 같은 동경 조선인단체협의회 구성을 보도하면서 결의사항에 'xx운동 기념에 관한 건'으로 보도(「단체총연합협의회 조직」, 『조선일보』, 1927. 3. 2.)하고 있고, 『한국민족문화대백과사전』(한국학중앙연구원)은 '3.1운동'으로 보고 있다.
10) 「전민족의 공동이익을 위하여 공동행동을 취하자」 『동아일보』(1927. 3. 2.).

동경 조선인단체협의회에서 공동 활동한 단체는 16~17개 정도로 파악된다. 강평국이 활동한 단체인 동경 조선여자청년동맹은 사교부에 소속되어 활동하였고, 서무부 소속의 동경 조선노동조합 동부지부도 강평국이 활동한 단체이다.

동경 조선인단체협의회는 정강현 사건에 대한 항의 활동, 3.1운동 기념행사, 관동 대지진 조선인학살 추도 활동, 재만 동포 탄압에 대한 항의 활동, 국치기념일 기념 활동 등을 주도하였다.

'정강현(靜岡縣) 사건'이란 1927년 2월 하순 일본의 정강현 금곡정에서 상애회에 가입하지 않는다는 이유로 상애회가 조선인 노동자를 습격하여 2명이 사망하고 십여 명이 부상 당한 사건을 말한다. 상애회는 1921년 설립된 재일 조선인 친일 단체로 친일 활동과 조선인 노동운동에 대한 테러 활동을 한 단체이다. "당초에는 조선의 민족주의자들과 노동계급을 협박(脅威)하려는 것이었으나 최근에 와서는 일본노동계급을 위력으로 협박(威嚇)하는 기구로 사용되게도 되었다."[11]는 보도와 같이 상애회는 일본 당국의 보호를 받으며 동포들을 위협하는 단체였다. 일본 각지에서 빈번히 조선인 노동자를 차별하고 착취하는 일을 하는 상애회의 악행에 대해 동경 조선인단체협의회가 사건을 조사하고 경관의 방관하는 태도에 항의하였으며[12] 규탄강연회를 열고 사법당국에 항의하는 활동을 하였다.

> 조선인단체협의회 제2회 대표회
> 정강현 사건과 여러가지 보고

---

11) 「상애회의 망동」 『조선일보』(1926. 6. 22.).
12) 「재동경조선각단체협의회 정강현 사건에 조사원 특파」 『조선일보』(1927. 3. 31.).

규탄 강연회 개최 결의

　　지난 3월 27일 오후 7시에 재동경 조선인단체협희회에서는 제2회 각단체 대표회를 상무 김상혁 군의 간단한 개회사로 개회하여 임시의장으로 정남국 군이 추천된 후 상무의 경과보고와 홍양명 군의 정강현에 가서 조사한 결과 전강현에 있는 상애회원들이 조선인 노동자들에게 상애회에 입회 아니한다는 것을 구실삼아 타살하였다는 진상보고와 계림당 사건과 권태진 군이 불법 감금을 이십여 일 당하였는다는 보고와 기타 조선인 및 각 단체 민족적 압박 인권 유린을 당한 여러가지 보고를 들은 회원 일동은 비분강개에 싸여 여러가지로 대책을 토의타가 일반 여론에 호소키 위하여 오는 4월 17일에 규탄 강연회를 열고 일변으로는 사법당국에 철저히 항의키로 하고 동 12시에 무사 폐회하였다더라(동경 통신)[13]

동경 조선인단체협의회는 관동 대지진 시 희생당한 동포를 추도하는 행사를 진행하다 경찰의 중지 명령과 검속으로 해산하기도 하였다.

　　진재 동포 추도 삼십분 만에 해산
　　동경 신전구 명치회관에서
　　[중지 검속 해산으로 폐막]
　　동경에 있는 조선인 사회 각 단체협의회의 주최인 관동 진재(震災) 이재(罹災) 동포추도회는 30일 밤에 동경 신전(神田) 명치회관에서 개최되었는데 사회자인 장근영 씨의 개회사가 먼저 중지되고 연사 세 사람이 모두 말 한마디씩도 미처 마치기 전에 검속되었으며 개회한지 30분도 되지 못하여 해산을

---

13) 「조선인단체협의회 제2회 대표회」 『조선일보』(1927. 4. 2.).

당한 까닭에 전기 추도회는 중지, 검속, 해산 뿐으로 마치고 말았더라(동경전보)[14]

또한 중국 길림성 거주 등 재만 조선 동포를 쫓아내려 하는 중국 관헌의 만행에 대해 북경정부와 봉천성장, 길림성장 등에 항의하는 활동을 주도하였다.

> 재동경 각 단체 협의회 개최
> 열세 단체가 모여 가지고 항의와 성명서 발표
> 재만동포가 박해를 받는다는 소식을 들은 재동경 조선인 단체에서는 이에 대책을 강구코저 지난 6일 오후 일곱 시에 동경부하 신간회 동경지회관에서 열다섯 단체 대표가 모여 협의회를 열고 의장선거와 서기 기타 임원을 선정한 후 다음의 결의를 한 후 실행위원으로 박경채, 송재홍, 유원우, 조사원, 위원장 권대형 등 다섯 명을 뽑았다더라(동경)
> ◇결의 사항
> 一. 길림성에 거주하는 조선동포 구축에 관한 건 구체적 실행방법
> (가) 재동경 조선인단체협의회의 명의로 북경정부, 봉천성장, 길림성장에게 항의문을 발송하는 동시에 본협의회에 참가한 단체에서도 일제히 각각 항의문을 발송할 것
> (나) 성명서를 해외에 발표할 것
> (다) 재동경조선인대회를 개최할 것
> (라) 길림성에서 조직된 조선인 구축대책강구회에 격려문을 발송할 것[15]

---

14)「진재 동포 추도 삼십 분에 해산」,『조선일보』(1927. 10. 2.).

그 외에도 재동경 조선인단체협의회는 1928년 8월에는 국치기념일에 무장 폭동을 일으키라는 활동도 전개했다. 신간회 동경지회, 재일본 조선노동총동맹, 동경조선노동조합, 동경 조선유학생 학우회, 신흥과학연구회 구성원들이 검거되었다.

> 조선공산당 일본총국의 예심종결결정서 전문(4)
> 조선공산당 일본총국 및 고려공산청년회 일본부는 재일본 내지 조선 대중단체 내에 각각 『푸랙숀』을 조직하여 대중투쟁의 선두에서 이를 통하여 …생략…
> 서력 1928년 8월 재동경 조선인단체협의회 외 3개 단체 명의로써 『국치기념일을 맞아 전조선 이천 삼백만 동포는 무장하여 일대 폭동을 권기(捲起)하라』고 제(題)한 격문(소화 4년압 제50호의 14) 동명의(同名義) 『죽어도 잊지 못할 9월을 맞아 전조선 이천 삼백만 동포에 격함』이라 제한 격문(동 압호의 7) …생략…16

동경 조선여자청년동맹이 가맹한 동경 조선인단체협의회는 일본내에서 삼일운동과 국치기념일 등을 기념하는 활동과 일본내에서 발생하는 민족 관련 각종 사안에 격렬한 활동을 하였을 뿐 아니라 만주의 동포를 위한 활동 등 조국과 민족을 중심에 둔 활동을 하였음이 확인된다.

---

15) 「재동경 각 단체 협의회 개최」, 『동아일보』(1927. 12. 13.).
16) 「조선공산당 일본총국의 예심종결결정서 전문(4)」, 『조선일보』(1930. 9. 2.).

3. 총독정치반대동맹기성회 활동

강평국이 소속된 동경 조선여자청년동맹은 조선총독 폭압정치 반대투쟁을 위해 총독정치반대동맹기성회에도 참여하였다. 당시 총독정치 반대투쟁은 총독정치가 행정권만 아니라 입법권과 사법권까지 행사하고 있는 것이 문제라는 인식하의 활동이었다.

> 총독정치 탄핵동맹회 조직
> 각 단체가 모여 동맹을 조직
> 공산당 공판 비공개도 항의
> 재동경 14단체 궐기
> 동경에 있는 재일본 조선노동총동맹과 신간회 동경지부에서는 종래로 취하여 오던 조선총독 ○○정치에 대하여 반대운동을 더욱 전조선적으로 조직시키기 위하여 각 대중단체를 망라하여 별동대적 조직이 필요하다 하여 지난 14일에 십여 단체의 대표가 모이어 ○○정치 반대동맹기성회를 조직하고 제반 준비를 하여 십칠 일 오후 일곱 시에 신간회 동경지부 회관에서 전기 반대동맹 창립총회를 열은 바 재일본조선노동총동맹, 신간회동경지부, 재동경조선청년동맹, 재동경조선여자청년동맹, 동경조선노동조합, 동경유학생학우회, 신흥과학연구회, 협동조합운동사, 여자학흥회, 동경노동조합 동부지부, 서부지부, 남부지부, 북부지부, 옥천지부 등 열네 단체의 각각 세 명씩의 대표 42명이 참석하였고 …생략… 반대운동 만세 삼창으로 폐회하였더라.[17]

---

17) 「총독정치 탄핵동맹회 조직」, 『동아일보』(1927. 9. 24.).

총독정치반대동맹기성회는 각지에서 총독의 폭압적인 정치에 대한 집회가 일어나면서 다수가 검속되는 등의 그간의 사정이 있었다.[18] 총독정치를 비판하는 연설회 개최로 경찰과 수백여 명 참석자 간 충돌이 발생하는 등의 상황 속에서 총독정치반대동맹기성회를 구성하였다. 재일본 조선노동총동맹, 새동경조선청년동맹, 재동경조선어자청년동맹 등 14개 단체가 참여하였다. 공동 의견으로 조선총독 등에게 항의문을 발송하는 등의 활동을 전개하였다.

강평국의 일본 활동 중 청년단체 활동의 면모를 살펴보았다. 동경 조선여자청년동맹 체육부 위원으로 활동하였고, 동경 조선청년단체협의회에 여자청년동맹 대표로 기성위원에 선임되어 활동하였다. 또한 동경 조선여자청년동맹의 위원으로 동경 조선인단체협의회에서 그리고 총독정치반대동맹기성회에서 민족 운동을 하였다.

II. 강평국의 노동 단체 활동

강평국은 동경 조선노동조합 동부지부 부인부 위원과 재일본 조선노동총동맹의 부인부 위원으로 노동 단체 활동을 하였다. 일본 내에서 우리 민족의 노동 환경을 위한 활동을 펼쳤을 뿐 아니라 민족적 차별 등에 대한 활

---

18) 동경에서 구백여 명이 참여하여 조선총독 정치 폭로 연설회를 열었는데 탄핵 연설 직후 경찰이 강제 해산을 시키자 청중과 경찰 간에 육박전이 벌어져 십여 명 경관의 부상과 오십여 명의 검속자가 발생하였다. (「강제 해산에 격분 천여 군중 경찰 습격」, 『동아일보』, 1928. 8. 8.) 이후로도 조선총독정치 비판 대연설회가 개최되고 경찰과 참가자 사이에 충돌이 생기고 검속되는 사람이 있었다.(「조선총독정치 비판 대연설」, 『동아일보』, 1927. 8. 19.).

동도 펼친 단체들이다.

1. 동경 조선노동조합 동부지부 활동

1927년 3월 강평국은 동경 조선노동조합 동부지부 부인부 위원으로 선임되었다. 1927년 동경 조선노동조합 동부지부 제2회 정기대회의 활동 기록을 통해 살필 수 있다.

> 동부 노조대회 신정책을 수립
> 동경에 있는 동부 노동조합 결의
> 재동경 동부 조선노동조합 제2회 정기대회를 지난 15일 오후 여덟 시에 동 조합 내에서 개최하였는데 당일은 우천임에도 불구하고 참가회원이 삼백여 명에 달하였다 하며 수십 명의 정사복 경관대의 경계 중에서 신정책에 대한 장시간의 토의와 각 우의 단체의 열렬한 축사 축전 축문 등이 있었고 동 열두 시에 무사히 폐회되었다는 바 토의 사항과 신임 위원은 다음과 같다더라(동경)
> ○ 신정책
> 一. 전민족적 단일당을 결성하자.
> 一. 민족적 압박에 철저 항쟁하자.
> 一. 이론투쟁에 정치적 폭로를 거듭하자.
> 一. 모든 정치적 행동에 적극적으로 동원하자.
> 一. 파벌주의 잔재를 근제(根除)하자.
> (기타 수항)
> ◇신임위원

▲ 집행위원장 김퇴 …생략… ▲ 부인부 강평국 …생략…[19]

동경 조선노동조합 동부지부 제2회 정기대회에는 삼백여 명의 회원이 참가하였고 수십 명의 경관대가 경계하였다. 단일당으로 힘을 모아 민족적 압박에 대항하여 투쟁하겠다는 의지와 정치적 행동을 적극적으로 수행하겠다는 정책을 결의하였다.

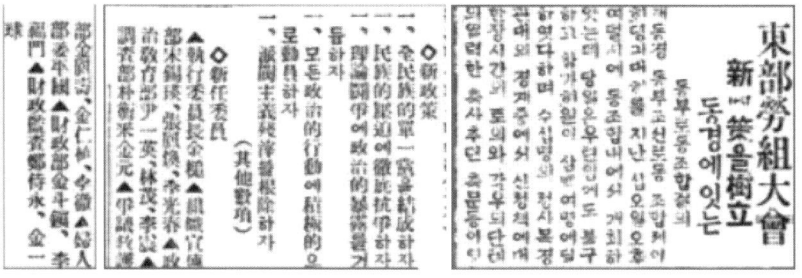

강평국 동경 조선노동조합 동부지부 부인부 임원(출처: 동아일보, 1927. 3. 27.)

동경 조선노동조합은 1926년 2월 13일 창립한 단체이다.

> 재일 노동 동포 노동조합 창립
> 지난 13일에
> 동경부 본소구 향도 부근 일대에는 우리 조선인 노동자가 근 삼천 명이나 되는데 오늘날까지 노동계급의 이익을 도모할 기관이 없어서 유감으로 생각하던 중 유지 50여 명이 지난 13일 오후 여덟 시 향도제지정 88번지 남영우

---

19) 「동부 노조대회 신정책을 수립」 『동아일보』(1927. 3. 27.).

씨 방에 모디어서 동경 조선노동조합을 창립하였는다는데 …생략…

주장

—. 8시간 노동 및 일주간 48시간 제도의 실시

—. 최저 임은(賃銀) 설정

—. 악법 철폐

—. 메이데이의 일치적 휴업

—. 경제행동의 일치적 협력

결의 사항

—. 재일본 조선노동총동맹 가맹의 건[20]

1926년 동경 조선노동조합은 8시간 노동과 최저임금제, 노동절 휴업 등을 주장하며 창립하고 있음을 살필 수 있다.

동경 조선노동조합은 5개의 지부(동부, 서부, 남부, 북부, 옥천)로 구성되어 있었다. 동경 조선노동조합 등의 단체들은 조선공산당 일본총국과 고려공산청년회 일본부에 의해 지도되기도 하였다.

조선공산당 일본총국의 예심종결결정서 전문(4)

조선공산당 일본총국 및 고려공산청년회 일본부는 재일본 내지 조선 대중단체 내에 각각 [푸랙손][21]을 조직하여 대중투쟁의 선두에서 …생략… 재일본 조선노동총동맹에 …생략… 동경 조선노동조합 내에 …생략… 신간회 동경지회 내에 …생략… 또 동경조선노동조합 각 지부 내에 고려공산청년회원

---

20) 「재일 노동 동포 노동조합 창립」 『조선일보』(1926. 2. 21.).
21) 플랙션(フラクション) : 좌익 정당에서 다른 조직에 심어놓은 세포 조직(일본어 사전).

을 책임자로 한 [푸랙손]을 조직하여 동 조합 동부지부 [푸락손] 책임자 김두진 …생략…22

재일 한국인의 대다수가 노동자였던 상황에서 일본 내에서 한국인은 민족적 차별과 계급적 착취의 대상이었다. 일본부산청년동맹과 같이 일본의 사회주의자들은 한국인 노동자와의 공동투쟁을 제안하는 상황도 있었다. 재일 한국인들은 민족운동과 사회주의운동 분야가 모두 권리 획득을 위한 활동 영역에 속했기 때문에 같은 범주에서 활동하였을 것으로 이해할 수 있다.23

강평국은 1929년 동경 조선노동조합 동부지부 제3회 정기대회 준비위원으로 활동하였다.

> 재일 조선 노총 동부지부 대회
> 재일본 조선 노동총동맹 동경 조선노동조합 동부지부에서는 제3회 정기대회를 개최하려고 수일 전부터 여러 가지로 준비 중에 있었는 바 오는 17일 오후 한 시부터 동경부 하사정 팔우위문 513번지 연예관 내에서 개최하기로 결정되었으며 준비위원은 아래와 같다더라
> ◇준비위원 씨명
> 김진 …생략… 강평국24

---

22) 「조선공산당 일본총국의 예심종결결정서 전문(4)」 『조선일보』(1930. 9. 2.).
23) 국사편찬위원회, 『한민족독립운동사』8권(1990.).
24) 「재일 조선 노총 동부지부 대회」 『조선일보』(1929. 2. 14.) 기사에 준비위원 26명의 명단이 있다.

동경 조선노동조합 동부지부 정기대회는 3월 9일 개최되었다. 팔백여 명이 참여하였다는데 동경 조선노동조합 동부지부의 규모와 위세를 짐작할 수 있다. 현장에서 토의 내용을 이유로 근우회 대표 외 이십여 명이 검거되었다. 일본에서의 노동 단체 활동은 반제국주의 활동을 표방하는 등으로 민족 해방운동도 목표로 하고[25] 있었기 때문에 경찰에 검거되어 가는 일이 자주 발생하였다.

> 팔백여 군중으로 동경 노조의 대회 축전 축문은 대부분 금지
> 현장서 이십여 명 검거
> 재일본 조선노동총동맹 동경노동조합 제3회 정기대회는 예정과 같이 지난 3월 9일 오전 11시부터 상야(上野) 공원 자치회관에서 강준섭 씨 사회로 개회한 바 삼백여 대의원과 오백여 방청자들로 대성황을 이루었는 바 …생략… 의사에 들어 일반 운동 방침 각종 보고 반X동맹 XX철폐를 토의하던 중 근우회 대표 외 이십여 명이 현장에서 검속되는 등 장내의 공기가 각각으로 긴장하였으며 백여 축문 축전 등은 전부 중지를 당하였다는 바 의사는 끝까지 토의 하고 동일 오후에 폐회하였는데 피선된 역원은 다음과 같다더라. …생략…[26]

동경 조선인노동조합은 조선총독정치 비판 대연설회를 주최하였다.

---

25) '반제국침략주의대연맹'이 1925년 결성되었다. 1차 세계대전 이후 약소민족들이 열강의 민족 압박이 심해지면서 피압박 민족들이 연대한 연맹으로 독일 베를린, 프랑스 파리, 영국 런던에 설치되어 제국주의에 대한 반대책을 강구하였다.(전세계 동지를 규합 연대로 생존권 주장 약소민족대회 실기(1)」, 『조선일보』, 1927. 3. 21.).
26) 「팔백여 군중으로 동경 노조의 대회」『조선일보』(1929. 4. 7.).

조선 총독 정치 비판 대연설

동경노총 남지부에서 개최해

중지! 중지! 필경 해산명령

검속자 다수, 군중 격앙

재일본 조선노동총동맹 지도아헤 동경조선노동조합 남부지부 주최와 노동당 임원 지부, 신간회 동경지회 후원하에 지난 14일 오후 일곱 시부터 동경 대기정에서 조선 총독 OO정치 폭로대연설회를 개최하였었는데 당야는 폭우가 내리는 중이었건마는 조선인 일본인 남녀청중이 무려 칠백여 명에 달하였는데[27]

참석자는 수백여 명에 달하였고 경찰과 충돌로 검속자가 다수 발생하기도 하였다. 총독정치반대동맹기성회로 구성하여 활동을 지속하였는데 재일본조선노동총동맹, 신간회 동경지부, 재동경조선청년동맹, 재동경조선여자청년동맹, 동경조선노동조합 등 14개 단체가 참여하여 창립하였다.[28] 강평국이 활동한 재동경조선여자청년동맹, 동경조선노동조합도 함께 한 활동이다.

동경 조선노동조합은 삼총(三總)해금관동동맹에 가입하여 활동하였다. 삼총해금관동동맹은 조선인으로 구성된 3개 총동맹의 집회금지 조치를 해제시키기 위한 활동을 위해 조직한 단체였다.

동경 조선노동조합 동부지부는 동경 조선인단체협의회와 공동 활동으

---

27) 「조선총독 정치 비판 대 연설」 『동아일보』(1927. 8. 19.).
28) 「총독정치 탄핵 동맹회 조직」 『동아일보』(1927. 9. 24.).

로 정강현 사건과 3.1운동 기념행사에도 참여하였고 강평국도 함께 활동하였음은 앞에서 살폈다.

2. 재일본 조선노동총동맹 활동

재일본 조선노동총동맹은 일본 내 조선인 노동자 권익을 위한 노동 운동은 물론이고 국치기념일과 관동 대지진 조선인 학살 추모 활동, 삼총해금 운동, 조선총독 폭압정치 반대운동, 소준(小樽)고등상업학교에서 조선인과 무정부주의자를 가상의 적으로 설정하여 야외 군사훈련을 한 사건에 대한 항의 활동 등 각종 민족운동을 주도하였다.

재일본 조선노동총동맹은 일본 내 노동 단체들이 가맹하여 1925년 2월 22일 창립되었다. 일본 내 재일 한국인 단체 중 가장 큰 대중단체로 1929년 12월 조합원이 2만 3천여 명에 달하기도 하였다. 1928년 12월 코민테른 제6차 대회 결정에 의해 일본노동조합전국협의회로 통합되고 조합원들은 각 산업별 노동조합에 가입하기로 결정하였다. 1920년대의 노동운동은 일제의 노골적인 탄압 아래 노동운동이면서 민족 해방 운동의 성격을 가졌고 노동운동은 곧 사회운동과도 직결되었기 때문에 당대 활동 인물과 단체들은 노동운동과 각종 사회운동 및 민족운동의 일환으로 참여하는 형태로 나타난다고 이해할 수 있다.

강평국은 1927년 4월 재일본 조선노동총동맹의 부인부 위원으로 선임되기도 하였다.

> 제일 조선노총 제3회 정기대회
> 이십일, 이 양일간 신전에 있는 명치회관에서 성대히 거행

지난 4월 20일 오전 10시부터 동경 신전 명치회관에서 재일본 조선노동총동맹 제3회 정기대회를 성대히 거행하였는데 중앙집행위원장 어파(魚波)씨의 의미심장한 개회사로 개회되어 …생략… 보고가 끝난 후 만국 무산계급 만세삼창으로 폐회하였는데 신임위원은 다음과 같다더라(동경)

◇신임 위인 씨명 및 부문

중앙위원장 정남국 …생략… 부인부장 양봉순 동부(同部)위원 강평국[29]

양봉순은 재일본 조선노동총동맹의 부인부 부장으로 강평국은 부인부 위원으로 함께 활동하고 있다. 강평국은 동경 조선노동조합 동부지부에서 양봉순은 동경 조선노동조합 북부지부에서 위원으로 활동하였다. 양봉순은 근우회 동경지회에서도 강평국과 함께 활동한 사회주의 계열의 민족운

강평국 재일본 조선노동총동맹 부인부 위원(출처: 조선일보, 1927. 5. 1.)

---

29) 「재일 조선노총 제3회 정기대회」 『조선일보』(1927. 5. 1.).

동가이다.

강평국과 활동을 함께 하는 인물들의 특징을 통해 강평국의 특징을 살필 수 있기도 하다. 근우회 동경지회 활동을 함께한 지경숙은 동경조선노동조합 서부지부 부인부 위원으로 활동하였고, 근우회 동경지회장 김순실은 동경노동조합 부인부 활동 이력이 있다.

3. 근우회 동경지회 노동 운동 활동

강평국은 근우회 동경지회의 중심 인물이다. 강평국은 근우회 동경지회 설립대회 의장으로 대회를 이끌었다. 근우회는 여성의 노동에도 관심을 가지고 활동하였다.

앞서 제4장에서 살핀 바와 같이 근우회 동경지회는 재일본 노동총동맹, 신간회 동경지회, 동경 조선노동조합 등과 함께 활동하였다. 설립 직후 삼총해금관동동맹을 조직하여 조선노동총동맹과 조선청년총동맹 및 조선농민총동맹에 대한 일제의 집회 금지 조치를 해제하는 해금 활동을 하였다. 동경 조선노동조합과도 연계하여 활동하다 1929년 3월 근우회 대표가 검거되기도 하였다. 1929년 9월 재일 조선노동자 추방에 항의하는 활동을 하기도 하였다.

노동운동도 노동자의 권익이 곧 민족의 권익이 되는 활동이었다. 강평국의 일본에서의 활동은 사회주의 계열의 특징을 보이고 있는데 당대 민족운동의 흐름에 다름아니다. 동경 조선여자청년동맹 창립 총회에서 일본무산청년동맹의 무산 계급의 해방 관련 연설이 있었으며 일본 사회주의 단체와 연결되는 활동을 하고 있었고, 조선공산당 공판 관련해서 항의 활동을 하는 모습을 살필 수 있다. 동경 조선노동조합에는 조선공산당 인물들이 참여하고 있기도 했고, 재일본 조선노동총동맹은 코민테른의 결정에 따르는 등의 노선을 통해 그 특징을 파악할 수 있기도 하다. 강평국과 함께 노동조합과 근우회에서 활동을 같이한 심은숙, 양봉순 등의 인물들이 사회주의 계열의 행보를 보이고 있는 점도 있다.

강평국의 일본 활동

강평국 생애 중 가장 왕성한 활동을 했던 시기는 일본 활동 시기였던 것으로 파악된다. 일본에서의 민족운동은 국내에서의 활동이 그 기틀이 되고 있다. 서울에서 3.1운동에 참여하였던 민족의식과 경성여자고등보통학교로부터 시작되는 활동 인물과의 인연이 일본에서의 활동의 기반이 되었다.

강평국은 1926년 동경여자의학전문학교에 입학한 이후 1932년경까지 일본에서 청년운동, 노동운동, 여성운동 단체에서 활동하였다. 민족 차별에 대한 저항 활동과 노동 여성의 권익 보호 및 여성의 사회 활동을 주도하며 당대 여러 현안에 참여하였다.

강평국은 여성의 경제적 이익과 사회적 지위 향상을 목표로 활동하는 동경 조선여자청년동맹의 임원으로 동경 조선인단체협의회와 공동 활동을 주도하였다. 동경 조선노동조합 동부지부 부인부 위원과 재일본 조선노동총동맹의 부인부 위원으로 조선인 노동자 권익을 위한 활동은 물론이고 민족 차별에 대한 항의 활동 등을 하였다.

강평국의 일본 내 활동은 민족운동의 성격을 분명하게 드러낸다. 여성운동과 노동운동 그리고 사회운동의 궁극 목표는 일본 내 민족 차별에 대항하는 활동으로 귀결되었다. 이러한 민족운동은 곧 서울에서 참여했던 3.1운동에 다름 아닌 활동이기도 하다.

강평국이 일본에서 참여했던 단체 활동은 민족운동의 성격을 분명하게 드러내는 3.1운동 기념 행사, 국치기념일 기념 활동 등이 있다. 일본 내에서 발생하는 민족 차별에 대항함으로써 권익을 보장하고자 하는 민족운동 활동으로 정강현 사건에 대한 항의 활동, 관동 대지진 조선인학살 추도 활동과 학교에서 조선인을 가상의 적으로 설정하여 군사훈련을 한 사건에 대한 항의 활동을 하였다. 일본만이 아니라 중국 동포를 위한 재만 동포 탄압에 대한 항의 활동도 하였다. 노동운동도 노동자의 권익이 곧 민족의 권익이 되는 활동이었다. 조선총독 폭압정치 반대투쟁을 하며 정치적 사안에도 목소리를 내었다.

　또한 강평국의 일본에서의 활동은 사회주의 계열의 특징을 보이고 있다. 일본 사회주의 단체와 연결되는 활동, 조선공산당 활동 지원, 같이 활동한 동료들의 사회주의 운동 행보를 통해 강평국의 일본에서의 활동 특징 또한 가늠할 수 있다.

참고문헌

1. 자료

「3·1 독립시위 관련자 신문조서(검사조서) 최은희 신문조서」(경성지방법원 검사국, 1919. 3. 7.), 국사편찬위원회
「3·1 독립시위 관련자 신문조서(검사조서) 최정숙 신문조서」(경성지방법원 검사국, 1919. 3. 5.), 국사편찬위원회
「3·1 독립시위 관련자 예심조서 최정숙 신문조서 (2회)」(경성지방법원, 1919. 6. 26.), 국사편찬위원회
「경성여자고등보통학교 시위관련자동정 및 성행조회」(경성종로경찰서장, 1919. 3. 27.), 국사편찬위원회
「수형인명부」(경성지방법원 검사국, 1919. 11. 6.), 국가기록원
「예심종결결정서」(경성지방법원, 1919. 8. 30.), 국가기록원
「판결문」(경성지방법원, 1919. 11. 6.), 국가기록원
〈조선총독부 및 소속관서 직원록〉, 국사편찬위원회
〈조선총독부관보〉, 국립중앙도서관
강세독 제적부
강평국 생활기록부(경기여자고등학교)
강평국 졸업증명서(경기여자고등학교)
동경여자의학전문학교 편, 『동경여자의학전문학교 일람』(소화 3년), 일본 국립국회도서관
동경여자의학전문학교 편, 『동경여자의학전문학교 일람』(소화 8년), 일본 국립국회도서관
최정숙 졸업증서
『별건곤』 제4호(개벽사, 1927. 2. 1.), 한국사데이터베이스
『수피아 백년사』, 광주수피아여자중고등학교, 2008

2. 논문

김제정, 「식민지기 박람회 연구 시각과 지역성」, 『도시연구』(9), 도시사학회, 2013
남화숙, 「1920년대 여성운동에서의 협동전선론과 근우회」, 서울대학교 석사논문, 1989
민진영, 「일제하 광주의 여학생 조직과 여성교육」, 『호남문화연구』 제44집, 전남대학교호남학연구원, 2009
박순섭, 「정칠성-여성노동자를 대변한 근우회의 리더」, 『내일을 여는 역사』 가을호(통권 제76호), 재단법인 내일을 여는 역사재단, 2019
박철희, 「일제강점기 중등학생 독서회 활동의 실제와 의미」, 『교육발전연구』 제31권 제2호, 경희대학교 교육발전연구원, 2015
박태환, 「제주의 근대 교육운동과 신성여학교 연구」, 제주대학교 교육대학원 석사학위논문, 2019
서형실, 「일제식민지 현실과 사회주의 여성 허정숙 –근우회에서 독립투쟁으로」, 『역사비평』 겨울호(통권 21호), 역사비평사, 1992
양진건, 「일제하 제주도 학교 설립운동」, 『탐라문화』 24호, 제주대학교탐라문화연구소, 2004
이송희, 「1920년대 여성해방론에 관한 연구」, 『역사와경계』 25·26, 부산경남사학회, 1994
이재섭, 「일제강점기 강평국의 생애와 여성운동-기고문 〈여자해방의 잡감〉을 중심으로」, 『탐라문화』 62, 제주대학교 탐라문화연구원, 2019
주윤정, 「조선물산공진회와 식민주의 시선」, 『문화과학』 33, 문화과학사, 2003
최은경, 「일제강점기 조선 여자 의사들의 활동」, 『코기토』 80, 부산대학교인문학연구소, 2016
한규무, 「광주수피아여학교 백청단의 결성과 활동(1930~1933)」, 『호남학』 73권, 전남대학교 호남학연구원, 2023
한금순, 「1920년대 제주여자청년회의 성격과 활동」, 『제주도연구』 제56집, 제주학회, 2021
한금순, 「강평국의 글 〈여자해방의 잡감(雜感)〉」, 『제주도연구』 제53집, 제주학회, 2020
한금순, 「강평국의 삼일운동 참여와 수감」, 『제주도연구』 제51집, 제주학회, 2019
한금순, 「강평국의 일본에서의 민족운동」, 『제주도연구』 제58집, 제주학회, 2022
한금순, 「제주여교사 1호 강평국 독립운동연구 자료조사 해제」, 『제주여교사 1호 강평국 독

립운동연구 자료조사 보고서』, 제주특별자치도교육청, 2017
한금순, 「최정숙의 3·1운동 재판 관련 문서 분석」『제주도연구』제44집, 제주학회, 2015

3. 도서

국사편찬위원회, 『신편 한국사』 47, 2002
국사편찬위원회, 『일제침략하 한국 36년사』8권, 1973
국사편찬위원회, 『일제침략하 한국36년사』10권, 1975
국사편찬위원회, 『한민족독립운동사자료집』13, 1990
국사편찬위원회, 『한민족독립운동사자료집』14, 1991
국사편찬위원회, 『한민족독립운동사자료집』17, 1994
국사편찬위원회, 『한민족독립운동사』11권, 1992
국사편찬위원회, 『한민족독립운동사』13권, 1994
국사편찬위원회, 『한민족독립운동사』3권, 1987
국사편찬위원회, 『한민족독립운동사』8권, 1990
국사편찬위원회, 『한민족독립운동사』9권, 1991
김경일 외, 『한국 근대여성 63인의 초상』, 한국학중앙연구원 출판부, 2015
김준엽·김창순, 『한국공산주의운동사』 5, 고려대학교 아세아문제연구원, 1986
김찬흡 편저, 『제주항일인사실기』, 북제주군 북제주문화원, 2005
김찬흡, 『20세기 제주인명사전』, 제주문화원, 2000
노영택, 『일제하민중교육운동사』, 학이시습, 2010
대삼영(大衫榮), 『남녀관계의 진화(男女関係の進化)』(대삼영(大衫榮) 전집, 일본 국립국회도서관
박용옥, 『여성운동』, 독립기념관 한국독립운동사연구소, 1984
박용옥, 『한국 여성 근대화의 역사적 맥락』, 지식산업사, 2001
박용옥, 『한국여성항일운동사연구』, 지식산업사, 1996
신영숙, 『여성이 여성을 노래하다 : 일제강점기 한국여성사』, 늘품플러스, 2015
이성근, 『한일양국 초대 여기자의 삶』, 도서출판 와우, 1999
이송희, 『근대사 속의 한국 여성』, 국학자료원, 2014

이윤옥, 『인물로 보는 여성독립운동사』, 얼레빗, 2021
제주도, 『제주항일독립운동사』, 1996
제주문화원, 『제주여인상』, 1998
최은희, 『여성 전진 70년』, 추계 최은희 문화사업회, 1991
최은희, 『여성을 넘어 아낙의 너울을 벗고』, 문이재, 2003
최은희, 『조국을 찾기까지』상, 중, 하, 탐구당, 1979
최은희, 『한국 근대 여성사』(상)(중)(하), 추계 최은희 문화사업회, 1991
한금순, 『한국 근대 제주불교사』, 경인문화사, 2013

4. 기타

국가법령정보센터
국가보훈부
국립중앙도서관 디지털컬렉션
국사편찬위원회 한국사데이터베이스
대정초등학교 홈페이지
동경여자의과대학 사료실
동경여자의과대학 홈페이지
동아일보, 국사편찬위원회 한국사데이터베이스; 네이버뉴스라이브러리
디지털제주문화대전, 한국학중앙연구원
매일신보, 국립중앙도서관
시대일보, 국사편찬위원회 한국사데이터베이스
일본 국립국회도서관
조선일보, 네이버뉴스라이브러리
조천초등학교 홈페이지
중앙일보, 국사편찬위원회 한국사데이터베이스
중외일보, 국사편찬위원회 한국사데이터베이스
한국민족문화대백과사전, 한국학중앙연구원